秋山余思［編］

新装版
イタリア
基本単語集

白水社

装丁　　岡本洋平

まえがき

　イタリア語の初学者にとって文法規則や動詞の変化を覚えながら，同時に単語の知識を豊富にしてゆくことが必要であるのは言うまでもありません．さらに講読や作文・会話の練習のさいに辞書を何度も引きなおしたりする手間がはぶけたらとだれでも考えることでしょう．そのためイタリア語で書かれたあらゆる書物や会話の中でひんぱんに出てくる単語の知識をあらかじめ備えておくことが望ましいわけです．

　しかしながらただ単語を片っぱしから棒暗記するだけでは言語の習得に効果的な方法であるとは言えません．実際に話される言葉や書かれた文章の中でこそ単語は生きているのですから．そこで本書はそれぞれの単語に例文を示し，よく用いられる熟語もできるだけ挙げておきました．例文にはできるだけ本書に収録されている単語を使うようにしました．したがってぜひ例文を理解しながら単語を覚えられるようお勧めします．

　旧版の「例文活用イタリア基本単語集」(1969年第1刷，1982年第10刷)は，当時まだイタリア語に関しては科学的な使用頻度統計による語いの研究がなされておらず，したがって著者の学習・教育の経験を頼りに他の単語集や小辞典を参考にしながら選択したものでした．しかしその後次々に使用頻度や基本語についての研究が現れて，1982年の第10刷を最後に改めて全面的に基本語を検討し直す必要に迫られました．

　本書の執筆のために参考にしたそれらの研究は下記の通りです．

1. U. Bortolini・G. Tagliavini・A. Zampolli, Lessico di frequenza della lingua italiana, Garzanti, 1972.
2. A. Giuseppe Sciarone, Vocabolario fondamentale della lingua italiana, Minerva Italica, 1977.

3. Tullio De Mauro, "Vocabolario di base della lingua italiana" in appendice a "Guida all'uso delle parole" Editori Riuniti, 1980.
4. A. Batini・W. Trenta, Ricerche sul lessico di base dell'italiano contemporaneo, Editrice Guerra, 1982.
5. I. Bardelli・A. Mazzetti, Vocabolario minimo della lingua italiana per stranieri, Le Monnier, 1974.

　本書の基本単語として2200語余りを選ぶにあたって特に役立ったのは2と3です．2では科学的な方法で算出された2726語が頻度の高い順序に並べてありますが，それら全てが普通のイタリア語の文章をカバーする率は88.73%となっています．90%に達するにはさらに374語を加えて計3100語が必要ですが，しかしながら頻度順位が2500番目を超えると次第にカバー率の調査が困難となり，その確実性が減少してくることが指摘されています．というのは調査に使用した数多くのテキストの中でも頻度の低い語ほど特殊な脈絡に現われたり，分布にかたよりが見られるからです．そこでこのシャローネの研究の序文の著者であるG. フレッディは2500語くらいまでがイタリア語学習のための基本語として妥当であろうと判断しています．

　一方の3の著者であるローマ大学教授デ・マウロはピサ大学の電子計算器センターとイタリアのIBMの協力による調査結果を基に社会言語学的な方法を加味して選んだ6690語 (vocabolario di base) のうちより使用度の高い2000が基本語 (vocabolario fondamentale) を構成するとしています．この基本語は76%のイタリア人によって理解され，ふつうに使用されると言っていますが，つまりそれらは76%の人たちが知っている語彙の最低限度だと言うことでしょう．

　ペルージアの外国人のためのイタリア大学のカテリノフ教授によれば近代イタリア語を構成する語彙50000のうち頻度の高い順から1000語までが一般の使用の85%をカバーし，続く2000語が10%，残りの47000語がわずか5%となっています．同教授と夫人の共著

"La lingua italiana per stranieri, corso elementare ed intermedio, 1985" では2000語が用いられ，さらに上級の課程では1000語が追加されることになります．初級・中級で学ぶ2000語はデ・マウロの基本語と数は同じですが，選択が一致しているわけではありません．カテリノフの教科書の単語はやはりそれ以前の科学的調査結果を踏まえたうえで，著者自身の研究と教授経験により選ばれたものと推察されます．また近代イタリア語を構成する50000語とは，Zingarelliなどの大辞典(1983年の第11版は127000語)は別として，一般人を対象として編纂された伊伊辞典では見出し語が約45000から60000語近くまでであることを考えると納得がゆくでしょう．

　本書では主として2の頻度表や3の基本単語に基づいて4(1, 2, 3の調査結果の比較研究)や5(専らペルージアの外国人のためのイタリア大学における教授経験に頼って1741語が選ばれ例文が添えられてある)を参照しつつ，著者自身の学習・教授経験も考慮して，上記の基本単語数2500と2000の平均値をとり2200語余りを選定してみました．しかし語義に関しては基本的なものを科学的に定めることは現在のところ不可能であるため，著者の個人的な判断による以外に方法がありません．

　各単語に示した例文の作成に当たってはいろいろな伊伊辞典を参考にしながら，なるべく模範的な用法に近づくよう努めてみたつもりです．これらも旧版のとは別に全く新しく書き改めたものです．例文については東京外国語大学客員教授マリーサ・ディ・ルッソさんとイタリア語教授経験の豊かなマリーノ・サルヴィオ氏に大変貴重な教示と助言をいただきました．

1991年春　　　　　　　　　　　　　　　　　　　　　　　　編者

　新装版の刊行にあたって，刊行からの時代変化を考慮し，見出し語にeuroを追加するなど，必要最小限の修訂を行ないました．

2009年2月　　　　　　　　　　　　　　　　　　　　　　秋山　美津子

# 使用上の注意

**I. 見出し語** 配列はアルファベット順によります．そのうちさらに基礎的なものと思われる語を色刷りにしました．

**II. 語形変化** 名詞・代名詞・形容詞の語形変化は，変化する部分をイタリック体で示し，それに応じる発音を次のように記しました．

**bambino(-a)** [bambíːno, -a] 男（女）＝男性単数形 **bambino** [bambíːno]，女性単数形 **bambina** [bambíːna].

**professore(-essa)** [professóːre, -éssa] 男（女）＝男性単数形 **professore** [professóːre]，女性単数形 **professoressa** [professoréssa].

**antico** [antíːko] 形〖男 複 -*chi*, 女 複 -*che*〗＝男性複数形 **antichi**, 女性複数形 **antiche**.

**viaggio** [viáddʒo] 男〖複 -*gi*〗＝複数形は **viaggi**.

**III. 記号**

発音記号は[ ]で表わしました．

( )は上記語形変化の表わし方のほかに，次のような場合に用いました．

**accorgersi** [akkórdʒersi] 再 (di) …に気がつく ＝accorgersi di 《…に気がつく》という意味．

**potere**¹ [potéːre] 補動（＋不定詞）＝次に動詞の不定詞が来る．

Mi preoccupo molto per la (della) salute di mia madre. 私は母の健康がとても心配です．＝Mi preoccupo molto per la salute di mia madre. あるいは Mi preoccupo molto della salute di mia madre.

Apri (Chiudi) la porta! ドアを開け（閉め）なさい．＝ Apri la porta! ドアを開けなさい．Chiudi la porta! ＝ドアを閉めなさい．

〔 〕はこの記号の中の文字が省略できることを示します．

Che 〔cosa〕 stai facendo? 君今何をしているところかい．＝Che cosa stai facendo? あるいは Che stai facendo?

〖　　〗は文法の説明に用いました．

**IV. s の発音表記**　母音に挟まれた s は，ほとんどの語では濁音(-z-)で発音されますが，語によっては清音(-s-)と濁音(-z-)のどちらでも発音されるものがあります．そのような語に関して，本書では伝統的なトスカーナ地方の発音に従って，清音(-s-)で示しましたが，別売 CD では濁音(-z-)で発音されている場合があります．

略　　語

| | | | |
|---|---|---|---|
| 男 | 男性名詞；男性の | 他 | 他動詞 |
| 女 | 女性名詞；女性の | 自 | 自動詞 |
| 代 | 代名詞 | 再 | 再帰動詞 |
| 形 | 形容詞 | 助 | 助動詞 |
| 副 | 副詞 | 補動 | 補助動詞 |
| 冠 | 冠詞 | 前 | 前置詞 |
| 単 | 単数 | 接 | 接続詞 |
| 複 | 複数 | 間 | 間投詞 |

# A

**a** [a]

前 《母音, とくに a で始まる語の前では **ad** となる. また次に定冠詞が来ると **al, allo, ai, agli, alla, alle, all'**》

1. 《場所, 方向, 時間》 …に, …で, …へ.

| | |
|---|---|
| Abito *a* Roma. | 私はローマに住んでいる. |
| Vanno *alla* stazione. | 彼らは駅へ行く. |
| Il treno arriva *alle* nove. | 列車は9時に到着する. |
| Parte *all'*inizio di luglio. | 彼は7月の初めに出発する. |

2. 《対象, 相手》 …に.

| | |
|---|---|
| Do un libro *a* Luisa. | ぼくはルイーザに本を与える. |

3. 《様式・方法・手段・状態》

| | |
|---|---|
| Fai sempre *a* modo tuo. | 君は常に君の流儀でやる. |
| Ho ordinato una bistecca *alla* fiorentina. | 私はフィレンツェ風ビフテキを注文した. |
| Parla *a* bassa voce. | 彼は低い声で話す. |
| Giochiamo *a* carte! | トランプをしよう. |
| Andiamo *a* piedi! | 歩いて行こう. |
| Ha parlato *a* caso. | 彼はでまかせに話した. |

4. 《価値・分量・距離》 …で.

| | |
|---|---|
| L'ho comprato *a* 50 euro. | 私はそれを50ユーロで買った. |
| La macchina corre *a* 80 chilometri l'ora. | 車は時速80キロで走っている. |
| La sua casa è *a* 500 metri da qui. | 彼の家はここから500メートルの所にある. |

5. 《a＋不定詞》

| | |
|---|---|
| Andiamo *a* vedere un film! | 映画を見に行きましょう. |
| È cominciato *a* piovere. | 雨が降り出した. |
| Mi sono fermato *a* comprare un giornale. | 私は新聞を買うために立ち止った. |
| Sei riuscito *a* trovarlo? | 君はそれを見つけることができたかい. |

**abbandonare** [abbandoná:re] 他 放棄する, 見捨てる.
*Ha abbandonato* il suo posto. 彼は自分の地位を放棄した.

**abbassare** [abbassá:re] 他 低くする, 下げる.

**abbassarsi**

La ragazza *ha abbassato* lo sguardo.
少女は視線を下げた.

**abbassarsi** [abbassársi]
再 低くなる, 下がる.
Il livello dell'acqua *si è abbassato*.
水位が下がった.

**abbastanza** [abbastántsa]
副 十分に; かなり.
Ho mangiato *abbastanza*.
十分にいただきました.
Oggi fa *abbastanza* freddo.
今日はかなり寒い.

**abbracciare** [abbrattʃá:re]
他 抱きしめる.
La mamma *abbraccia* il bambino.
母親は子供を抱きしめる.

**abitante** [abitánte]
男 女 住人, 住民.
Questa città ha circa seicentomila *abitanti*.
この都市には約60万の住民がいる.

**abitare** [abitá:re]
自 〖助 avere〗住む.
*Abitiamo* a Tokyo.
私たちは東京に住んでいます.
*Abito* al secondo piano.
私は3階に住んでいます.

**abito** [á:bito]
男 服.
È venuta con un *abito* nuovo.
彼女は新しい服を着て来た.

**abituare** [abituá:re]
他 慣らす, 習慣づける.
Bisogna *abituare* i ragazzi allo studio.
少年たちに勉強の習慣をつけさせる必要がある.

**abituarsi** [abituársi]
再 (a) …に慣れる.
*Ci siamo abituati* presto alla vita italiana.
私たちはすぐにイタリアの生活に慣れた.

**abitudine** [abitú:dine]
女 習慣.
Ha l'*abitudine* di prendere un po' di whisky ogni sera.
彼は毎晩ウィスキーを少し飲む習慣がある.

**accadere** [akkadé:re]
自 〖助 essere, 3人称単・複数のみに用いる〗起こる.
*È accaduta* una cosa strana.
不思議な事が起こった.

**accanto** [akkánto]
1. 副 そばに, 近くに.
Lì *accanto* c'è la posta.
そのそばに郵便局がある.
**accanto a**
2. 〖前置詞〗…のそばに.
Mettilo *accanto* alla finestra!
それを窓のそばに置きなさい.

**accendere** [attʃèndere]
他 1. 火をつける. 2. (電灯・テレビ・ラジオを)つける.
*Accendi* la luce!
電灯をつけなさい.
*Accendi* la televisione!
テレビをつけなさい.

**accennare** [attʃenná:re]
他 (手や身振りで)示す, 合図する.

*Ha accennato di sì col capo.* 彼はうなずいた.

**accettare** [attʃettá:re] 他 受け取る, 受け入れる; 承諾する.

Lei *ha accettato* volentieri il mio regalo. 彼女は喜んでぼくの贈り物を受け取った.
*Accetto* la sua proposta. 私は彼の申し出を承諾する.

**accogliere** [akkóʎʎere] 他 迎える, 歓迎する.
Vado ad *accogliere* il mio amico alla stazione. ぼくは友人を駅に迎えに行く.

**accomodare** [akkomodá:re] 他 調整する, 適合させる.
Bisogna *accomodare* l'abito alla mia propria figura. 洋服を私の体に合わせる必要があります.

**accomodarsi** [akkomodársi] 再 楽にする, くつろぐ; 腰掛ける, 座る.

*Accomodati* come fossi in casa tua! 自分の家にいるようにくつろいでください.
*Si accomodi*, prego! どうぞお掛けください.

**accompagnare** [akkompaɲɲá:re] 他 同伴する, いっしょに行く.
*Mi accompagni* in centro? 君, ぼくといっしょにセンターへ行かない.

**accordo** [akkórdo] 男 一致, 賛成.
**essere d'accordo** 同じ考えである, 賛成である.
Io *sono d'accordo* con te. ぼくは君と同じ意見である.
**andare d'accordo** 仲がいい; 考えが合う.
I due fratelli non *vanno d'accordo*. 2人の兄弟の仲がうまくゆかない.

**accorgersi** [akkórdʒersi] 再 (di) …に気がつく.
Non *si accorge* dell'errore. 彼は間違いに気づかない.
*Mi sono accorto* di aver lasciato la borsa in treno. 私は電車の中にかばんを置き忘れたことに気がついた.

**accorto** [akkórto] 形 如才がない; 抜け目がない.
Il suo comportamento è molto *accorto*. 彼の振る舞いはとても如才がない.

**accostare** [akkostá:re] 他 近づける.
*Accostò* la sedia alla tavola. 彼はいすをテーブルに近づけた.

**accostarsi** [akkostársi] 再 近づく.
Il bambino *si è accostato* alla mamma. 子供は母親に近寄って行った.

**accusa** [akkú:za] 女 1. 非難. 2. 告発, 告訴.
La sua *accusa* non è giusta. 彼の非難(告発)は正当じゃない.

**accusare** [akkuzá:re]
  accusare uno di...
  Mi *ha accusato di* non essere attento.
  L'*accusarono di* un delitto.
  *Accusava* un dolore alla spalla.

他 1. 非難する．2. 訴える．
ある人の…をとがめる，訴える．
彼はぼくが不注意であったことを非難した．
彼らは彼の犯行を訴えた．
彼は肩の痛みを訴えていた．

**acqua** [ákkwa]
  Dammi un bicchiere d'*acqua*!

女 水．
水を一杯ください．

**acquistare** [akkwistá:re]

  Ho *acquistato* una casa.
  *Ha acquistato* la fiducia di tutti.

他 1.（お金を払って）手に入れる．2. 獲得する．
私は 1 軒の家を買い取った．
彼はすべての人々の信用を得た．

**acuto** [akú:to]
  Ho sentito un suono *acuto*.

形 鋭い．
私は鋭い音を聞いた．

**adatto** [adátto]
  È una persona *adatta* a questo posto.

形 適した，ふさわしい．
彼はこの地位にふさわしい人物だ．

**addio** [addí:o]

  Disse *addio* a tutti.

間 男 さようなら（主に長い間の別れに用いる）．
彼はみんなに別れを告げた．

**addirittura** [addirittú:ra]

  Da qui andrò *addirittura* a Venezia.
  È *addirittura* ridicolo il suo comportamento.

副 1. 直接に；直ちに．2. 全く，実に．
私はここからまっすぐヴェネツィアに行きます．
彼の振る舞いは全くこっけいだ．

**addormentare** [addormentá:re]
  La madre *addormenta* il bambino.

他 眠らせる．
母親が子供を眠らせる．

**addormentarsi** [addormentársi]
  M'*addormento* subito quando sono stanco.

再 眠り始める，寝つく．

疲れているとき私はすぐに眠ってしまいます．

**addosso** [addósso]

  Portava qualcosa di pesante *addosso*.
  Hai sempre *addosso* molti soldi.

  Ha una famiglia numerosa *addosso*.

副 背中に，背負って；身につけて．
彼は何か重い物を背負っていた．

君はいつもたくさんのお金を持ち合わせている．
彼は多数の家族をかかえている．

**adesso** [adésso] 副 今, 現在.
Adesso sta leggendo il giornale. 今彼は新聞を読んでいるところです.

**adoperare** [adoperá:re] 他 用いる, 使う.
Quali strumenti devo *adoperare* per riparare la macchina? その機械を修理するにはどんな道具を使わねばなりませんか.

**adottare** [adottá:re] 他 採用する.
Il maestro *ha adottato* questo libro di testo per le lezioni. 先生はこの教科書を授業のために採用した.

**aereo** [aé:reo] 男 飛行機.
Vado a Roma in *aereo* (con l'*aereo*). 私は飛行機でローマへ行く.

**aeroporto** [aeropórto] 男 空港.
Fra poco siamo a Linate, l'*aeroporto* principale di Milano. 間もなくミラーノの主要空港, リナーテに到着いたします.

**affacciarsi** [affattʃársi] 再 顔を出す; 姿を現わす.
La signorina *si è affacciata* alla finestra. お嬢さんが窓から顔を出した.

**affare**[affá:re] 男 1. 用事, 用件; 仕事. 2. 実業, 取引き. 3. 問題, 事柄.

Ho un *affare* molto importante. 私はとても大切な用件があります.
Lui è un uomo d'*affari*. 彼は実業家だ.
Il Ministro degli *Affari* Esteri è ritornato in patria. 外務大臣は帰国した.

**affatto** [affátto] 副 1. 全く. 2.〖non と共に用いて否定を強調する〗全く…じゃない.

È *affatto* noioso. 全く退屈だ.
Ciò non mi interessa *affatto*. 私はそれに全く興味がない.

**affermare** [affermá:re] 他 1. 断言する. 2. 肯定する.; 強く主張する.

*Affermava* di essere giusto. 彼は自分が正しいと断言していた.

*Affermò* con un cenno del capo. 彼は「はい」とうなずいた.

**affermazione** [affermattsjó:ne] 女 肯定; 断定; 断言.
Rispose con un'*affermazione*. 彼は肯定の返事をした.

**afferrare** [afferrá:re] 他 1. つかむ, 握る. 2. 把握する.

La guardia l'*ha afferrato* per il braccio. 看守が彼の腕をつかまえた.

Non sono riuscito ad *afferrare* il 私は文の意味が把握できなかっ

## affetto

senso della frase.

**affetto** [afféuo]
男 愛情.
Questo ragazzo ha molto *affetto* per suo nonno.
この少年はおじいさんがとても好きです.

**affidare** [affidá:re]
他 託す, ゆだねる.
*Affidano* il malato alle cure di un bravo medico.
彼らは病人をすぐれた医師の治療にゆだねる.
Gli *ho affidato* del denaro.
私は彼にお金を預けた.

**affrontare** [affrontá:re]
他 直面する, 立ち向かう.
*Affrontò* un pericolo durante il viaggio.
彼は旅行中に危険な目に会った.

**agente** [adʒénte]
男 代理人, 外交員, 係員.
Un *agente* di viaggio si occuperà del vostro viaggio.
旅行代理店の係員があなたたちの旅行についてお世話してくださるでしょう.
Lui fa l'*agente* d'assicurazione.
彼は保険外交員をしている.

**agenzia** [adʒentsí:a]
女 代理店.
Lavora in un'*agenzia* di viaggi.
彼は旅行代理店に勤めている.

**aggiungere** [addʒúndʒere]
他 つけ加える.
*Aggiungi* un po' d'olio!
もう少し油を加えなさい.
Non hai più niente da *aggiungere*?
もうこれ以上つけ加えて言うことはないかね.

**agire** [adʒí:re]
自《助 avere》行動する.
*Agisce* da persona onesta.
彼は誠実な人として行動する.

**agitare** [adʒitá:re]
他 振り動かす, 動揺させる.
Il vento *agitava* i rami degli alberi.
風が木々の枝をゆさぶっていた.

**agricolo** [agrí:kolo]
男 農業の.
Quali sono i principali prodotti *agricoli* di questo paese?
この国の主な農産物は何ですか.

**agricoltura** [agrikoltú:ra]
女 農業.
Gli abitanti di questo paese si dedicano all'*agricoltura*.
この土地の住民は農業に従事している.

**aiutare** [ajutá:re]
他 助ける; 手伝う.
La figlia *aiuta* la mamma in cucina.
娘が台所で母親の手伝いをする.
Si *aiutano* nel bisogno.
彼らは困ったときに助け合う.《相互的再帰動詞》

**aiuto** [ajú:to]
男 助け; 手伝い.
Mi hanno chiesto *aiuto*.
彼らは私に助けを求めた.

**alba** [álba]
女 夜明け.
Siamo partiti all'*alba*.
我々は夜明けとともに出発した.

**albergo** [albérgo] 男〖複 -ghi〗ホテル,旅館.
　Mi sono fermato una notte in *albergo* a Venezia. 私はヴェネツィアでホテルに1晩泊った.
**albero** [álbero] 男 木.
　Ci sono *alberi* lungo la strada. 道に沿って木が生えている.
**alcuno** [alkúno]
　I. 形〖s+子音, z 以外の音で始まる男性単数名詞の前では alcun, 母音で始まる女性名詞の前では alcun'〗 1. 複 いくつかの. 2. 単〖否定文中で〗何らの…もない.
　*Alcuni* studenti sono veramente bravi. いく人かの学生は本当によくできます.
　Non c'è *alcun* errore. 何らの間違いもありません.
　II. 代 複 ある人たち.
　*Alcuni* di noi non lo sapevano. 私たちの中のいく人かはそれを知らなかった.
**alimentare** [alimentá:re] 1. 形 食料の. 2. 男 食料.
　C'è un negozio di 〔generi〕 *alimentari* qui vicino. この近くに食料品店があります.
**allargare** [allargá:re] 他 広げる;拡大する.
　La strada *è stata allargata*. 道路が拡張された.
**alleanza** [alleántsa] 女 同盟.
　I due paesi hanno concluso un patto di *alleanza*. 両国は同盟条約を結んだ.
**alleato** [alleá:to] 1. 形 同盟を結んだ. 2. 男 同盟国;同盟者.
　I due paesi sono *alleati*. 両国は同盟を結んでいる.
**allegro** [allé:gro] 形 快活な,陽気な.
　Ho passato una giornata con gente molto *allegra*. ぼくはとても陽気な人たちと1日を過した.
**allievo(-a)** [alljé:vo, -a] 男(女) 生徒.
　Insegno l'inglese agli *allievi*. 私は生徒に英語を教える.
**allontanare** [allontaná:re] 他 遠ざける.
　*Allontana* il cane dal bambino! 犬を子供から遠ざけなさい.
**allontanarsi** [allontanársi] 再 遠ざかる.
　La barca *si è allontanata* dalla riva. ボートは岸から遠く離れた.
**allora** [alló:ra] 副 1. その時. 2. それでは.
　*Allora* abitavamo in campagna. その頃私たちは田舎に住んでいた.
　Sono già le sette e mezzo? *Allora* もう7時半になるの. それでは学

## allungare

andiamo a scuola! / 校へ行こう．

**allungare** [allungá:re] 他 長くする，伸ばす．
*Allungate* il passo! / 君たちもっと歩幅を伸ばして歩きなさい．

**allungarsi** [allungársi] 再 長くなる，伸びる．
La fila di gente *si allungava*. / 人々の列が長くなっていった．

**almeno** [almé:no] 副 少なくとも，せめて．
Ti scrivo *almeno* una volta al mese. / 少なくとも月に1度は君に手紙を書くよ．

**altezza** [altéttsa] 女 高さ．
Qual è l'*altezza* dell'albero? / その木の高さはどのくらいですか．

**alto** [álto] 形 高い．
Lui è più *alto* di me. / 彼はぼくより背が高い．
È salito a un'*alta* posizione. / 彼は高い地位に昇進した．

**altrettanto** [altrettánto]
1. 形 （数・量が）同じだけの; 同様な．
Ci sono cinque piatti e *altrettanti* bicchieri sulla tavola. / テーブルの上に5枚の皿と5個のコップがある．
2. 副 同じように．
Lui ha lavorato tre ore e anche tu hai fatto *altrettanto*. / 彼は3時間仕事をした．君も同じくらい仕事をした．

**altrimenti** [altriménti] 副 1. 他の方法で．2. そうでなければ．
Non potevo fare *altrimenti*. / 私はほかにやりようがなかったのだ．
Lo devi fare, *altrimenti* te ne pentirai. / 君はそれをしなければならない．そうしないと後悔するだろう．

**altro** [áltro]
1. 形 ほかの，別の．
Volevo un *altro* libro, non questo. / これではなくて，別の本が欲しかったのだ．
Mi dia un *altro* bicchiere! / もう1杯ください．
2. 代 ほかの物（人）．
Se non lo farai, lo farà un *altro*. / 君がそれをしないのなら，ほかの人がするだろう．

**alzare** [altsá:re] 他 上げる; 起こす．
*Alzate* la mano destra! / 右手を上げなさい．
*Alza* il malato dal letto. / 彼は寝床から病人を起こす．

**alzarsi** [altsársi] 再 上がる; 起きる，立ち上がる．
Il livello dell'acqua *si è alzato*. / 水面が上昇した．
*Mi alzo* alle sette. / 私は7時に起きる．

**amare** [amá:re] 他 愛する; 好む．
Carlo *ama* molto Giulietta. / カルロはジュリエッタをとても愛して

**ammirare**

*Amo* la musica leggera.
ぼくは軽音楽が好きだ。

**amaro** [amá:ro]
形 **1.** 苦い。 **2.** つらい。

Gli piace il caffè *amaro*, senza zucchero.
彼は砂糖を入れない苦いコーヒーが好きです。

Ho fatto un'esperienza *amara*.
私はつらい経験をした。

**ambasciatore(-trice)** [ambaʃʃató:re, -trí:tʃe]
男（女）大使。

l'*ambasciatore* d'Italia in Giappone
駐日イタリア大使。

**ambiente** [ambjénte]
男 雰囲気；環境。

Ci troviamo in un buon *ambiente*.
我々はよい環境の中にいる。

**ambizione** [ambittsjó:ne]
女 野心。

Ha *ambizione* di vincere il concorso.
彼はコンクールで優勝したいという野心を抱いている。

**amicizia** [amitʃíttsja]
女 友情，友好。

Ho fatto *amicizia* con lui.
ぼくは彼と親しくなった。

**amico(-ca)** [amí:ko, -ka]
男（女）〖男複 *-ci*, 女複 *-che*〗友だち。

Al bisogno si conosce l'*amico*.
まさかのときに(真の)友人がわかる。

Sergio è andato al cinema con la sua *amica*.
セルジョは彼のガールフレンドと映画へ行った。

**ammazzare** [ammattsá:re]
他 殺す。

È stato *ammazzato* da un nemico.
彼は敵に殺害された。

Ho guardato la televisione per *ammazzare* il tempo.
暇つぶしに私はテレビを見た。

**ammettere** [ammétttere]
他 認める。

Non *ammette* il suo errore.
彼は自分の誤りを認めない。

Tu *sei stato ammesso* agli esami.
君は試験に合格と認められた。

**amministrazione** [amministrattsjó:ne]
女 **1.** 行政。 **2.** 管理，経営。

L'*amministrazione* della regione procede bene.
地方行政はうまくいっている。

Lui si occupa dell'*amministrazione* di questa società.
彼はこの会社の経営にたずさわっている。

**ammirare** [ammirá:re]
他 感嘆する，感心する；鑑賞する。

*Ammiravamo* quel bel giardino.
私たちはその美しい庭園を感心して眺めていた。

## amore

**amore** [amó:re]
　L'*amore* della madre per i figli è profondo.
　Le piace vedere i film d'*amore*.

男 愛; 恋愛.
母親の子供に対する愛は深い.
彼女は恋愛映画を見るのが好きだ.

**am*pio*** [ámpjo]

　Siamo stati condotti in un giardino molto *ampio*.

形 〖男複 -*pi*〗 広い; ゆったりした.
私たちはとても広い庭に案内された.

**anche** [áŋke]
　*Anche* tu vieni con noi?
　Si può dire *anche* così.
　*Anche* se gli scrivi, non ti risponderà.
　Questo quadro piace non soltanto a me, ma *anche* a tutti.

副 …もまた.
君もぼくたちといっしょに来るかい?
このように言うこともできる.
彼に手紙を書いても, 返事をくれないだろうよ.
この絵は私だけではなく, みんなの気に入っている.

**ancora** [aŋkó:ra]
　Non ho *ancora* letto il giornale.
　Mi dia *ancora* un bicchiere!

副 **1.** まだ. **2.** 更に, もっと.
私はまだ新聞を読んでいない.
私にもう1杯ください.

**andare** [andá:re]

　*Vado* a Parigi.
　**andare a**＋不定詞
　*Andiamo* a prendere un caffè!
　Come *va* il Suo lavoro?—Grazie, *va* bene.

自 〖助 essere〗 **1.** 行く. **2.** (物事が)はかどる. **3.** 適する.
私はパリへ行きます.
…しに行く.
コーヒーを一杯飲みに行こう.
お仕事はどうですか.—ありがとう, うまく行っています.

**andarsene** [andársene]
　*Se ne andò* senza dir niente.

再 立ち去る.
彼は何も言わずに立ち去った.

**angelo** [ándʒelo]
　Lei è buona come un *angelo*.

男 天使.
彼女は天使のように善良だ.

**angolo** [áŋgolo]
　Giri a destra al terzo *angolo*!
　Questa scala forma un *angolo* di 25 gradi.

男 **1.** かど; 隅. **2.** 角度.
3番目の角を右に曲ってください.
この階段は25度の角度をなしている.

**ango*scia*** [aŋgóʃʃa]
　Vissero giorni di *angoscia*.

女 〖複 -*sce*〗 苦悩.
彼らは苦悩の数日を過した.

**anima** [á:nima]
　L'uomo è formato di *anima* e corpo.
　Gli occhi sono lo specchio dell'*anima*.

女 霊魂, 魂; 心.
人間は霊魂と肉体からなる.

目は心の鏡である.

**animale** [animá:le]
Il cane è un *animale* fedele.
**animo** [á:nimo]
Si trovava in stato d'*animo* molto tranquillo.
**anno** [ánno]
Studio l'italiano da due *anni*.

In che *anno* sei nato?—Sono nato nel (nell'*anno*) 1975.
Quanti *anni* hai?—Ne ho diciotto.
L'ho visto l'*anno* scorso.
**annoiare** [annojá:re]
Questo film mi *annoia*.
**annoiarsi** [annojársi]
Ci siamo *annoiati* del suo discorso.
**annunciare** [annuntʃá:re]

Hanno *annunciato* l'arrivo del treno.
**ansia** [ánsja]
Sono in *ansia* per il tuo futuro.
**antico** [antí:ko]

Studio la storia *antica*.
Ci sono molte chiese *antiche* in questa città.
**anzi** [ántsi]
Questa cucina non è cattiva, *anzi* è molto buona.
**anziano** [antsjá:no]

Lui è il più *anziano* fra tutti.
**apparecchio** [apparékkjo]
A che serve quest'*apparecchio*?
**apparire** [apparí:re]

*Apparve* un aereo fra le nuvole.
**appartamento** [appartaménto]

男 動物.
犬は忠実な動物だ.
男 心, 精神.
彼はとても平静な心の状態にあった.
男 年; 年齢.
私は2年前からイタリア語を勉強している.
君は何年に生まれましたか.—ぼくは1975年に生まれました.
君は何歳ですか.—18歳です.
私は彼に去年会った.
他 退屈させる.
この映画は私を退屈させる.
再 (di) …に退屈する.
私たちは彼の話に退屈した.
他 〖または annunziare〗知らせる, 報告する.
列車の到着が知らされた.

女 心配, 不安.
私はお前の将来が心配だ.
形 〖男 複 -chi, 女 複 -che〗
古代の; 古い, 昔の.
私は古代史を研究している.
この都市には多くの古い教会がある.
接 かえって, いやむしろ.
この料理はまずくはない, いやむしろとてもおいしい.
1. 形 年長の, 高齢の. 2. 男
〖女 -a〗 女 年長者, 高齢者.
彼はみんなの中で最年長者だ.
男 複 -chi〗器械, 機械.
この器械は何の役に立ちますか.
自 〖助 essere〗現われる, 見える.
雲の間から飛行機が現われた.
男 (大きな建物内の数室からな

Abitiamo in un *appartamento* al terzo piano.
る一世帯分の)住居.
私たちはアパートの4階に住んでいる.

**appartenere** [appartené:re]
自《助 essere または avere》(a) …に属する; (a) …の所有である.

*Appartengo* a questo partito.
Questo edificio *appartiene* al comune.
私はこの党派に属している.
この建物は市の所有である.

**appena** [appé:na]
副 1. やっと, かろうじて. 2. …するかしないうちに.

Ci si vedeva *appena*.
Il sole si era *appena* levato, quando uscì di casa.
*Appena* mi vide, scappò.
かすかにそこが見えていた.
彼が家を出たとき, 太陽はやっと上ったばかりであった.
彼は私を見るとすぐに逃げた.

**appendere** [appéndere]
他 つるす, 掛ける.
*Appendiamo* il quadro alla parete!
その絵を壁に掛けましょう.

**applicare** [appliká:re]
他 1. 張りつける. 2. 適用する, 応用する.

Non *applicare* carte al muro!
Questa teoria è *applicata* a diversi casi.
塀に紙を張るな.
この理論はいろいろな場合に応用される.

**applicazione** [applikattsjó:ne]
女 応用; 適用.
L'*applicazione* di questa regola è limitata solo a un caso particolare.
この規則の適用は特殊な場合にのみ限られる.

**appoggiare** [appoddʒá:re]
他 1. もたせかける, 立てかける. 2. 支持する, 支援する.

*Appoggia* la scala all'albero!
Molti *appoggiano* il nostro partito.
この木にはしごを掛けなさい.
多数の人々が私たちの政党を支持してくれる.

**appoggiarsi** [appoddʒársi]
再 もたれかかる, 寄りかかる.
Si *appoggiava* alla parete.
彼は壁に寄りかかっていた.

**apprendere** [appréndere]
他 習得する; 覚える.
Hai *appreso* presto il lavoro.
君はすぐに仕事を覚えた.

**approvare** [apprová:re]
他 承認する, 認可する.
Tutti *hanno approvato* il progetto di legge.
全員が法案を承認した.

**appunto** [appúnto]
副 ちょうど, まさに; その通り.
Le cose andarono *appunto* come
事態はまさに彼が言った通りにな

**aprire** [aprí:re]
 Aprite la finestra!
 Il negozio è aperto oggi.
った.
他 あける, 開く.
窓を開けなさい.
店は今日開いている.

**arancia** [arántʃa]
 Quest'arancia è molto dolce.
女 [複] -ce オレンジ.
このオレンジはとても甘い.

**architetto** [arkitétto]
 Vuole diventare architetto.
男 建築家.
彼は建築家を志望している.

**arco** [árko]
 Ho imparato a tirare con l'arco.
男 [複] -chi 弓; 弓形のもの.
ぼくは弓で射ることを習った.

**area** [á:rea]
 Non entrare in quell'area.
女 地域, 区域.
あの区域に入ってはならない.

**argento** [ardʒénto]
 È lucido come l'argento.
男 銀.
銀のように光っている.

**argomento** [argoménto]
 Il professore parlava su un argomento molto difficile.
男 論題, 主題, 議題.
教授はとてもむずかしい議題について話していた.

**aria** [á:rja]
 L'aria è pura in campagna.
 Giochiamo all'aria aperta!
 Ha un'aria un po' triste.
女 1. 空気. 2. 様子.
田舎は空気がきれいだ.
戸外で遊ぼう.
彼は少し淋しそうな様子だ.

**arma** [árma]
 Perfino i cittadini presero le armi e combatterono.
女 [複] **le armi** 武器.
市民までが武器をとって戦った.

**arrestare** [arrestá:re]
 L'operaio ha arrestato la macchina all'improvviso.
 La polizia ha arrestato il ladro.
他 1. 止める. 2. 逮捕する.
工員は突然機械を止めてしまった.
警官は強盗を逮捕した.

**arrestarsi** [arrestársi]
 Il motore si è arrestato.
再 止まる.
エンジンが止まった.

**arrivare** [arrivá:re]
 Gina è arrivata ieri a Roma.
 La barba gli arriva fin sul petto.
自 [助] essere 到着する, 着く.
ジーナは昨日ローマに着いた.
彼のひげは胸の上まで届いている.

**arrivederci** [arrivedértʃi]
 Arrivederci a domani!
間 さようなら, また会いましょう.
また明日会いましょう.

**arrivo** [arrí:vo]
 L'arrivo dell'aereo è previsto per le ore 13.
男 到着.
飛行機の到着は 13 時の予定である.

**arte** [árte]
 Mi interessa la storia dell'arte italiana.
女 芸術.
私はイタリア美術史に興味がある.

**articolo**

**articolo** [artíːkolo] 　男 1. (新聞・雑誌の)記事; 論説. 2. 品物, 商品.
Ha scritto un *articolo* sul giornale di oggi. 　彼は今日の新聞に記事を書いた.
Questo *articolo* costa caro. 　この品物は値段が高い.

**artista** [artísta] 　男 女 〖男 複 -*sti*, 女 複 -*ste*〗芸術家.
Lui è nato *artista*. 　彼は生まれながらの芸術家だ.

**artistico** [artístiko] 　形〖男 複 -*ci*, 女 複 -*che*〗芸術の; 芸術的な.
È un quadro di grande valore *artistico*. 　それは芸術的価値の高い絵だ.

**asciugare** [aʃʃugáːre] 　他 1. 乾かす. 2. ふく.
Le camicie *sono* lavate e *asciugate*. 　ワイシャツが洗濯され, 干される.
Lei *si asciuga* le lacrime con la mano. 　彼女は手で涙をぬぐう.

**ascoltare** [askoltáːre] 　他 (注意して)聞く, 耳を傾ける.
*Ascoltate* quello che dico io! 　私の言うことを聞きなさい.

**aspettare** [aspettáːre] 　他 待つ.
L'*ho aspettata* mezz'ora. 　ぼくは彼女を30分待った.

**aspetto** [aspétto] 　男 1. 外観, 様相. 2. 顔つき; 姿.
All'*aspetto* la città sembrava molto tranquilla. 　見たところその都市はとても静かな様子だった.
È un giovane di bell'*aspetto*. 　彼は美貌の青年だ.

**aspro** [áspro] 　形 1. 酸っぱい. 2. 厳しい; 荒荒しい.
Questo vino è un po' *aspro*. 　このワインは少し酸っぱい.
È un *aspro* paesaggio. 　荒涼とした風景だ.

**assai** [assái] 　副 十分に, かなり; 非常に.
È una ragazza *assai* bella. 　かなりきれいな少女だ.

**assassino**(**-a**) [assassíːno, -a] 　男 (女)殺人者, 人殺し.
L'*assassino* fu messo in carcere. 　殺人犯は投獄された.

**assegnare** [asseɲɲáːre] 　他 割当てる, あてがう.
Mi *è stato assegnato* questo lavoro. 　私にこの仕事があてがわれた.

**assicurare** [assikuráːre] 　他 保証する, 請け合う.
Ti *assicuro* che non ti tradirò. 　ぼくは君を裏切らないことを確約する.

**assistere** [assístere] 　1. 自 〖助 avere〗 (a) …に出

*Ho assistito* all'incidente.
私は事故の現場に居合わせた.

**2.** 他 手伝う; 助ける.

Lui *assiste* il padrone nel lavoro.
彼は主人の仕事を手伝う.

**associazione** [assotʃattsjóːne] 女 協会; 連合.

L'*Associazione* Italo-Giapponese organizza i corsi di lingua italiana.
日伊協会はイタリア語講座を開催する.

**assolutamente** [assolutaménte] 副 絶対に.

Mantieni *assolutamente* la promessa!
絶対に約束を守ってくれ.

**assoluto** [assolúːto] 形 絶対的な.

Il re ha un potere *assoluto*.
王は絶対的権力を握っている.

**assumere** [assúːmere] 他 引き受ける;(責任を)負う.

*Assumo* il compito.
私はその任務を引き受ける.

Chi *assume* la responsabilità?
だれが責任を負うのだ.

**assurdo** [assúrdo] 形 不合理な; ばかげた.

Il suo giudizio è *assurdo*.
彼の判断はばかげている.

**atmosfera** [atmosféːra] 女 **1.** 大気. **2.** 雰囲気, 環境.

L'*atmosfera* circonda la terra.
大気が地球を取り巻いている.

Hanno rovinato l'*atmosfera* molto tranquilla.
彼らはとても静かな雰囲気を壊してしまった.

**attaccare** [attakkáːre] 他 **1.** 付ける; 掛ける. **2.** 攻撃する.

Un bel quadro è *attaccato* alla parete.
美しい絵が壁に掛かっている.

Le nostre truppe *hanno attaccato* il nemico.
我が軍は敵を攻撃した.

**attacco** [attákko] 男〚複 *-chi*〛 **1.** 結合. **2.** 攻撃.

L'*attacco* dei due oggetti è fatto bene.
2つの物体の接合はうまくできている.

Il governo ha subito i duri *attacchi* dei partiti di opposizione.
政府は野党の激しい反対攻撃にあった.

**atteggiamento** [atteddʒaménto] 男 態度.

Assume spesso un *atteggiamento* poco serio.
彼はしばしばふざけた態度をとる.

**attendere** [atténdere] 他 待つ.
　*Attenda* un attimo, per favore!
　ちょっとお待ちください.
**attento** [atténto] 形 注意深い, 気をつけた.
　State *attenti*!
　君たち注意しなさい.
**attenzione** [attenttsjó:ne] 女 注意.
　Ascoltate con *attenzione*!
　注意して聞きなさい.
**attesa** [atté:sa] 女 待つこと; 期待.
　Resto in *attesa* della Sua risposta.
　あなたのご返事をお待ちします.
**attimo** [áttimo] 男 瞬間.
　È sparito in un *attimo*.
　彼はあっという間にいなくなった.
**attività** [attivitá] 女 活動; 活動力.
　Si svolgono diverse *attività* culturali in questa città.
　この町では様々な文化活動が行なわれる.
**attivo** [attí:vo] 形 活動的な, 活発な.
　È una persona molto *attiva*.
　彼はとても活動的な人です.
**atto** [átto] 男 行為, 実行.
　Misero in *atto* il progetto.
　彼らは計画を実行に移した.
**attore(-trice)** [attó:re, -trí:tʃe] 男(女) 俳優.
　Gli *attori* e le *attrici* hanno recitato molto bene.
　男優も女優もとても上手に演じた.
**attorno** [attórno] 副 〖意味・用法は intorno とほぼ同じ〗周りに, 付近に.
　Perché stai sempre *attorno* a lui?
　君はなぜいつも彼につきまとうのか.
**attraversare** [attraversá:re] 他 横切る.
　*Attraversarono* il fiume con una piccola barca.
　彼らは小さなボートで川をわたった.
**attraverso** [attravérso] 前 …を横切って.
　Il Tevere scorre *attraverso* la città di Roma.
　テーヴェレ川はローマ市を横切って流れる.
**attribuire** [attribuí:re] 他 **1.** 付与する. **2.** （原因・動機・責任などを）(a) …に帰する, 負わせる.
　Il premio *sarà attribuito* al miglior allievo.
　最優秀の生徒に賞が与えられるだろう.
　Mi *hanno attribuito* la responsabilità.
　私に責任が負わされた.
　Il danno *è attribuito* alla sua colpa.
　損害は彼のせいだとみなされる.
**attuale** [attuá:le] 形 現在の.
　Mantengono lo stato *attuale*.
　彼らは現状を維持する.

**aumentare** [aumentá:re]
Non *aumentare* la velocità!

I prezzi *sono aumentati*.
**aumento** [auménto]
Protestiamo contro l'*aumento* dell'imposta.
**autentico** [auténtiko]

Questa non è un'opera *autentica* di quell'artista.
**autobus** [áutobus]
L'*autobus* non si ferma qui.
**automobile** [automó:bile]
È meglio andare in *automobile*.
**autore(-trice)** [autó:re, -trí:tʃe]
Qual è l'*autore* del libro?
**autorità** [autoritá]
Lui ha una grande *autorità* in questo campo.
**avanti** [avánti]
L'orologio va *avanti* di cinque minuti.

Cicerone nacque nel 106 *avanti* Cristo.
**avanzare**[1] [avantsá:re]

Loro *sono avanzati* di cinque chilometri.
**avanzare**[2] [avantsá:re]
È *avanzato* del pane.
**avere** [avé:re]
*Ha* una bella macchina.
*Ho* due fratelli.

*Abbiamo* visitato Nara.
**avvenimento** [avveniménto]
Quali sono gli *avvenimenti* principali di quest'anno?
**avvenire**[1] [avvení:re]

1. 他 増す, ふやす.
スピードを上げるなよ.
2. 自 〖助 essere〗増える.
値段が上った.
男 増加.
我々は税金の増額に抗議する.

形〖男複 -ci, 女複 -che〗
本物の, 正真正銘の.
これはあの芸術家本人の作品ではない.

男〖単複同形〗バス.
バスはここに止まらない.
女 自動車.
自動車で行った方がよい.
男(女) 著者, 作者.
その本の著者はだれですか.
女 権威.
彼はこの分野で大変権威がある.

1. 副 前に, 先に.
時計は5分進んでいる.

2. 前 …の前に, 以前に.
キケロは西暦前106年に生まれた.
自〖助 essere または avere〗
先へ進む, 前進する.
彼らは5キロ前進した.

自〖助 essere〗残る, 余る.
パンがいくらか余った.
1. 他 もつ; もっている.
彼はりっぱな車をもっている.
私には2人の兄弟がある.
2.〖複合時制をつくる助動詞〗
私たちは奈良を訪れた.
男 事件, 出来事.
今年の主な出来事は何ですか.

自〖助 essere〗起こる.

**avvenire**²

È *avvenuto* quello che avevo previsto.
私の予想していたことが起こった.

**avvenire**² [avveníːre]
男 将来.
Questa città diventerà più grande in *avvenire*.
この都市は将来さらに大きくなるだろう.

**avventura** [avventúːra]
女 冒険.
Hai letto «Le *avventure* di Pinocchio»?
君は「ピノッキオの冒険」を読んだかね.

**avvers*ario*** [avversáːrjo]
男〖複 -*ri*〗(試合・訴訟などの)相手, 敵対者.
Ha vinto un forte *avversario*.
彼は強い相手に勝った.

**avvertire** [avvertíːre]
他 1. 知らせる. 2. 警告する.
**avvertire...di ~**
…に~を知らせる, 警告する.
*Avvertì* la polizia *dell'*incidente.
彼は警察に事故を知らせた.
Li *ho avvertiti* di non far rumore.
私は彼らに音をたてないようにと警告した.

**avviare** [avvjáːre]
他 1. 向かわせる. 2. 着手する, 開始する.
Ha *avviato* suo figlio alla carriera diplomatica.
彼は息子に外交官の道を歩ませた.

**avviarsi** [avviársi]
再 向かう.
*Mi sono avviato* alla stazione.
私は駅へと向った.

**avvicinare** [avvitʃináːre]
他 近づける.
Ho *avvicinato* la sedia al tavolo.
私はいすをテーブルに近づけた.

**avvicinarsi** [avvitʃinársi]
再 近づく.
La nave *si avvicina* al porto.
船が港へ近づく.

**avvoc*ato*(-*tessa*)** [avvokáːto, -téssa]
男 (女) 弁護士.
Ricorro a un *avvocato* per una causa.
私は訴訟のため弁護士を頼む.

**avvolgere** [avvóldʒere]
他 1. 巻く. 2. 包む.
*Avvolge* la corda a un albero.
彼は綱を木に巻きつける.
Ha *avvolto* un oggetto nella carta.
彼は品物を紙に包んだ.

**azione** [attsjóːne]
女 行為, 行動, 活動.
Bisogna riflettere prima di passare all'*azione*.
行動に移る前によく考える必要がある.

**azzurro** [addzúrro]
形 空色の, 青い; 紺色の.
Il mare è *azzurro*.
海は青い.

# B

**bacio** [bá:tʃo]  男 【複 -*ci*】接吻.
  Le ho dato un *bacio* sulla mano.  私は彼女の手に接吻した.
**badare** [badá:re]  自【助 avere】(a) …に注意する.
  *Bada* al pericolo!  危険に注意しろ.
**bagnare** [baɲɲá:re]  他 ぬらす; 浸す.
  Il bambino *ha bagnato* il letto.  子供がベッドをぬらした.
**bagnarsi** [baɲɲársi]  再 ぬれる.
  *Mi sono* tutto *bagnato* per la pioggia.  私は雨で全身ずぶぬれになった.
**bagno** [báɲɲo]  男 **1.** 入浴; 水浴. **2.** バスルーム; トイレ.
  Andiamo a fare il *bagno* al mare.  海水浴に行きましょう.
  Ho fatto un *bagno* caldo prima di andare a letto.  寝る前に私はあたたかいふろに入った.
  una camera con *bagno*  浴室つきの部屋.
**ballare** [ballá:re]  自【助 avere】踊る, ダンスをする.
  Non so *ballare* bene.  私は上手に踊れません.
**ballo** [bállo]  男 踊り, ダンス.
  Stasera c'è festa da *ballo*.  今晩ダンスパーティがある.
**bambino(-a)** [bambí:no, -a]  男 (女) 幼児, 子供.
  I *bambini* giocano in giardino.  子供たちは庭で遊んでいる.
**banca** [báŋka]  女 【複 -*che*】銀行.
  La *banca* è chiusa oggi.  銀行は今日閉っている.
  *Banca* d'Italia  イタリア銀行.
**banco** [báŋko]  男 【複 -*chi*】**1.** ベンチ. **2.** (細長い)台; カウンター. **3.** 銀行.
  Sediamo su questo *banco*!  このベンチにすわりましょう.
  i *banchi* di scuola  教室の机.
  *Banco* di Roma  ローマ銀行.
**bandiera** [bandjé:ra]  女 旗.
  la *bandiera* tricolore  三色旗.
**bar** [bá:r]  男 バール, 喫茶店(コーヒー, 酒

## barba

Prendiamo un caffè al *bar*!
女 (バール:コーヒー類その他の飲料を飲ませる店)バールでコーヒーを1杯飲みましょう.

**barba** [bárba]
　farsi la barba
　Ti *fai la barba* ogni mattina?
女 (ほほやあごの)ひげ.
(自分の)ひげをそる.
君は毎朝ひげをそりますか.

**barca** [bárka]
　Vanno in *barca* sul lago.
女〘複 *-che*〙小舟, ボート.
彼らは湖上をボートに乗って行く.

**base** [bá:ze]
　Quello studente ha buone *basi* per fare ricerche.
　La *base* dell'edificio è solida.
女 基礎, 根底; 土台.
あの学生は研究の基礎がよくできている.
建物の土台は堅固だ.

**basso** [básso]
　Chi è quell'uomo *basso*?
　Parlate a *bassa* voce!
形 低い; 低音の.
あの背の低い人はだれですか.
君たち低い声で話しなさい.

**bastare** [bastá:re]
1. 自〘助 essere; 3人称単・複数のみ〙十分である, 足りる.
　Non mi *bastano* questi soldi per vivere un mese.
1か月生活するのにこのお金では私には十分でない.
　**basta**＋不定詞(che＋接続法)
2. 〘非人称的用法〙…すれば十分である.
　*Basta* dare un'occhiata per capire tutto.
ちょっと見ただけですべてがわかる.
　*Basta* che tu dica la tua opinione in poche parole.
君の意見を簡単に述べてもらえれば十分です.

**battaglia** [battáʎʎa]
　Abbiamo vinto il nemico in *battaglia*.
女 戦闘, 戦い.
我が軍は戦闘において敵を打ち負かした.

**battere** [báttere]
　*Batti* il ferro quando è caldo!
他 打つ, たたく.
鉄は熱いうちに打て.

**beato** [beá:to]
　*Beato* lui fra le donne!
形 幸せな.
女性に囲まれて彼は幸せだ.

**bellezza** [belléttsa]
　Ammirava la *bellezza* della natura.
女 美しさ.
彼は自然の美しさに見とれていた.

**bello** [béllo]
形〘s＋子音, z, gn, ps, pn で始まる男性名詞の前では 単 **bello**, 複 **begli**; 母音で始まる男性名詞の前では 単 **bell'**, 複 **begli**; これら以外の男性名詞の前では 単 **bel**, 複 **bei**;

| | |
|---|---|
| | 女性名詞の前では 単 **bella**, **bell'**, 複 **belle**〕 **1.** 美しい. **2.** りっぱな. |
| un *bel* fiore, *bei* fiori | 美しい花. |
| un *bell'*abito, *begli* abiti | きれいな服. |
| un *bello* spettacolo, *begli* spettacoli | すばらしい上演. |
| una *bella* casa, *belle* case | きれいな家. |
| una *bell'*amica, *belle* amiche | 美しい女友だち. |
| **benché** [beŋké] | 接〕(＋接続法)たとえ…であっても, たとえ…にしろ. |
| *Benché* sia stanco, devo lavorare. | 私は疲れているにもかかわらず，働かねばならない. |
| **bene**¹ [bé:ne] | 副 **1.** よく, 上手に. |
| Gli allievi studiano *bene*. | 生徒たちはよく勉強します. |
| Va *bene* così? | これでよろしいですか. |
| Lei parla *bene* l'italiano. | あなたはイタリア語を上手に話します. |
| | **2.** 非常に, とても(形容詞や副詞の前に置かれ, **ben** となる). |
| Vuol venire anche lei?—Sì, *ben* volentieri. | あなたもいらっしゃいませんか.—はい, とても喜んで. |
| **bene**² [bé:ne] | 男 **1.** 善; 幸福. **2.** 複 財産. |
| Fate del *bene* ai poveri! | 貧しい人に善を施しなさい. |
| **volere bene a** | (人を)愛する. |
| *Ti voglio bene.* | 私はあなたを愛します. |
| Ha venduto tutti i suoi *beni*. | 彼は全財産を売り尽くした. |
| **benzina** [bendzí:na] | 女 ガソリン. |
| Dov'è il distributore di *benzina*? | ガソリンスタンドはどこですか. |
| **bere** [bé:re] | 他 飲む. |
| *Beviamo* un po' di vino! | ワインを少し飲みましょう. |
| **bestia** [béstja] | 女 獣(けもの), 畜生. |
| Mangia come una *bestia*. | 彼は獣みたいにがつがつ食う. |
| **bian*co*** [bjáŋko] | 形 〔男 複 *-chi*, 女 複 *-che*〕白い. |
| Scrivo su un foglio *bianco*. | 私は白紙に書く. |
| **biblio*teca*** [bibljoté:ka] | 女 〔複 *-che*〕図書館; 文庫. |
| Ho studiato tutto il giorno in *biblioteca*. | 私は1日中図書館で勉強した. |
| **bicchiere** [bikkjé:re] | 男 コップ, グラス, 杯. |
| Mi dia un *bicchiere* d'acqua! | 私に水を1杯ください. |

**biglietto** [biʎʎétto] 　　男 **1.** 切符, 券. **2.** 紙幣, 札(さつ). **3.** 書状, カード.
　un *biglietto* per Napoli 　　ナーポリ行きの切符.
　un *biglietto* da cento euro 　　100 ユーロ紙幣.
　un *biglietto* d'invito 　　招待状.
**bilancio** [bilántʃo] 　　男 〖複 *-ci*〗予算.
　Il *bilancio* è stato approvato dalla camera dei deputati. 　　予算が衆議院で承認された.
**biondo** [bjóndo] 　　形 金髪の.
　una bella ragazza *bionda* 　　金髪の美しい少女.
**birra** [bírra] 　　女 ビール.
　Mi piace molto la *birra*. 　　私はビールが大好きだ.
**bisognare** [bizoɲɲáːre] 　　自 〖助 essere; 3 人称単・複数のみ〗必要である.
　Mi *bisogna* il tuo aiuto. 　　私には君の援助が必要だ.
　**bisogna**＋不定詞(**che**＋接続法) 　　〖非人称的用法〗する必要がある.
　*Bisogna* partire subito. 　　すぐに出発する必要がある.
　*Bisogna che* tu dica la verità. 　　君は真実を述べる必要がある.
**bisogno** [bizóɲɲo] 　　男 必要.
　Non c'è *bisogno* di preoccuparsi. 　　心配なさる必要はありません.
**blocco** [blókko] 　　男 〖複 *-chi*〗塊(かたまり).
　Fece una statua da un *blocco* di marmo. 　　彼は大理石の塊から彫像を作った.
**bocca** [bókka] 　　女 〖複 *-che*〗口.
　È restato a *bocca* aperta. 　　彼は開いた口がふさがらなかった.
**bordo** [bórdo] 　　男 機内; 船内.
　Siamo saliti a *bordo*. 　　我々は機(船)内へ乗り込んだ.
**borghese** [borgéːze, borgéːse] 　　**1.** 形 中産階級の. **2.** 男 女 中産階級の人.
　È di una famiglia *borghese*. 　　彼は中産階級の家庭の出身だ.
**borsa** [bórsa] 　　女 かばん, バッグ.
　una *borsa* da signora 　　婦人用ハンドバッグ.
**bosco** [bósko] 　　男 〖複 *-chi*〗森; 林.
　Mentre attraversava il *bosco*, si fece sera. 　　彼が森を通って行くうちに, 晩になった.
**bottega** [bottéːga] 　　女 〖複 *-ghe*〗店, 商店.
　A che ora si apre la *bottega*? 　　店は何時に開きますか?
**bottiglia** [bottíʎʎa] 　　女 びん, ボトル.
　Mi dia una *bottiglia* di vino rosso. 　　赤ワインを 1 びんください.
**braccio** [bráttʃo] 　　男 〖複 女 **le braccia**〗腕.

| | |
|---|---|
| Ti accolgo a *braccia* aperte. | 両手を広げて君を歓迎します. |
| **bravo** [brá:vo] | 形 有能な, 優れた. |
| È un allievo molto *bravo*. | 彼はとてもよくできる生徒です. |
| **breve** [brɛ́:ve] | 形 短い. |
| La vita è *breve*. | 人生は短い. |
| **brillare** [brillá:re] | 自〚助 avere〛輝く. |
| Le stelle *brillavano* in cielo. | 星が空に輝いていた. |
| **bruciare** [brutʃá:re] | 1. 他 焼く, 燃やす. |
| Hanno *bruciato* foglie secche. | 彼らは枯れ葉を燃やした. |
| | 2. 自〚助 essere〛焼ける, 燃える. |
| La casa di fronte è *bruciata*. | 向いの家が焼けた. |
| **bruno** [brú:no] | 形 褐色の. |
| Lui è *bruno* di pelle. | 彼の皮膚は褐色だ. |
| **brutto** [brútto] | 形 醜い, きたない; 悪い. |
| È un uomo *brutto*. | 醜い男だ. |
| Oggi fa *brutto* tempo. | 今日は天気が悪い. |
| **buio** [bú:jo] | 形〚男〛〚複 bui〛暗い, やみの. |
| Questa stanza è un po' *buia*. | この部屋は少し暗い. |
| **buono** [bwɔ́:no] | 形〚s＋子音, z, gn, pn, ps 以外の音で始まる男性名詞の前では **buon**, 母音で始まる女性単数名詞の前では **buon'**〛 1. よい, りっぱな; 善良な. 2. おいしい. |
| È un *buono* studente. | 彼はよい学生だ. |
| Ho un *buon* amico (una *buon'*amica). | 私にはよい友だちがいる. |
| *Buon* giorno! | 今日は. |
| Questi spaghetti sono *buoni*. | このスパゲッティはおいしい. |
| **buttare** [buttá:re] | 他 投げる; 投げ捨てる. |
| Ha *buttato* la bottiglia a terra. | 彼はびんを地面に投げつけた. |

# C

| | |
|---|---|
| **cac*cia*** [kátʃʃa] | 女〚複 *-ce*〛狩り. |
| Mio padre ha la passione della *caccia*. | ぼくの父は狩りが大好きです. |
| **cacciare** [katʃʃá:re] | 他 1. 狩る, 狩りをする. 2. 追 |

## cadere

　　　　　　　　　　　　　　　い出す(払う).
*Hanno cacciato* in Africa. 彼らはアフリカで狩りをした.
Il padrone l'*ha cacciato* di casa. 主人は彼を家から追い出した.
**cadere** [kadé:re] 自〖助 essere〗落ちる; 倒れる.
Il bicchiere gli *è caduto* di mano. コップが彼の手から落ちた.
**caffè** [kaffé] 男 コーヒー.
Prendiamo un *caffè*! コーヒーを1杯飲みましょう.
**calare** [kalá:re] **1.** 他 下げる, 下ろす.
*Calano* le reti in mare. 彼らは網を海へ降ろす.
　　　　　　　　　　　　　　　**2.** 自〖助 essere〗下がる, 降りる.
Il livello del fiume *è calato*. 川の水位が下がった.
*È calato* il sole. 日が沈んだ.
**calcio** [káltʃo] 男〖複 *-ci*〗**1.** サッカー, フットボール. **2.** けること.
Giochiamo a (al) *calcio*! サッカーをしましょう.
Mi ha dato un *calcio*. 彼はぼくを足でけった.
**calcolare** [kalkolá:re] 他 計算する.
*Calcolate* il costo della produzione! 製作費を計算してください.
**calcolo** [kálkolo] 男 計算.
Il *calcolo* è giusto. 計算は合っている.
**caldo** [káldo] **1.** 形 暑い, 熱い; 暖かい. **2.** 男 暑さ, 熱さ; 暖かさ.
Mi dia un tè *caldo*! 熱いお茶を一杯ください.
Oggi fa *caldo*. 今日は暑い(暖かい).
**calma** [kálma] 女 穏やかさ, 静けさ; 平静.
Mi piace la *calma* della campagna. 私は田舎の静けさが好きです.
Non perdere la *calma*! 落ち着きを失うな.
**calmare** [kalmá:re] 他 静める, 和らげる.
Cerca di *calmar*la! 彼女をなだめてあげてください.
Prendiamo una cocacola per *calmare* la sete. のどの渇きを止めるためコカコーラを1杯飲みましょう.
**calmo** [kálmo] 形 穏やかな, 静かな; 平静な.
Oggi il mare è *calmo calmo*. 今日海はとても静かだ.
Ha un carattere *calmo*. 彼は穏やかな性格だ.
**calore** [kaló:re] 男 熱, 暑さ.
Non sopporto questo *calore*. ぼくはこの暑さに耐えられない.
Ha parlato con *calore*. 彼は熱弁をふるった.
**cambiare** [kambjá:re] **1.** 他 変える, 換(替)える.

Dovete *cambiare* il treno qui! ここで列車を乗り換えなければなりません.

Ho *cambiato* casa. 私は住居を替えた.

**2.** 自〘助 essere〙変わる, 変化する.

Il tempo *è cambiato*. 天気が変わった.

**camera** [káːmera] 女 部屋.
　La nonna è restata in *camera* sua tutto il giorno. おばあさんは1日中自分の部屋に引きこもった.

**cam*icia*** [kamíːtʃa] 女〘複 -cie〙ワイシャツ.
　Porta sempre la *camicia* di colore giallo. 彼はいつも黄色のワイシャツを着ている.

**camminare** [kamminàːre] 自〘助 avere〙歩く.
　Il bambino non *cammina* ancora. その子はまだ歩けない.

**cammino** [kammíːno] 男 歩行.
　La stazione è a mezz'ora di cammino da qui. 駅はここから歩いて30分のところにある.

**campagna** [kampáɲɲa] 女 田舎; 野原.
　Mi piace vivere in *campagna*. 私は田舎で暮らすのが好きです.

**campione(-essa)** [kampjóːne, -éssa] 男(女) **1.** チャンピオン, 選手権保持者. **2.** 男 見本, 標本.
　Lei è *campionessa* europea di tennis. 彼女はテニスのヨーロッパ選手権保持者である.
　Abbiamo spedito i *campioni* dei tessuti a quella società. 私たちは布地の見本をその会社へ送った.

**campo** [kámpo] 男 **1.** 田, 畑. **2.** 野原. **3.** 分野, 部門.
　Il treno correva attraverso i *campi* di grano. 列車は麦畑を横切って走っていた.
　È uno studioso molto noto in questo *campo* di scienza. 彼は科学のこの分野で非常に有名な学者である.

**canale** [kanáːle] 男 **1.** 運河, 水路. **2.** チャンネル.
　Abbiamo fatto un giro in gondola sui *canali* di Venezia. 私たちはゴンドラに乗ってヴェネツィアの運河めぐりをした.
　È un *canale* televisivo molto popolare. それは非常に人気のあるテレビチャンネルです.

**cancellare** [kantʃellàːre] 他 **1.** (書いたものを)消す. **2.** 取り消す.
　*Cancella* le parole sbagliate! 間違えた言葉を消しなさい.
　Ho *cancellato* un impegno. 私は契約を取り消した.

**cancello** [kantʃéllo] 男 格子戸, 棚格子.
　Il *cancello* di questa villa è sempre chiuso.
　この別荘の格子戸はいつも閉っている.

**candido** [kándido] 形 純白の; 無垢の.
　La sposa porta un abito *candido*.
　花嫁は純白の衣装をまとっている.

**cane** [ká:ne] 男 犬.
　Un *cane* mi segue.
　犬が私の後からついて来る.

**cantare** [kantá:re] 他 歌う.
　Lei *canta* benissimo.
　彼女はとてもよい声で歌う.

**canto** [kánto] 男 歌.
　Mia figlia studia *canto* con una maestra.
　私の娘は先生について声楽を勉強している.
　Qui si sentono i *canti* di diversi uccelli.
　ここではいろいろな小鳥の鳴き声が聞こえる.

**capace** [kapá:tʃe] 形 1. 有能な; (di + 不定詞) …することができる. 2. 収容力のある.
　Lui è un medico molto *capace*.
　彼はとても有能な医者だ.
　Sei *capace* di giocare a tennis?
　君はテニスができるかい.
　Questa è la sala *capace* di circa cinquanta persone.
　これは約50人はいれるホールである.

**capacità** [kapatʃitá] 女 1. 能力. 2. 収容力; 容量.
　Tutti ammirano la sua *capacità* come direttore.
　みんなが彼の指導者としての能力に感心している.
　Qual è la *capacità* della bottiglia?
　そのボトルの容量はどのくらいですか.

**capello** [kapéllo] 男 髪の毛.
　Quella signorina giapponese ha i *capelli* neri e lunghi.
　あの日本人のお嬢さんは黒くて長い髪の毛をしている.

**capire** [kapí:re] 他 分かる, 理解する.
　*Capisci* l'italiano?
　君はイタリア語が分かりますか.
　Non *ho capito* bene ciò che ha spiegato il professore.
　ぼくは教授が説明されたことがよく分からなかった.

**capitale**¹ [kapitá:le] 女 首都, 首府.
　Roma è la *capitale* d'Italia.
　ローマはイタリアの首都である.

**capitale**² [kapitá:le] 男 資本.
　Ci vuole un enorme *capitale* per iniziare l'impresa.
　企業を興すには莫大な資本が必要だ.

**capitare** [kapitá:re] 自 〘助 essere〙 1. 起こる, 生じる. 2. (偶然に)やって来る.

| | |
|---|---|
| Gli *è capitato* un grosso guaio. | 彼に大きな災難がふりかかった. |
| Se *capiti* a Tokyo, vieni a trovarmi. | もし東京に来ることがあったら,ぼくに会いにいらっしゃい. |
| **capo** [káːpo] | 男 **1.** 頭. **2.** 長, 首領. **3.** 端; 初め. |
| Mi ha guardato da *capo* a piedi. | 彼はぼくの頭から足の先まで眺めた. |
| Il *capo* del governo italiano riceve la visita degli ospiti stranieri. | イタリア首相は外国の来賓の訪問を受ける. |
| Ricominciamo da *capo*! | 最初からやり直そう. |
| Ti seguirei in *capo* al mondo. | 世界の果てまで君について行こう. |
| **cappello** [kappéllo] | 男 帽子. |
| Si toglie il *cappello* e ci saluta. | 彼は帽子をとりぼくたちにあいさつをする. |
| **carattere** [karáttere] | 男 性格, 性質. |
| È un uomo che ha uno strano *carattere*. | 彼は変わった性格の男だ. |
| **caratteristico** [karaterístiko] | 形〖男複 *-ci*, 女複 *-che*〗特色のある, 特徴的な. |
| Quali sono i prodotti *caratteristici* di questa regione? | この地方の特産物は何ですか. |
| **carcere** [kártʃere] | 男〖または女, 複数は常に女〗監獄, 刑務所. |
| Egli fu mandato in *carcere*. | 彼は刑務所へ入れられた. |
| **carica** [káːrika] | 女〖複 *-che*〗**1.** (重要な)職, 地位. **2.** (エネルギーなどの)充塡(じゅうてん). |
| Ha avuto la *carica* di ministro. | 彼は大臣の地位に就いた. |
| L'orologio non ha più *carica*. | 時計のねじ(電池)がきれている. |
| **carico** [káːriko] | 形〖男複 *-chi*, 女複 *-che*〗積んだ. |
| La nave partì *carica* di merci. | 貨物を積んだ船は出発した. |
| **carità** [karitá] | 女 慈悲, 慈愛. |
| Fatemi la *carità* di un po' di soldi! | どうか私にお金を恵んでください. |
| Basta, per *carità*! | お願いだから, もうたくさんだ. |
| **carne** [kárne] | 女 肉. |
| La mamma ha comprato della *carne* al mercato. | お母さんは市場で肉を買った. |
| **caro** [káːro] | 形 **1.** 親愛な. **2.** 高価な. |

Scrivo al mio *caro* amico. ぼくは親しい友人に手紙を書く。
Qui vendono a *caro* prezzo. ここでは高い値段で売っている。

**carriera** [karrjé:ra] 囡 経歴; 生涯.
Ha finito la sua *carriera* diplomatica. 彼は外交官の生涯を終えた。

**carro** [kárro] 男 **1.** (馬や牛の引く)荷車. **2.** (動力で運搬する)車; 貨車.
Un cavallo tira il *carro*. 馬が車を引く。

**carrozza** [karróttsa] 囡 (鉄道の)客車.
Abbiamo mangiato nella *carrozza* ristorante. 私たちは食堂車で食事をした。

**carta** [kárta] 囡 **1.** 紙. **2.** カード.
Mi dia due fogli di *carta* da lettere. 私に便箋2枚ください。
Giochiamo a *carte*! トランプをしよう。

**casa** [ká:sa] 囡 家.
Vieni a *casa* mia! ぼくの家に来たまえ。
Le ho telefonato a *casa*, ma non c'era. 彼女の家に電話したが、いなかった。
Abito alla *casa* dello studente. ぼくは学生寮に住んでいる。

**cascare** [kaská:re] 自〚助 essere〛落ちる; 倒れる.
È *cascato* dal letto, mentre dormiva. 彼は眠っているうちに、ベッドから落ちた。
Mi *è cascata* addosso una disgrazia. 私に災難がふりかかった。

**caso** [ká:zo] 男 場合.
Non è il *caso* di parlare di una cosa simile. そんなことについて話している場合じゃない。
In *caso* di pioggia ci andrò in macchina. 雨が降った場合には、車で行きます。
L'ho incontrato per *caso*. 私は偶然彼に出会った。

**cassa** [kássa] 囡 **1.** 箱. **2.** 金庫; 出納.
Mio zio ci ha mandato una *cassa* di mele da Aomori. 叔父が私たちにりんごを1箱青森から送ってくれました。
Paghi il conto alla *cassa*, per favore! レジで勘定をお払いください。

**castello** [kastéllo] 男 城.
C'è un grande *castello* in questa città. この市には大きな城がある。

**categoria** [kategorí:a] 囡 **1.** 範疇; 部類. **2.** 等級.
I lavori sono divisi in tre *cate*- その仕事は3つの部門に分かれて

*gorie*.
Ho prenotato una camera in un albergo di prima *categoria*.
私は１級ホテルに部屋を予約しました．

**catena** [katé:na]
[女] 鎖．
Il cane è tenuto a *catena*.
犬は鎖につながれている．
La *catena* di montagne separa le due regioni.
その山脈が２つの地方を分けている．

**cattivo** [kattí:vo]
[形] 悪い．
Non prendere *cattive* abitudini!
悪習にそまらぬようにしなさい．

**cattolico** [kattó:liko]
1. [形] 〖[男][複] *-ci*, [女][複] *-che*〗 カトリック教の; カトリック教徒の． 2. [男] 〖[女] *-ca*〗 カトリック教徒．
C'è una chiesa *cattolica* in fondo alla strada.
道の突き当たりにカトリック教会がある．

**causa** [ká:uza]
[女] 原因; 理由．
Qual è la *causa* dell'incidente?
事故の原因は何ですか．
**a causa di**
…のために，…の理由で．
Non esce *a causa della* pioggia.
雨のため彼は外出しない．

**cavallo** [kavállo]
[男] 馬．
Ho visto una signorina andare a *cavallo*.
私はあるお嬢さんが馬に乗って行くのを見た．

**cavare** [kavá:re]
[他] 取り出す; 取り除く．
*Ha cavato* di tasca una moneta e l'ha data al ragazzo.
彼はポケットからお金を取り出し，それを少年に与えた．
Mi *è stato cavato* un dente.
私は歯を１本抜かれた．

**cedere** [tʃé:dere]
1. [自] 〖[助] avere〗 屈服する．
*Cederono*, dopo una lunga resistenza, alle forze nemiche.
彼らは，長い間抵抗した後で，敵軍に屈服した．
2. [他] 譲る．
Ti *cedo* il mio posto.
君に私の座席を譲ります．

**celebrare** [tʃelebrá:re]
[他] 祝う．
Si *celebra* un matrimonio.
結婚式が行なわれる．
In luglio si *celebra* una grande festa.
７月には大祭があります．

**celebre** [tʃé:lebre]
[形] 有名な．
Egli è uno degli scrittori più *celebri* in Giappone.
彼は日本で最も有名な作家の一人です．

**cena** [tʃé:na]
[女] 夕食．
Invitiamo degli amici a *cena*.
私たちは夕食に数人の友だちを招待する．

**cenno** [tʃénno]
  Mi fece un *cenno* con gli occhi.
男 合図, サイン.
彼は私に目で合図をした.

**centinaio** [tʃentiná:jo]
  Era presente un *centinaio* di persone.
  Si sono riunite alcune *centinaia* di studenti in piazza.
男 〖複 **le centinaia**〗およそ100.
およそ100人ぐらいが出席していた.
数百人の学生が広場に集った.

**centrale** [tʃentrá:le]
  L'autobus va alla stazione *centrale*.
形 中央の.
バスは中央駅へ行く.

**centro** [tʃéntro]
  Quella ragazza è al *centro* dell'attenzione di tutti.
  Abitano al *centro*.
男 中央, 中心.
あの少女は皆の注目の的だ.
彼らは中心街に住んでいる.

**cercare** [tʃerká:re]
  *Ho cercato* la chiave in tasca ma non l'ho trovata.

  *Abbiamo cercato* di arrivarci presto.
**1.** 他 捜す; 求める.
私はポケットの中を捜したが, かぎは見つからなかった.
**2.** 自 〖助 avere〗(di＋不定詞)…しようと努める.
ぼくたちは早くそこに到着しようと努力した.

**cerimonia** [tʃerimɔ́:nja]
  Ha luogo una *cerimonia* solenne.
女 儀式, 式.
厳かな儀式が行なわれる.

**certamente** [tʃertaménte]
  Arriverà *certamente* domani.
副 確かに, きっと.
彼はきっと明日着くでしょう.

**certezza** [tʃertéttsa]
  Garantisco la *certezza* della notizia.
女 確実, 確かさ.
私は情報の確かさを保証します.

**certo** [tʃérto]

  Raccogliete prove *certe*!
  Sono *certo* che mi scriverà.

  È *certo* che la situazione cambierà.

  Un *certo* signor Fodella La cercava.
**1.** 形 〖名詞の後に置かれる〗確かな.
確かな証拠を集めてください.
きっと彼は私に手紙をくれるだろう(ことを確信する).
状況が変わることは確実だ.

**2.** 形 〖不定形容詞, 名詞の前に置かれる〗ある.
フォデッラさんとかいう人があなたを捜していましたよ.

*Certe* persone dicevano male di lui.

ある人たちが彼の悪口を言っていた.

**3.** 副 確かに.

Verrai da me domani? —Sì, *certo*.

君明日ぼくのところに来るかね. —はい, 必ず.

**cervello** [tʃervèllo]  男 **1.** 脳. **2.** 知力.

È una persona di gran *cervello*.

彼は優秀な頭脳の持ち主だ.

**cessare** [tʃessá:re]  自 〖助 essere〗終わる.

È *cessato* il vento.

風がなくなった.

**cessare di**＋不定詞  〖助 avere〗…し終わる.

Ha *cessato* di piovere.

雨が降り終わった.

**che**¹ [ke]  **1.** 形 〖疑問形容詞, 不変化〗何の, どんな.

*Che* film hai visto?

君どんな映画を見たのかい.

*Che* ora è?

今何時ですか.

A *che* piano abitate?

あなたたちは何階に住んでおられますか.

*Che* vergogna!

何と恥ずかしいことだろう.

**2.** 代 〖疑問代名詞, 不変化〗何, どんなもの.

*Che* [cosa] stai facendo?

君今何をしているところかい.

Gli chiesi *che* [cosa] volesse.

私は彼に何が欲しいのですかと尋ねた.

**che**² [ke]  代 〖関係代名詞; 不変化; 先行詞は関係節の主語; 直接目的語〗

Lui è il professore *che* ci insegna l'italiano.

彼はぼくたちにイタリア語を教えている先生です.

Queste sono le fotografie *che* ho fatto durante il viaggio.

これらが旅行中に私がとった写真です.

**che**³ [ke]  接 **1.** 〖主節と直接目的語節とを結ぶ〗

Dice *che* non vuole andarci.

彼はそこに行きたくないと言う.

Speravo *che* lui arrivasse in tempo.

私は彼が時間内に到着することを望んだ.

**2.** 〖主語節をつくる〗

È naturale *che* i genitori amino i loro figli.

両親が自分たちの子供を愛するのは当然だ.

Occorre *che* anche tu parta.

君も出発する必要がある.

**3.** 〖時を表わす節をつくる〗

Sono tre mesi *che* non la vedo.

3か月前から私は彼女に会ってい

Sei tanto gentile *che* tutti ti vogliono bene.

La stanza è più pulita *che* bella.

*Che* nessuno parli!

Prepariamo la cena prima *che* arrivino gli ospiti!

**chi**[1] [ki]
*Chi* l'ha detto?
*Chi* sono quei signori?
*Chi* hai visto?
A *chi* pensi tu?
Di *chi* è questa macchina?
Con *chi* vai all'opera?

**chi**[2] [ki]

*Chi* va piano va sano e va lontano.
Cerco *chi* mi possa aiutare.
**chi ..., chi ...**
*Chi* rideva, *chi* piangeva.

**chiamare** [kjamá:re]
Dobbiamo *chiamare* il medico.
**chiamarsi** [kjamársi]

Come *si chiama* Lei?―*Mi chiamo* Gianni Fodella.
**chiarire** [kjarí:re]
Gli ho chiesto di *chiarire* alcuni punti della questione.
**chiaro** [kjá:ro]

È *chiaro* come la luce del sole.
Lei porta un abito di colore

ない.
**4.**〖結果を表わす節をつくる〗
君はとても親切なので,みんな君が好きだ.
**5.**〖比較の文をつくる〗
部屋はきれいというよりは清潔だ.
**6.** che ＋ 接続法〖命令・願望を表わす〗…するように.
だれも話をしないでください.
**7.**〖前置詞と共にいろいろな接続詞句をつくる〗
お客さんたちがやって来る前に夕食を準備しましょう.

代〖疑問代名詞〗だれ.
だれがそれを言いましたか.
あの方たちはだれですか.
君はだれを見ましたか.
君はだれのことを考えていますか.
この車はだれのですか.
君はだれとオペラに行きますか.

代〖関係代名詞,不変化〗…ところの人.
ゆっくり行く人は無事に遠くまで行く(急がば回れ).
私は助けてくれる人を捜す.

ある人は…,ある人は…
ある人は笑っていたし,ある人は泣いていた.

他 呼ぶ.
医者を呼ばねばなりません.

再 呼ばれる,…という名前である.
あなたのお名前は何ですか.―私はジャンニ・フォデッラです.

他 明らかにする.
私は彼にいくつかの疑問点を明らかにしてくれるよう頼んだ.

形 **1.** 明るい;澄んだ. **2.** 明瞭な.
太陽の光のように明るい.
彼女は明るい色の服を着ている.

*chiaro*.
Parla con voce *chiara*. 彼ははっきりした声で話す.
**chiave** [kjá:ve] 女 かぎ.
Chiuda la porta a *chiave*! ドアにかぎをかけてください.
**chiedere** [kjé:dere] 他 **1.** 求める, 要求する. **2.** 尋ねる.
Gli *chiedo* il permesso di uscire. 私は彼に外出の許可を求める.
Mi *ha chiesto* la strada per andare alla stazione. 彼は私に駅へ行く道を尋ねた.
**chiesa** [kjé:za] 女 教会.
Andiamo in *chiesa* la domenica. 私たちは日曜日に教会に行く.
**chilometro** [kiló:metro] 男 キロメートル.
L'automobile corre a cento *chilometri* all'ora. 自動車は毎時100キロメートルの速度で走っている.
**chinare** [kiná:re] 他 下げる; 曲げる.
*Chinava* lo sguardo e non rispondeva. 彼は視線を伏せ, 答えなかった.
**chinarsi** [kinársi] 再 身をかがめる.
*Mi sono chinato* per raccogliere la matita. 私は鉛筆を拾うために身をかがめた.
**chissà** [kissá] 副 〖= chi sa〗わからない, だれも知らない.
*Chissà* se lui potrà venire! 彼が来るかどうかだれも知らぬ.
Lo farà, ma *chissà* quando! 彼はそれをするだろうが, いつになるかわからない.
**chiudere** [kjú:dere] 他 閉じる, しめる.
*Chiudete* tutte le finestre! 窓を全部しめなさい.
Oggi la banca è *chiusa*. 今日銀行は閉っている.
**ci**¹ [tʃi] 副 ここに; そこに.
Sta bene a Milano e *ci* resterà. 彼はミラーノで元気にしており, そこに留まるだろう.

**c'è; ci sono** …がある.
*Ci sono* due piatti sulla tavola. テーブルの上に2枚の皿がある.
Non *c'è* nessuno in casa. 家の中にはだれもいない.
**ci**² [tʃi] **1.** 代 〖直接目的語, 間接目的語; lo, la, li, le, ne の前では **ce** となる〗私たちを; 私たちに.
Finalmente *ci* ha trovati. 彼はついにぼくらを見つけた.
Non *ci* ha detto niente. 彼は我々に何も言わなかった.
Vi ha detto la verità? —Sì, *ce* l'ha detta. 彼は君たちに本当のことを言ったかい. —うん, 言ったよ.

Se n'è andato senza salutar*ci*. 彼はぼくらにあいさつもせずに行ってしまった.
**2.** 代 〖中性的; = a ciò, in ciò, su ciò〗それを.

Mi ha detto che partiva, ma io non *ci* ho creduto. 彼は出発すると言ったが, 私はそれを信じなかった.

**ciascuno** [tʃaskúːno] **1.** 形 おのおのの, 各自の.
*Ciascuno* studente è stato chiamato davanti al professore. 各学生は教授の前に呼び出された.

**2.** 代 各人.
*Ciascuno* ha ricevuto la sua parte. 各人自分の割り当てをもらった.

**cibo** [tʃíːbo] 男 食べ物.
Non mi piace il *cibo* grasso. 私は油っこい食べ物は好きじゃない.

**cieco** [tʃɛ́ːko] **1.** 形 〖男複 -*ci*, 女複 -*che*〗盲目の. **2.** 男 (女) 盲人.
È *cieco* da un occhio. 彼は片目が見えない.

**cielo** [tʃɛ́ːlo] 男 空, 天.
Il *cielo* è azzurro. 空は青い.

**cifra** [tʃíːfra] 女 数字.
Scrivete il numero in *cifre* arabe! 数をアラビア数字で書きなさい.

**cima** [tʃíːma] 女 頂上.
Non sono ancora arrivati in *cima* al monte. 彼らはまだ山の頂上に到着していない.

**cinema** [tʃíːnema] 男 〖単複同形〗映画; 映画館.
Andiamo al *cinema* stasera! 今晩映画に行きましょう.

**ciò** [tʃɔ́] 代 〖性数不変〗そのこと.
Hai capito *ciò* che ha detto lui? 彼の言ったことがわかったかい?

**cioè** [tʃoɛ́] 副 つまり, すなわち.
Lui è il figlio di mio zio, *cioè* mio cugino. 彼はぼくの叔父の息子, つまりぼくのいとこです.

**circa** [tʃírka] **1.** 副 およそ, 約.
Ci sono *circa* duecento studenti. およそ200人の学生がいます.

**2.** 前 …について.
Ha scritto un libro *circa* la vita del suo paese. 彼は自分の国の生活についての本を書いた.

**circolo** [tʃírkolo] 男 円, 輪.
Si siedono in *circolo*. 彼らは輪になって座る.

**circondare** [tʃirkondáːre] 他 囲む, 取り巻く.
Una folla *ha circondato* l'attrice. 群衆がその女優を取り巻いた.

Il giardino *è circondato* dagli alberi.
庭は木に囲まれている．

**circostanza** [tʃirkostántsa] 囡 状況, 事情.
Adesso ti trovi in una *circostanza* favorevole.
今君は有利な状況におかれている．

**citare** [tʃitáːre] 他 引用する．
Il professore ce l'ha spiegato *citando* un esempio.
先生は例をあげて私たちにそれを説明した．

**città** [tʃittá] 囡 都市, 市; 町.
In quale *città* vive Lei?
どの都市にお住まいですか．
Mi piace di più vivere in campagna che in *città*.
私は都会よりも田舎で暮らす方が好きです．

**cittadino(-a)** [tʃittadíːno, -a] 男 (囡) 市民; 民間人.
Mio nonno è uno dei quattro *cittadini* più vecchi.
ぼくのおじいさんは 4 人の最年長市民の 1 人です．

**civile** [tʃivíːle] 形 市民の; 民間の.
Lei è studiosa di diritto *civile*.
彼女は民法学者です．

**civiltà** [tʃiviltá] 囡 文明.
Ha scritto un libro sulla *civiltà* greco-romana.
彼はギリシャ・ローマ文明に関する書物を書いた．

**classe** [klásse] 囡 1. 組, 学級. 2. 階級, 等級.
Lui è un mio compagno di *classe*.
彼はぼくの同級生です．
Viaggiamo in prima *classe*.
私たちは 1 等車で旅行する．

**class*ico*** [klássiko] 形〖男 複 *-ci*, 囡 複 *-che*〗古典の, 古典的な．
Vi piace la musica *classica*?
君たちは古典音楽が好きですか．

**cliente** [kliénte] 男 囡 おとくい, 顧客.
Quel negozio ha molti *clienti*.
あの店はおとくいが多い．

**cli*ma*** [klíːma] 男〖複 *-mi*〗気候.
Questa isola ha un *clima* caldo.
この島の気候は暖かい．

**cogliere** [kɔ́ʎʎere] 他 1. 摘み取る. 2. つかまえる, とらえる．
Le ragazze *colgono* dei fiori.
少女たちは花を摘む．
Ha *colto* l'occasione.
彼はチャンスをとらえた．

**colazione** [kolattsjóːne] 囡 朝食.
Facciamo *colazione* alle sette.
私たちは 7 時に朝食をとる．

**collaborazione** [kollaborattsjóːne] 囡 協力, 協同.
Siamo riusciti a finire il lavoro grazie alla vostra *collaborazione*.
私たちはあなたたちの協力のお陰で仕事を終えることができました．

## collega

**collega** [kollé:ga] 　男 女〖男 複 *-ghi*, 女 複 *-ghe*〗同僚.
Siamo *colleghi* d'ufficio. 　私たちは事務所の同僚です.
**collegio** [kollé:dʒo] 　男〖複 *-gi*〗寄宿学校; 学生寮.
I genitori hanno messo il loro figlio in *collegio*. 　両親は息子を寄宿学校へ入れた.
**collina** [kollí:na] 　女 丘, 小山.
La nostra villa è in *collina*. 　私たちの別荘は丘の中にある.
**collo** [kóllo] 　男 首.
Guardava lontano allungando il *collo* fuori della finestra. 　彼は窓から外へ首を伸ばして遠くを見つめていた.
**collocare** [kolloká:re] 　他 置く, 配置する.
*Collocate* i libri in ordine alfabetico per autori! 　書物を著者名によりアルファベット順に並べなさい.
**colloquio** [kolló:kwjo] 　男〖複 *-qui*〗対話, 会話.
Il ministro ha avuto un *colloquio* con l'ambasciatore. 　大臣は大使と会談した.
**colonia** [koló:nja] 　女 1. 植民地. 2. 居留地(民).
Le *colonie* furono liberate. 　植民地が解放された.
Ci sono delle *colonie* siciliane a Milano. 　ミラーノにはシチーリアからの移住者の街がある.
**colore** [koló:re] 　男 色.
Di che *colore* è questo? 　これは何色ですか.
**colpa** [kólpa] 　女 あやまち; 罪.
Non è *colpa* mia. 　私のせいではありません.
**colpire** [kolpí:re] 　他 打つ, たたく.
Mi *ha colpito* alla testa con un pugno. 　彼はぼくの頭をげんこつでなぐった.
**colpo** [kólpo] 　男 打撃, 一打ち, 一突き.
Mi ha dato un *colpo* con un pugno. 　彼はぼくをげんこつでなぐった.
Mi dai un *colpo* di telefono stasera? 　君, 今晩ぼくに電話してくれるかい.
**comandare** [komandá:re] 　他 命じる; 指揮する.
L'ufficiale *comandò* ai soldati di partire subito. 　将校は兵士たちに直ちに出発するように命じた.
**comando** [komándo] 　男 命令.
Ubbidiamo al suo *comando*. 　私たちは彼の命令に従う.
**combattere** [kombáttere] 　自〖助 avere〗戦う.
Hanno *combattuto* per la patria. 　彼らは祖国のために戦った.

**combinare** [kombiná:re] 他 1. 組み合わせる. 2. 取り決める.
*Combina* bene i colori! 色をうまく配合しなさい.
*Hanno combinato* la riunione per il prossimo giovedì. 彼らは次の木曜日に会合を行なうことに決めた.

**come** [kó:me] I. 接 1. …のように.
Fate *come* vi ho detto! 君たち私が言った通りにしなさい.
Brilla *come* l'oro. 金のように光る.

2. …と同じように〖ときには così とともに用いられる〗
Luisa è così buona *come* sua madre. ルイーザは母親と同じように善良です.
È bianco *come* la neve. 雪のように白い.

II. 副〖疑問文・感嘆文に用いる〗どのように; なんと.
*Come* sta tuo padre? 君のお父さんはご機嫌いかがですか.
*Come* posso trovare la sua casa? どのようにすれば彼の家が見つかりますか.
*Come* parla bene! なんと上手に話すことでしょう.
**come mai** いったいどうして, なぜ.
*Come mai* sei arrivato così tardi? どうして君はこんなに遅れて来たのか.

**cominciare** [komintʃá:re] 1. 他 始める.
*Ha cominciato* il discorso. 彼は話を始めた.
**cominciare a+不定詞** …し始める.
*Ho cominciato a* studiare l'italiano due anni fa. 私は2年前にイタリア語を勉強し始めた.
*È cominciata* la lezione. 2. 自〖助 essere〗始まる. 授業が始まった.

**commedia** [kommé:dja] 女 喜劇; 劇, 芝居.
Danno una *commedia* alla televisione. テレビで喜劇が上演される.

**commerciale** [kommertʃá:le] 形 商業の.
Lui è stato assunto in una società *commerciale*. 彼は商事会社に採用された.

**commercio** [kommértʃo] 男〖複 -ci〗商業, 商売.
Lui si è dato al *commercio* da molti anni. 彼は長年商業にたずさわっている.

**commettere** [kommé:ttere] 他 (罪・過ちを)犯す・行なう.
*Ha commesso* un grave errore. 彼は大きな過失を犯した.

Non sono capace di *commettere* cattive azioni.
私は悪いことをすることができません。

**commissione** [kommissjóːne]
女 1. 委託, 依頼. 2. 委員会.

Mi hanno affidato una *commissione* importante.
私はある重要なことを委託された。

Io appartengo alla *commissione* d'esami.
私は試験委員会に属している。

**commuovere** [kommwɔ́ːvere]
他 感動させる, 感激させる.

Le sue parole mi *commuovono*.
彼の言葉は私を感動させる。

**commuoversi** [kommwɔ́ːversi]
再 感動する, 感激する.

Leggendo questo romanzo *mi sono* molto *commosso*.
この小説を読みながら私はとても感動した。

**comodo** [kɔ́ːmodo]
形 楽な, 心地のよい; 便利な.

Questa stanza è molto *comoda*.
この部屋はとても居心地がよい。

Ho trovato un apparecchio molto *comodo*.
私はたいへん便利な器具を見つけた。

**compagnia** [kompaɲɲíːa]
女 1. 仲間; 交際. 2. 会社.

Faremo un viaggio con tutta la *compagnia*!
仲間全員で旅行しましょう。

**compagno(-a)** [kompáɲɲo, -a]
男 (女) 仲間.

Ho incontrato un vecchio *compagno* di scuola.
ぼくは昔の同窓生に会った。

**comparire** [komparíːre]
自 〘助 essere〙現われる.

Gina *comparve* nella sala con un vestito molto elegante.
ジーナはとても上品な服を着て広間に現われた。

**compiere** [kómpjere]
他 完成する.

Oggi Sergio *compie* vent'anni.
今日セルジョは満20歳になる。

*Ho compiuto* il mio dovere.
私は自分の義務を果たした。

**compito** [kómpito]
男 仕事; 任務; 課題, 宿題.

Quando avrò finito il mio *compito*, andrò al cinema.
ぼくは宿題が終ったら、映画に行く。

**complesso** [komplésso]
形 複雑な.

Lui si trova in una situazione *complessa*.
彼は複雑な立場に置かれている。

**completo** [komplɛ́ːto]
形 1. 完全な. 2. 満員の.

Ho comprato le opere *complete* di Leopardi.
私はレオパルディ全集を買った。

L'albergo è al *completo*.
ホテルは満員です。

**complicare** [komplikáːre]
他 複雑にする.

Non bisogna *complicare* la situazione.
状況を複雑化する必要はない。

**comporre** [kompórre] 他 1. 組み立てる; 構成する. 2.(詩・文章・曲を)作る.

Gli operai *compongono* i motori.
工員たちがエンジンを組立てる.

Questo appartamento è *composto* di quattro stanze.
このアパートは4部屋からなっている.

Beethoven *compose* la nona sinfonia.
ベートーベンは第九交響曲を作曲した.

**comportamento** [komportaménto] 男 行動, 振る舞い.

Il suo *comportamento* è corretto.
彼の振る舞いは正しい.

**comportarsi** [komportársi] 再 行動する, 振る舞う.

*Si comporta* sempre da persona onesta.
彼は常に誠実な人間として行動する.

**comprare** [komprá:re] 他 〘または comperare〙買う.

Il mio papà *ha comprato* una macchina nuova.
ぼくのお父さんは新車を買った.

**comune**¹ [komú:ne] 形 1. 共通の, 共同の. 2. 一般の, 普通の.

È necessario pensare agli interessi *comuni*.
共通の利益を考える必要がある.

È un giovane di intelligenza non *comune*.
彼は非凡な知性の青年だ.

**comune**² [komú:ne] 男 (行政区画としての)市, 町, 村; 市役所, 町(村)役場.

Monza è un *comune* della provincia di Milano.
モンツァはミラーノ県の一都市である.

Firmi questi documenti e li presenti al *comune*!
これらの書類に署名して市役所に提出してください.

**comunicare** [komuniká:re] 他 伝える, 知らせる.

Bisogna *comunicare* la notizia a tutti.
みんなにそのニュースを知らせる必要があります.

**comunicazione** [komunikattsjó:ne] 女 伝達, 通知, 連絡.

L'aereo ha interrotto la *comunicazione*.
飛行機は連絡を断った.

**con** [kon] 前 〘次に定冠詞 il, i が来ると **col**, **coi** となることもある〙
1. …といっしょに.

*Con* chi vai a teatro? —Ci vado *con* la mia amica.
だれと芝居を見に行くの. —友だちと行くんだよ.

2. 〘道具・手段・方法〙…をもっ

**concedere**

Scrivete *con* la matita.
鉛筆で書きなさい.
Tutti partono *con* la macchina di Franco.
みんなフランコの車で出発する.
Lei guida *con* prudenza.
彼女は慎重に運転する.
**3.**〖(人に)対して〗
Carla è sempre gentile *con* me.
カルラはいつも私に親切です.
**4.**〖状況〗
*Con* questa pioggia non si può partire.
この雨では出発できない.
**5.**〖態度, 特徴〗
Cammina *con* le mani in tasca.
彼はポケットに手を入れて歩く.
Chi è quell'uomo *con* la barba?
あのあごひげの男はだれだ.

**concedere** [kontʃéːdere] 他 **1.** 承認する, 認可する. **2.** 授与する.
La prego di *conceder*mi di uscire.
外出を許可してくださるようお願いいたします.
Gli *è stata concessa* una borsa di studio.
彼に奨学金が授与された.

**concerto** [kontʃérto] 男 演奏会, 音楽会.
Stasera andiamo al *concerto*.
今晩私たちは演奏会へ行きます.

**concetto** [kontʃétto] 男 概念; 考え.
Spieghi il *concetto* di libertà!
自由の概念を説明しなさい.

**concludere** [koŋklúːdere] 他 **1.** 結論する. **2.** 終える.
*Hanno concluso* che lui era adatto per questo lavoro.
彼らは彼がこの仕事に適任であると結論した.
Il ministro *ha concluso* il suo lungo discorso.
大臣は長い演説を終えた.
Il trattato di pace tra i due paesi *è stato concluso*.
二国間の平和条約が締結された.

**conclusione** [koŋkluzjóːne] 女 結論; 結末.
Questa storia non ha *conclusione*.
この物語には結論がない.

**condannare** [kondannáːre] 他 (有罪の)判決を下す, 刑に処する.
*È stato condannato* a tre anni di carcere.
彼は禁固3年の判決を宣告された.

**condizione** [kondittsjóːne] 女 **1.**〖しばしば複数形で用いる〗状態; 状況. **2.** 条件.
Le sue *condizioni* di salute sono cattive.
彼の健康状態は悪い.

**a condizione che**＋接続法  …するという条件で．
Puoi andarci *a condizione che* torni presto.  すぐに戻ってくるという条件ならば，行ってもよろしい．

**condurre** [kondúrre]  他 導く，連れて行く．
*Conduceva* un bambino per mano.  彼は子供の手をとって連れて行った．

**conferenza** [konferéntsa]  女 1. 会議． 2. 講演．
Ha avuto luogo a Parigi la *conferenza* dei ministri degli esteri.  パリで外相会議が開催された．
Il professore tenne una *conferenza*.  教授は講演した．

**confermare** [konfermá:re]  他 確かめる，確証する．
La notizia *è stata confermata*.  その情報は確認された．

**confessare** [konfessá:re]  他 自白する，告白する．
Finalmente *ha confessato* il delitto.  とうとう彼は犯行を自白した．

**confine** [konfí:ne]  男 境界．
Abbiamo passato con la macchina il *confine*.  私たちは車で国境を通過した．

**conflitto** [konflítto]  男 闘争；衝突．
Dopo un lungo *conflitto* i nemici si ritirarono.  長い闘争の後に敵軍は退却した．
La sua opinione è in *conflitto* con la tua.  彼の意見は君の意見と対立している．

**confondere** [konfóndere]  他 1. まぜ合わせる． 2. 混同する，取り違える．
Qualcuno *ha confuso* i libri che erano in ordine.  整理されていた本をだれかがごたごたにしてしまった．
Ti *confondevo* con un altro amico.  ぼくは君を他の友人と混同した．

**confronto** [konfrónto]  男 比較，対照．
Faremo un *confronto* delle due opere.  2つの作品を比較してみましょう．

**congresso** [koŋgrésso]  男 会議．
Ha partecipato a un *congresso* internazionale di medici.  彼は国際医学者会議に参加した．

**conoscenza** [konoʃʃéntsa]  女 1. 認識；知識． 2. 知り合うこと．
Ha una buona *conoscenza* della storia italiana.  彼はイタリア史についてかなりの知識がある．

**conoscere**

    Sono lieto di fare la Sua *conoscenza*.
    あなたとお知り合いになれてうれしく存じます.

**conoscere** [konóʃʃere]
  他 **1.** 知る, 知っている.
  Non *conosce* bene questo paese.
  彼はこの国をよく知らない.
  **2.** (人と)面識がある, 知り合いになる.
  Lei *conosce* quel signore? —Sì, l'*ho conosciuto* ieri.
  あの方をご存じですか. —はい, 昨日知り合いになりました.

**conquista** [konkuísta]
  女 征服; 獲得.
  Nel ventesimo secolo è stata iniziata la *conquista* dello spazio.
  20世紀に宇宙の征服が開始された.

**conquistare** [konkuistá:re]
  他 征服する; 獲得する.
  Cesare *conquistò* la Gallia.
  シーザーはガリアを征服した.

**consegnare** [konseɲɲá:re]
  他 渡す, 預ける, 委託する.
  A chi posso *consegnare* la chiave di casa?
  だれに家のかぎを預けたらよいでしょうか.
  Tua madre mi *ha consegnato* questo pacco per te.
  君のお母さんから君へこの包みをあずかりました.

**conseguenza** [konsegwéntsa]
  女 結果, 成り行き.
  La sua malattia è *conseguenza* dell'eccessivo lavoro.
  彼の病気は過度の労働の結果である.

**consentire** [konsentí:re]
  自《助 avere》同意する.
  *Consento* con te su questo punto.
  この点においてぼくは君と意見が一致する.

**conservare** [konservá:re]
  他 **1.** 保存する. **2.** 保つ, 維持する.
  *Conservate* il vino al fresco!
  ワインは涼しい所に貯蔵しなさい.
  *Conservo* di lui un buon ricordo.
  ぼくは彼についてよい思い出をもっている.

**considerare** [considerá:re]
  他 考える, 考察する.
  *Considero* bene la domanda e poi ti rispondo.
  よく考えてから君の質問に答えるよ.

**considerazione** [considerattsjó:ne]
  女 考慮, 考察.
  Hanno preso in *considerazione* la proposta.
  彼らはその提案を考慮した.

**consigliare** [konsiʎʎá:re]
  他 忠告する; すすめる.
  Il medico gli *consiglia* di vivere in campagna.
  医者は彼に田舎で生活するようにすすめる.

**consiglio** [konsíʎʎo]
  男 忠告, 助言.
  Ascolta il mio *consiglio*!
  君ぼくの忠告を聞きたまえ.

**consistere** [konsístere]  自 〘助 essere〙 **1.** (in, di)…から成る. **2.** (in) …にある.

Il romanzo *consiste* di tre parti.
その小説は3部より成っている.

La vera felicità *consiste* nel rendere felici gli altri.
真の幸福は他人を幸福にすることにある.

**consumare** [konsumá:re] 他 消費する; 消耗する.

Quest'automobile *consuma* molta benzina.
この自動車はたくさんガソリンを消費する.

**contadino(-a)** [kontadí:no, -a] 男 女 農夫, 百姓.

I *contadini* lavorano nei campi.
農夫が田畑で働く.

**contare** [kontá:re] 他 数える, 計算する.

Il bambino *conta* sulle dita i giorni che mancano a Natale.
子供はクリスマスが来るのを指折り数える.

**contemporaneo** [kontemporá:neo] 形 同時代の.

Furono due avvenimenti *contemporanei*.
それらは同時代の2つの出来事であった.

**contenere** [konténé:re] 他 含む, 入れる.

La cassa *contiene* molti libri.
その箱にはたくさんの本がはいっている.

La sala *contiene* duecento persone.
そのホールは200人を収容する.

**contento** [konténto] 形 満足した; (di) …に満足である, …を喜んでいる.

La nonna si mostra sempre *contenta*.
おばあさんはいつも満足した様子である.

Sono *contento* di rivederti.
君に再会できてうれしい.

**continente** [kontinénte] 男 大陸.

Cristoforo Colombo scoprì il nuovo *continente*.
クリストファー・コロンブスは新大陸を発見した.

**continuare** [kontinuá:re] **1.** 他 続ける.
*Continua* i tuoi studi!
君の研究を続けなさい.
**2.** 自 〘助 主語が人の場合は avere, 事物の場合は essere または avere〙 続く.

Lo sciopero *è continuato* per due giorni.
ストライキは2日間続いた.

continuare a + 不定詞
…し続ける, …し続く.

*È (Ha) continuato* a piovere.
雨が降り続いた.

*Abbiamo continuato* a parlare fino a tardi ieri sera.
私たちはゆうべ遅くまで話し続けました.

**continuo** [kontí:nuo]    形 連続した.
  È piovuto per due giorni di *continuo*.    2日間連続して雨が降った.

**conto** [kónto]    男 計算; 勘定.
  Hai sbagliato il *conto*.    君は計算を間違えた.
  Cameriere, il *conto*, prego!    ボーイさん, 勘定をお願いします.

**contra*rio*** [kontrá:rjo]    形 男 複 *-ri* 反対の.
  La sua opinione è *contraria* alla mia.    彼の意見は私の意見と反対である.
  Ho sbagliato la strada e sono andato nella direzione *contraria*.    私は道を間違えて, 反対の方向へ行った.

**contribuire** [kontribuí:re]    自 助 avere (a)…に貢献する, …に寄与する.
  *Hai contribuito* molto a questa impresa.    君はこの企てに大いに貢献した.

**contro** [kóntro]    前 人称代名詞の前では di を伴う 1. …に対して, …に向かって. 2. …に反対して.
  La nave procedeva *contro* vento.    船は風に向って進んで行った.
  Non agire *contro* la volontà dei genitori.    両親の意志に反して行動するな.

**controllare** [kontrollá:re]    他 1. 検査する, 点検する. 2. 取り締まる, 抑制する.
  In treno si *controllano* i biglietti.    車内で検札がある.
  Il governo *controlla* la produzione.    政府が生産を統制する.

**convenire** [konvení:re]    I. 自 助 essere 1. 集まる. 2. 同意する, 一致する.
  *Siamo convenuti* a casa sua.    私たちは彼の家に集まった.
  Tutti *convengono* con me su questo punto.    みんなこの点について私と意見が一致する.
  II. 自 非人称, 助 essere (+不定詞)…する必要がある.
  Ti *conviene* restare qui.    君はここに残る必要がある.

**conversazione** [konversattsjó:ne]    女 会話.
  Facciamo *conversazione* in italiano!    イタリア語で会話しましょう.

**convincere** [konvíntʃere]    他 説得する, 納得させる.
  convincere …di+名詞・代名詞    …に〜を納得させる.

**corrente**

L' *ho convinto del* suo torto. 私は彼に過ちを悟らせた.
**convincere** …a＋不定詞 …に〜するように説得する.
*Convincerò* il ragazzo *a* tornare subito a casa. 私は少年にすぐ家に帰るように説得しよう.

**convincersi** [konvíntʃersi] 再 (di) …を納得する; 確信する.
Non *mi sono convinto* delle sue spiegazioni. 私は彼の説明がふに落ちなかった.

**copia** [kɔ́:pja] 女 1. コピー, 写し. 2. (本・新聞などの)部, 冊.
Mi faccia una *copia* del documento. 私に文書のコピーを1枚作ってください.
Sono state vendute più di diecimila *copie* di questo libro. この本は1万部以上売れた.

**copiare** [kopjá:re] 他 写す; 模写する.
Lui *ha copiato* da me le soluzioni degli esercizi. 彼はぼくの練習問題の解答を写したのだ.

**coppia** [kɔ́ppja] 女 (男女の)1組; 1対(ツイ).
Una *coppia* di giovani parlava seduta sul banco. 一組の若い男女がベンチに座って話していた.

**coprire** [koprí:re] 他 おおう.
La neve *copriva* il campo. 雪が野原をおおっていた.

**coraggio** [korádd‍ʒo] 男 勇気.
Fategli *coraggio*! 彼を励ましなさい.
Non ho il *coraggio* di dirglielo. 私は彼にそれを言う勇気がありません.

**corda** [kɔ́rda] 女 なわ, 綱.
Hanno legato le mani e piedi al ladro con una *corda*. 彼らは強盗の手と足をなわでしばった.

**corpo** [kɔ́rpo] 男 体, 肉体.
È un giovane che ha un bel *corpo*. 彼はりっぱな体格の青年だ.

**correggere** [korrédd‍ʒere] 他 訂正する, 直す.
Bisogna *correggere* il calcolo sbagliato. 間違った計算を訂正する必要があります.

**corrente** [korrɛ́nte] 女 (水・空気などの)流れ.
La *corrente* del fiume è molto rapida. 川の流れは非常に早い.
Chiuda la finestra, che fa *corrente*! 風が入ってくるから, 窓を閉めてください.
La *corrente* elettrica è mancata per cinque minuti. 5分間停電した.

**correre** [kórrere] 自 〚助 目的地や方向が示されているときは essere, 行為が強調されるときは avere〛走る, 駆ける.

Il treno *correva* attraverso la pianura.
列車は平野を横切って走っていた.
Sono stanco perché *ho corso*.
走ったので私は疲れた.
I ragazzi *sono corsi* a scuola.
少年たちは学校へ走って行った.

**corrispondere** [korrispóndere] 自 〚助 avere〛一致する, 相当する; 応じる.

Spesso il risultato del lavoro non *corrisponde* alla fatica.
しばしば苦労にふさわしい仕事の結果が得られないことがある.

**corsa** [kórsa] 女 走ること; 競争.
È tardi. Andate di *corsa*!
遅いから, 走って行きなさい.
Ha guadagnato molto alle *corse* dei cavalli.
彼は競馬で大もうけをした.

**corso** [kórso] 男 1. (水や時間の)流れ. 2. 課程, コース.

Il *corso* d'acqua è molto lento.
水の流れはとてもゆるやかだ.
Frequento un *corso* medio d'italiano.
私はイタリア語中級コースに通っています.

**corte** [kórte] 女 1. 法廷. 2. 宮廷.
Entra la *corte*!
開廷!
Quella sera si diede un ballo a *corte*.
その晩宮廷で舞踏会が行なわれた.

**cortile** [kortí:le] 男 中庭.
C'è una fontana nel *cortile*.
中庭に噴水がある.

**corto** [kórto] 形 短い.
Qual è la strada più *corta* per andare alla stazione?
駅へ行くのに最も近い道はどれですか.

**cosa** [kó:sa] 1. 女 事; 物.
Ho sentito una *cosa* molto interessante.
私はとても面白いことを聞きました.

2. 代 〚疑問代名詞, che cosa の省略形〛何.
*Cosa* hai fatto?
君何をしたの.

**coscienza** [koʃʃéntsa] 女 1. 意識. 2. 良心.
Non ha *coscienza* di ciò che fa.
彼は自分のすることを意識していない.
È un uomo di *coscienza*.
彼は良心的な人です.

**così** [kosí] 副 このように, そのように.

Non mi ha detto *così*. 彼は私にそのように言わなかった.
Non voglio aspettare *così* a lungo. 私はこんなに長く待ちたくはない.
Farai *così* come tu vorrai. 君の欲するとおりにしなさい.
**così**＋形容詞＋**come** …と同じように…である.
Sei *così* forte *come* lui. 君は彼と同じように強い.
Questo quadro è *così* bello *come* quello. この絵はあれと同じように美しい.
Non è *così* vecchio *come* sembra. 彼は見かけほど年をとっていない.
**così**＋形容詞＋**che**＋直説法（**da**＋不定詞） …するほど…である.
È *così* piccolo *che* appena lo si vede. それはほとんど見えないくらい小さい.
Non sono *così* stupido *da* farlo. ぼくはそれをするほど愚かではない.

**cosiddetto** [kosiddétto] 形 いわゆる.
Il *cosiddetto* "caro-yen" è un fenomeno recente. いわゆる「円高」は最近の現象だ.

**costa** [kósta] 女 1. 海岸, 沿岸. 2. (山の) 傾斜面.
Ancona è una città di porto sulla *costa* adriatica. アンコーナはアドリア海沿岸の港町です.
C'è una villa sulla *costa* della collina. 丘の傾斜面に一軒の別荘がある.

**costare** [kostá:re] 自〚助 essere〛値段が…である.
Quanto *costa* questo? — *Costa* venticinque euro. これはいくらですか. — 25 ユーロです.

**costituire** [kostituí:re] 他 構成する.
Hanno *costituito* una nuova società. 彼らは新しい会社を設立した.
La commissione è *costituita* da quindici persone. 委員会は 15 人で構成されている.

**costituzione** [kostituttsjó:ne] 女 憲法.
La *Costituzione* della Repubblica Italiana è stata proclamata il 27 dicembre 1947. イタリア共和国憲法は 1947 年 12 月 27 日に発布された.

**costo** [kósto] 男 費用; 価格.
Il *costo* della vita è alto. 生活費が高い.
**a ogni costo** ぜひとも.
*Ad ogni costo* devo andare. 私はどうしても行かねばならない.

**costringere** [kostríndʒere] 他 (a＋不定詞)強いて…させる.
  Lo *costringiamo* a rinunciare al progetto. ぼくたちは無理に彼に計画を放棄させる.
  **essere costretto a＋不定詞** …せざるを得ない.
  *Ero costretto a* partire senza salutarti. 私は君にあいさつせずに出発しなければならなかった.

**costruire** [kostruí:re] 他 建てる, 建造する.
  *Hanno costruito* una casa vicino al mare. 彼らは海の近くに家を建てた.

**costruzione** [kostruttsjó:ne] 女 建設; 建築.
  Hanno iniziato la *costruzione* di un palazzo. 彼らはビルの建設を始めた.

**costume** [kostú:me] 男 1. 習慣; 風習. 2. 服装.
  I *costumi* di questo paese sono interessanti. この国の風習は興味深い.
  Le donne portano i *costumi* tradizionali della loro regione. 女性たちはその地方の伝統的な民族衣装を着ている.

**creare** [kreá:re] 他 創造する; 創作する.
  Dio *ha creato* il mondo. 神が世界を作った.
  Gli artisti *creano* opere. 芸術家が作品を創る.

**creatura** [kreatú:ra] 女 被造物; 人間, 生物.
  Siamo *creature* di Dio. 我々は神の被造物である.

**credere** [kré:dere] 1. 他 信じる, 思う.
  *Credo* che sia vero quello che dice lui. 私は彼の言うことが本当だと信じる.
  Lo *credo* un uomo onesto. 私は彼を誠実な人だと思う.
  2. 自 〖助 avere〗 (a, in) …を信じる, 信仰する; 信頼する.
  Non *credo* in un'altra vita. 私は死後の生活を信じない.
  Tu non *credi* alle mie parole? 君はぼくの言葉を信じないのかね.

**crescere** [kréʃʃere] 自 〖助 essere〗 成長する, 大きくなる.
  Come *sono cresciuti* i Suoi bambini! あなたのお子さんたちは何と大きくなったことでしょう.
  L'erba *cresce* nel giardino. 庭に草が生える.

**crisi** [krí:zi] 女 〖単複同形〗 危機.
  Il governo è in *crisi*. 政府は危機に陥っている(内閣が倒れて次期内閣までの間).

**cristiano(-a)** [kristjá:no, -a] 1. 男 (女) キリスト教徒. 2. 形 キリストの; キリスト教の; キリスト教徒の.

La sua famiglia è *cristiana*.
彼の家族はキリスト教徒である.

**critica** [krí:tika]
[女]〖[複] *-che*〗批評, 批判.

La sua *critica* sugli scrittori contemporanei è stata pubblicata su una rivista.
現代作家についての彼の評論がある雑誌に発表された.

**critico** [krí:tiko]
1. [形]〖[男][複] *-ci*, [女][複] *-che*〗批評の.

Lui ha una buona capacità *critica*.
彼はすぐれた批評能力をもっている.

2. [男] 批評家, 評論家.

Vorrei sentire le opinioni dei *critici* sulla mia opera.
私の作品について批評家の意見をうかがいたいのですが.

**croce** [kró:tʃe]
[女] 十字; 十字架.

Si fece il segno della *croce*.
彼は十字を切った.

**crudele** [krudé:le]
[形] 残酷な.

È *crudele* trattare gli animali in questo modo.
こんな風に動物を扱うのは残酷だ.

**cucina** [kutʃí:na]
[女] 1. 台所, 調理場. 2. 料理.

La mamma prepara la cena in *cucina*.
母は台所で夕食の支度をする.

Mi piace la *cucina* italiana.
私はイタリア料理が好きだ.

**cugino(-a)** [kudʒí:no, -a]
[男]([女]) いとこ.

I miei *cugini* vengono spesso a trovarmi.
いとこたちはしばしば私に会いに来る.

**cui** [kú:i]
[代]〖関係代名詞〗
1.〖前置詞とともに用いられる〗

Questa è la casa in *cui* abita la famiglia di mio zio.
これが私の叔父の一家が住んでいる家です.

La ragazza con *cui* sono andato al cinema è italiana.
私がいっしょに映画に行った女の子はイタリア人です.

Questa è la ragione per *cui* sono arrivato in ritardo.
これがぼくの遅刻した理由です.

Il signore [a] *cui* ho chiesto la strada è stato molto gentile.
私が道を尋ねた紳士はとても親切でした.

2.〖定冠詞とともに用いられ, 先行詞の所有を表わす.〗

Lo scrittore, il *cui* romanzo leggo, è molto famoso.
私がその小説を読んでいる作家はとても有名だ.

**cultura** [kultú:ra]
[女] 文化; 教養.

Dovete studiare l'italiano per comprendere la *cultura* ita-
イタリア文化を理解するためにイタリア語を勉強しなければならな

**cuore**

liana.
Quel signore è una persona di alta *cultura*.

あの方は非常に教養のある人物です.

**cuore** [kwó:re]

男 1. 心臓. 2. 心; 愛情.

Il *cuore* mi batte forte.
La ringrazio di *cuore*.
Tu sei un uomo di buon *cuore*.

私は心臓がどきどきする.
心からあなたに感謝します.
君は心の優しい男です.

**cupo** [kú:po]

形 1. 暗い. 2. (音などが)不明瞭な; 鈍い.

Il cielo si è fatto *cupo*.
Parlava con voce *cupa*.

空が薄暗くなった.
彼ははっきりしない声で話していた.

**cura** [kú:ra]

女 1. 配慮, 心遣い, 世話. 2. 治療.

Fatelo con molta *cura*!
La prego di avere *cura* di mio figlio.
Abbiamo affidato il malato alla *cura* di un bravo medico.

よく注意してそれをしなさいよ.
あなたに私の息子の世話をお願いします.
私たちは病人を名医の治療におまかせしました.

**curare** [kurá:re]

他 1. 配慮する, 世話する. 2. 治療する.

La madre *cura* molto l'educazione dei figli.
Ci vuole molto tempo per *curare* completamente questa malattia.

母親は非常に子供たちの教育に気を遣う.
この病気を治療するには長い時間がかかる.

**curiosità** [kurjositá]

女 好奇心.

Sono entrato, per *curiosità*, in un museo.

私は好奇心にかられてある博物館の中へ入った.

**curioso** [kurjó:so]

形 1. 好奇心のある. 2. 珍しい.

Sono *curioso* di sapere che cosa hanno detto loro.
È accaduto un fatto molto *curioso*.

私は彼らが何と言ったのか知りたいのです.
とても奇妙なことが起った.

**curva** [kúrva]

女 曲がり; (道路の)カーブ.

È successo un incidente in *curva*.

曲がり角で事故が起った.

# D

**da** [da]  前〘次に定冠詞が来るとそれぞれ **dal, dallo, dai, dalla, dalle, dall'** となる〙
1. 〘起点〙…から.
   Sono arrivato *da* Roma. 私はローマからやって来た.
   Vi aspetto *da* un'ora. 私は君たちを1時間前から待っている.
2. 〘分離〙…から.
   Mi sono separato *dal* gruppo. 私はグループから離れた.
3. 〘動作主〙…によって.
   Il compito viene corretto *dal* maestro. 宿題は先生によって訂正される.
4. 〘原因〙…から, …によって.
   Tutti tremavano *dal* freddo. みんな寒さに震えていた.
5. 〘用途〙…のための.
   È chiusa la sala *da* pranzo. 食堂は閉っている.
6. 〘(人称代名詞・人名と共に)場所〙…のところで(へ, に).
   Abito *da* mio zio. 私は叔父の家に住んでいる.
   Vengo *da* te. ぼくは君のところへ行く.
7. 〘特徴〙…をもった.
   un uomo *dalla* barba lunga 長いひげの男.
   una casa *dal* tetto rosso 赤い屋根の家.
8. 〘価格, 価値〙…の.
   un abito *da* cinquantamila yen 5万円の洋服.

**danno** [dánno]  男 損害, 損失, 被害.
   La città ha subito gravi *danni*. その都市はひどい被害をこうむった.

**dare** [dá:re]  他 与える; 渡す.
   Il professore mi *ha dato* un libro. 先生がぼくに1冊の本をくださった.
   *Dammi* la penna per firmare! 署名するからペンを貸してくれ.
   Mi *dia* il Suo indirizzo! あなたの住所を教えてください.

**data** [dá:ta]  女 日付, 年月日.
   Scriva la *data* di nascita! 生年月日を書いてください.

**dato** [dá:to]  男 資料, データ.

Raccolgo i *dati* necessari. 私は必要なデータを集める.
**davanti** [davánti] **1.** 副 前に, 前方に.
Chi è quel signore che cammina *davanti*? 前を歩いている紳士はだれですか.

**davanti a** **2.**〖前置詞句〗…の前に.
Ci sono due ristoranti *davanti alla* stazione. 駅の前にレストランが2つある.
**davvero** [davvé:ro] 副 ほんとうに; 本気で.
È un film *davvero* interessante. 本当に面白い映画だ.
Dico *davvero*! 本気で言っているんだぞ.
**debito** [dé:bito] 男 借金, 負債.
Lui non può pagarmi il *debito*. 彼は私に借金を払うことができない.

**debole** [dé:bole] 形 弱い.
Ha una vista molto *debole*. 彼は視力がとても弱い.
**decidere** [detʃí:dere] 他 決める, 決定する;(di+不定詞)…することに決める, 決心する.

*Abbiamo deciso* il giorno della riunione. 私たちは会合の日を決めた.
*Ha deciso* di partire subito. 彼はすぐに出発することに決めた.
**decidersi** [detʃí:dersi] 再 (a+不定詞)…することを決心する.

*Si decise* a lasciare la casa. 彼は家を離れる決心をした.
**decina** [detʃí:na] 女〖または diecina〗10, 10個, 10人; 約10.

C'è una *decina* di persone. 10人位の人がいる.
**decisione** [detʃizjó:ne] 女 決定; 決心.
Non riesco a prendere una *decisione*. 私はなかなか決心がつかない.
**dedicare** [dediká:re] 他 捧げる, 献じる.
*Ha dedicato* la sua vita alle ricerche scientifiche. 彼は生涯を科学の研究に捧げた.
**dedicarsi** [dediká rsi] 再 (a)…に身を捧げる; …に専念する, 没頭する.

*Si dedica* alla lettura. 彼は読書に没頭する.
**definire** [definí:re] 他 定義する; 明確にする.
È difficile *definire* questo concetto. この概念を定義するのはむずかしい.
**definitivo** [definití:vo] 形 決定的な, 最終的な.
Non mi ha dato una risposta 私は彼から最終的な回答をもらっ

**degno** [déɲɲo] 形 (di)...にふさわしい.
Lui è *degno* di rispetto. 彼は尊敬に値する.

**delicato** [deliká:to] 形 **1.** 繊細な, 微妙な. **2.** 上品な, 洗練された. **3.** きゃしゃな, 弱々しい.
Lei ha una sensibilità *delicata*. 彼女は繊細な神経をもっている.
Lui è *delicato* di stomaco. 彼は胃が弱い.

**delitto** [delítto] 男 犯罪.
Hanno commesso un *delitto* in questo quartiere. 彼らはこの界隈で犯罪を犯した.

**democratico** [demokrá:tiko] 形 〖男 複 -*ci*, 女 複 -*che*〗民主主義の, 民主的な.
Lo stato deve essere governato secondo principi *democratici*. 国家は民主主義の原理に従って治められねばならない.

**denaro** [dená:ro] 男〖単数形,複数形のいずれでも用いる〗お金, 金銭.
Ha guadagnato molto *denaro*. 彼はお金をたくさんもうけた.
Ha speso un sacco di *denari*. 彼はたくさんのお金を使った.

**dente** [dénte] 男 歯.
Mi faccio togliere un *dente*. 私は歯を1本抜いてもらう.

**dentro** [déntro] **1.** 副 中に, 内部に.
Fa freddo. Entriamo *dentro*! 寒い.中に入りましょう.
**2.** 前〖人称代名詞の前では di を伴う〗...の中に(で), ...の内部に(で).
C'è un cortile *dentro* il palazzo. このビルの中に中庭がある.
Ci pensava *dentro* di sé. 彼は心の中でそのことを考えていた.

**deputato** [deputá:to] 男〖女 -*a*, または -*essa*〗代議士, 衆議院議員.
I *deputati* entrano nella sala di riunione. 議員たちが会議場へ入る.

**derivare** [derivá:re] 自〖助 essere〗(da) ...に起源をもつ; 由来する.
*Deriva* da una famiglia ricca. 彼は裕福な家庭の出である.
L'italiano è una delle lingue *derivate* dal latino. イタリア語はラテン語から派生した言語の一つである.

**deserto** [dezérto] 形 荒涼とした; 無人の.
Si stende una pianura *deserta*. 荒野が広がっている.

**desiderare** [desiderá:re] 他 欲する, 望む.

**desiderio** 54

Che cosa *desidera*?—Un chilo di zucchero, per favore.
何がご入り用ですか.—砂糖を1キロください.

*Desideravo* [di] vederti.
君に会いたかったんだよ.

**deside*rio*** [desidé:rjo]
男〖複 *-ri*〗欲求, 願望.

Non posso soddisfare il tuo *desiderio*.
ぼくは君の欲望を満たすことはできない.

**destinare** [destiná:re]
他 **1.** 運命づける. **2.**（ある目的のため）…を予定する；…を取っておく. **3.**（手紙などを）宛てる.

*Sei destinato* così fin dalla nascita.
君は生まれつきこのように運命づけられているのだ.

Questi denari sono *destinati* alle spese del viaggio.
このお金は旅費に取ってあるのだ.

Questa lettera *è destinata* a lui.
この手紙は彼宛のものだ.

**destino** [destí:no]
男 運命.

Mi affido al *destino*.
私は運命に身をゆだねる.

**destra** [déstra]
女 右.

Giri a *destra* a quell'angolo!
その角を右に曲りなさい.

**destro** [déstro]
形 右の.

Il negozio è sul lato *destro* della via.
その店は通りの右側にある.

**determinare** [determiná:re]
他 定める, 決定する.

*È stato determinato* il confine.
境界が定められた.

**di** [di]
前〖次に定冠詞が来ると **del, dello, dei, degli, della, delle, dell'** となる〗**1.**〖所有・所属〗…の.

la macchina *di* Luigi
ルイージの自動車.

le strade *di* Firenze
フィレンツェの道路.

**2.**〖部分〗…の中で(の).

uno *dei* miei amici
ぼくの友人の1人.

Lui è il più alto *di* tutti.
彼は皆のうちで一番背が高い.

**3.**〖由来, 出身〗…からの, …の出の.

*Di* dove sei?—Sono *di* Torino.
君はどこの出身ですか.—ぼくはトリーノの出身です.

**4.**〖話題〗…について.

Parliamo *di* musica.
私たちは音楽について話す.

**5.**〖方法・手段・材料〗…で, …をもって.

Vanno *di* corsa. 彼らは走って行く.
Le pecore si nutrono *d'*erba. 羊は草を食べて生きる.
Abito *di* seta. 絹の洋服.

**6.**〖原因〗…のために, …により.
Il ragazzo tremava *di* paura. 少年は恐怖に震えていた.
Piange *di* gioia. 彼はうれしさに泣いている.

**7.**〖限定〗…が, …に(おいて).
Claudio è debole *di* vista. クラウディオは視力が弱い.

**8.**〖時〗…に.
È tornato *di* sera. 彼は夕方に帰って来た.
Andiamo al mare *d'*estate. 私たちは夏に海へ行く.

**diavolo** [djá:volo] 男 悪魔.
Va' al *diavolo*! くたばってしまえ.

**dichiarare** [dikjará:re] 他 **1.** はっきり言う. **2.** 宣言する.
Bisogna *dichiarare* le proprie intenzioni. 自分の意図をはっきり述べる必要がある.
*Dichiaro* aperto il congresso. 開会を宣言します.

**dietro** [djé:tro]
**1.** 前〖名詞の前では a を伴うことがある. 人称代名詞の前では常に di (たまには a) を伴う.〗(場所的に)…の後ろに(で).
*Dietro* la casa c'è un giardino. 家の後ろには庭がある.
La bambina si nasconde *dietro* alla mamma. 女の子は母親の後ろに隠れる.
Camminavo *dietro* di lui. 私は彼の後から歩いて行った.

**2.** 副 後ろに, あとに.
Lui guidava davanti, ed io sedevo *dietro*. 彼は前で運転していた. 私は後ろに座っていた.

**difendere** [difénder] 他 防ぐ, 守る.
Il popolo *difende* la libertà. 人々は自由を守る.

**difesa** [difé:sa] 女 防御, 防衛.
Combattono per la *difesa* della patria. 彼らは祖国防衛のために戦う.

**difetto** [difétto] 男 欠点, 欠陥.
Ognuno ha i suoi *difetti*. 各人それぞれの欠点をもつ.

**differente** [differénte] 形 違った, 異なった, 別の.
Tu hai un carattere *differente* da quello di tuo fratello. 君は君の兄さんとは違った性格をもっている.

**differenza** [differéntsa] 女 違い, 相違.
Quale *differenza* c'è tra questi due? この2つの間にどんな違いがありますか.

**difficile** [diffí:tʃile]
 È un problema molto *difficile*.
形 むずかしい, 困難な.
とてもむずかしい問題だ.

**difficoltà** [diffikoltá]
 Abbiamo incontrato tante *difficoltà*.
女 むずかしさ, 困難.
我々は多くの困難に遭遇した.

**diffondere** [diffóndere]
 Chi *ha diffuso* questa notizia?
他 広める, 普及させる; 散らす.
この情報をだれが流したのか.

**diffondersi** [diffóndersi]
 *Si diffondeva* un profumo.
再 広がる, 普及する.
よい香りがただよっていた.

**dignità** [diɲɲitá]
 Il suo atteggiamento è pieno di *dignità*.
女 威厳, 尊厳, 品位.
彼の態度は威厳に満ちている.

**dimensione** [dimensjó:ne]
 I solidi hanno tre *dimensioni*.
 Quali sono le *dimensioni* della stanza?
女 1. 次元. 2. 複 大きさ.
立体は3次元である.
部屋の大きさはどれくらいですか.

**dimenticare** [dimentiká:re]

 *Ho dimenticato* il suo nome.
 *Dimentica* sempre di chiudere la porta.
他 忘れる; (di＋不定詞) …することを忘れる.
私は彼の名前を忘れた.
彼はいつもドアを閉め忘れる.

**dimenticarsi** [dimentikársi]

 *Ti sei dimenticato* di me?
 Non *si dimentichi* di telefonarmi stasera!
再 (di) …を忘れる; (di＋不定詞) …することを忘れる.
君は私のことを忘れたの.
今晩私に電話することを忘れないでください.

**diminuire** [diminuí:re]
 Bisogna *diminuire* le spese.


 La popolazione *è diminuita*.
1. 他 減らす, 少なくする.
出費を少なくする必要がある.
2. 自 〖助 essere〗減る, 少なくなる.
人口が減少した.

**dimostrare** [dimostrá:re]

 *Dimostra* simpatia a tutti.
 *Ha dimostrato* la verità dei fatti.
他 1. 示す, 表わす. 2. 証明する.
彼はすべての人に好意を示す.
彼はできごとが真実であることを証明した.

**dinanzi** [dinántsi]

 *Dinanzi* alla porta c'è un uomo strano.


1. 前 〖または dinnanzi〗(a) …の前に(で).
ドアの前に変な男がいる.

2. 副 前に(で).

Attenzione! Guarda *dinanzi*! 注意しろ. 前を見るんだ.
**dio** [dí:o] 男 〖複 **gli dei**（異教神）〗神.
Credono in *Dio*. 彼らは神を信じる.
**dipendere** [dipéndere] 自 〖助 essere〗(da) …による;
…に依存する; …しだいである.
La nostra partenza *dipende* dal tempo. 私たちの出発は天候次第です.
**dipingere** [dipíndʒere] 他 （絵を）描く; 色をぬる.
Il pittore *dipinge* un ritratto. 画家が肖像画を描く.
**diplomatico** [diplomá:tiko] 1. 形 男 複 *-ci*, 女 複 *-che*
外交の.
Il ministro va all'estero per un'importante missione *diplomatica*. 大臣は重要な外交上の使命を帯びて外国へ行く.

2. 男 〖女 *-ca*〗外交官.
I *diplomatici* giapponesi sono stati ricevuti dal Presidente Italiano. 日本の外交官たちがイタリア大統領に迎えられた.

**dire** [dí:re] 他 1. 言う, 述べる. 2. (di + 不定詞)…するようにと言う.
*Dice* che è occupato adesso. 彼は今忙しいと言っています.
Mi *ha detto* di riposare un po'. 彼は私に少し休むように言った.
**diretto** [dirétto] 形 直接の.
Non ci sono relazioni *dirette* fra i due fenomeni. その２つの現象の間には直接の関係はない.
**direttore**(*-trice*) [direttó:re, -trí:tʃe] 男（女）1. 長, 指導者; 支配人 2. 学校長.
Riccardo Muti è un famoso *direttore* d'orchestra. リッカルド・ムーティは有名な管弦楽の指揮者である.
Il *direttore* della nostra scuola ha la barba bianca. 私たちの学校の校長先生は白いひげを生やしている.
**direzione** [direttsjó:ne] 女 1. 方向. 2. 指導; 管理.
Camminavamo in *direzione* nord. 我々は北の方角へ歩いていた.
Mi hanno affidato la *direzione* del lavoro. 私に仕事の監督が任された.
**dirigere** [dirí:dʒere] 他 1. 指導する, 管理・経営する. 2. 向ける.
Lui *dirige* la società. 彼はその会社を経営する.
*Ha diretto* lo sguardo verso di lei. 彼は視線を彼女の方へ向けた.

**dirigersi** [dirí:dʒersi]  再 向かって行く.
　L'aereo *si dirige* verso l'est.  飛行機は東へ向かう.
**diritto**[1] [dirítto]  1. 形 まっすぐな.
　Tracciate una linea *diritta*!  直線を引きなさい.
　　　　　　　　　　　　　　　2. 副 まっすぐに.
　Vada sempre *diritto*!  ずっとまっすぐに行きなさい.
**diritto**[2] [dirítto]  男 1. 権利.　2. 法律.
　Non ho ancora il *diritto* di voto.  私にはまだ選挙権がない.
　Il professore è un'autorità in *diritto* civile.  教授は民法の権威である.
**dis*agio*** [dizá:dʒo]  男 〔複 *-gi*〕不自由, 居心地の悪いこと.
　Devi sopportare *disagi*.  君は不自由を我慢しなければならない.
**discendere** [diʃʃéndere]  自 〔助 essere〕下る, 降りる.
　La strada *discende* verso la città.  道は町の方へと下って行く.
**disciplina** [diʃʃiplí:na]  女 規律.
　Osservate la *disciplina*!  規律を守りなさい.
**dis*co*** [dísko]  男 〔複 *-chi*〕1. 円盤.　2. レコード.
　Hai visto un *disco* volante?  君は空飛ぶ円盤を見たのかい.
　Ascoltiamo dei *dischi*!  レコードを聞きましょう.
**discorso** [diskórso]  男 1. 会話, 話.　2. 講演.
　Un *discorso* lungo è noioso.  長い話は退屈だ.
　Ha fatto un *discorso* su Dante.  彼はダンテについて講演した.
**discussione** [diskussjó:ne]  女 議論, 討論.
　Si svolge una *discussione* molto vivace.  とても活発な議論が展開される.
**discutere** [diskú:tere]  他 議論する, 討論する.
　Si *discute* un progetto.  計画が審議される.
**disegnare** [diseɲɲá:re]  他 (線で図を)描く; デザインする.
　Leonardo da Vinci *disegnò* molte figure umane.  レオナルド・ダ・ヴィンチはたくさんの人物像のデッサンを描いた.
　Lei *disegna* un abito elegante.  彼女は上品な服をデザインする.
**disegno** [diséɲɲo]  男 1. 線画; デッサン; 図案, 図面.　2. 計画, 案.
　Ha avuto luogo la mostra dei *disegni* di Leonardo.  レオナルドの素描展会が行なわれた.
　Ho scoperto i suoi reali *disegni*.  私は彼の本当の計画を見破った.
**disgrazia** [dizgráttsja]  女 災難; 不運.
　Gli è accaduta una *disgrazia*.  彼に災難がふりかかった.

## distinguere

**disgraziato** [dizgrattsjá:to]
È nato *disgraziato*.
形 不運な, 不遇な; 哀れな.
彼は生まれながらにして不遇だ.

**disordine** [dizórdine]
Nella mia stanza c'è molto *disordine*.
男 混乱; 無秩序, 乱雑.
私の部屋はたいへん散らかっている.

**disperare** [disperá:re]
*Disperavamo* che il malato si salvasse.

La squadra *disperava* della vittoria.
1. 他 絶望する, あきらめる.
私たちは病人が助かることをあきらめつつあった.
2. 自 〖助 avere〗 望みを失う.
チームは勝利の望みを失っていた.

**dispiacere** [dispjatʃé:re]

Mi *dispiace* che tu non sia venuto.
Mi *dispiace*, se la disturbo.
Il suo comportamento *dispiace* molto a suo padre.
自 〖助 essere〗 1. 残念である.
2. 気に入らない.
君が来なかったのは残念だ.

ご迷惑をおかけして, すみません.
彼の振る舞いがとても父親の気に入らない.

**disporre** [dispórre]

La mamma *dispone* i piatti sulla tavola.
*Hanno* già *disposto* tutto per la cerimonia.
他 1. 配置する, 配列する; 整理する. 2. 準備する.

お母さんが皿をテーブルの上に並べる.
儀式のために必要なことをすべて準備した.

**disposizione** [dispozittsjó:ne]

La *disposizione* delle camere, in questo appartamento, non è buona.
Quell'allievo non ha nessuna *disposizione* per lo studio.
**essere a disposizione di**
La mia macchina *è a tua disposizione*.
女 1. 配置, 配列. 2. 素質; 心構え, 意向. 3. 処分.

このアパートの部屋の配置はよくない.

あの生徒は全然勉強する気がない.

…の意のままになる.
私の車は君が自由に使用できる.

**distanza** [distántsa]
Alla *distanza* di tre chilometri si trova la stazione.
女 距離.
3キロメートル離れたところに駅があります.

**distendere** [disténdere]
*Ha disteso* una carta sul tavolo.
他 伸ばす, 広げる.
彼はテーブルの上に1枚の紙(地図)を広げた.

**distinguere** [distíŋgwere]
他 区別する; 見分ける.

Non *distingue* il bene dal male. 彼は善悪の区別がつかない．

**distribuire** [distribuí:re] 他 配る，分配する．
*Distribuisco* le carte a tutti. 私は(トランプの)カードをみんなに配る．

**distruggere** [distrúddʒere] 他 破壊する．
L'esercito nemico *distrusse* la maggior parte della città. 敵軍は市街の大部分を破壊した．

**disturbare** [disturbá:re] 他 妨げる；迷惑をかける．
Il rumore mi *disturba* il sonno. 雑音が私の眠りを妨げる．
La *disturbo* se fumo? たばこを吸うとあなたにご迷惑ですか．

**dito** [dí:to] 男〖複 **le dita**；特定の指は **i diti**〗指．
Contava sulle *dita*. 彼は指折り数えていた．
il *dito* medio; i diti medi 中指．

**divenire** [divení:re] 自〖助 essere〗…になる．
*Divenne* il più ricco della città. 彼は町一番の金持になった．

**diventare** [diventá:re] 自〖助 essere; divenire よりよく用いられる〗…になる．
Il caffè *è diventato* freddo. コーヒーが冷たくなった．

**diverso** [divérso] 形 **1.** 異なった．**2.**〖複数・集合名詞の前で〗多くの，様々の．
La sua opinione è *diversa* dalla mia. 彼の意見は私と異っている．
L'ho visto *diversi* anni fa. 私は何年も前にそれを見た．
Ho parlato con *diverse* persone. 私はいろんな人と話をした．

**divertire** [divertí:re] 他 楽しませる．
Questo spettacolo mi *diverte* poco. このショーは私を余り楽しませてくれない．

**divertirsi** [divertírsi] 再 楽しむ；遊ぶ．
Ci siamo *divertiti* con giochi di carte. 私たちはトランプをして楽しんだ．

**dividere** [diví:dere] 他 分ける，分割する．
*Dividono* i soldi fra loro. 彼らはお金を分け合う．
Il romanzo è *diviso* in tre parti. 小説は3部に分かれている．

**divino** [diví:no] 形 神の；神聖な．
Dante scrisse "La *Divina* Commedia". ダンテは「神曲」を書いた．

**documento** [dokuménto] 男 文書，書類；資料．
È scritto così in un *documento* antico. 古い文献にこう書いてある．

**dolce** [dóltʃe]　I. 形 1. 甘い．2. 優しい；温和な．

Questo è un vino *dolce*.
これは甘いワインだ．

Lei mi ha salutato con un sorriso molto *dolce*.
彼女はとても優しい微笑をたたえて私にあいさつをした．

II. 男 菓子．

Dammi un po' di *dolce*.
ぼくにお菓子を少しちょうだい．

**dolore** [doló:re]　男 1. 苦しみ；痛み．2. 悲しみ，嘆き．

Sento *dolore* a una gamba.
私は片方の足に痛みを感じる．

È passato il *dolore*.
痛みが止まった．

La notizia gli ha dato un gran *dolore*.
その知らせは彼に大きな悲しみを与えた．

**domanda** [dománda]　女 1. 質問．2. 要求．

Non so rispondere alle *domande*.
私はその質問に答えることができない．

La *domanda* è stata respinta.
要求は退けられた．

**domandare** [domandá:re]　他 1. 質問する，尋ねる．2. 要求する，頼む．

Lui mi *ha domandato* l'ora.
彼は私に時間を(何時ですかと)尋ねた．

Perché mi *domandi* del denaro?
なぜ君は私にお金を要求するのですか．

**domani** [domá:ni]　副 明日．

Pioverà *domani*.
明日雨が降るでしょう．

**dominare** [dominá:re]　他 支配する，統治する．

Il re *dominava* un vasto territorio.
王は広い領土を統治していた．

Il castello *domina* tutta la pianura.
城は平野全体を見下ろす所にある．

**don** [don]　男 (貴族や聖職者の敬称)

*Don* Abbondio è un personaggio de "I Promessi Sposi".
ドン・アッボンディオは「婚約者」の登場人物だ．

**donna** [dónna]　女 女，婦人．

È una *donna* molto gentile.
彼女はとても親切な女性だ．

**dono** [dó:no]　男 1. 贈り物．2. 天賦の才．

Lo zio mi ha dato in *dono* un bell'orologio.
叔父は私にりっぱな時計を贈り物としてくださった．

Ha un *dono* per le lingue.
彼は語学の才能がある．

**dopo** [dó:po]　1. 前〘人称代名詞の前では di を伴う〙…のあとで(に)；…のう

Andiamo da lui *dopo* la scuola. 放課後彼の所へ行こう.
Vieni *dopo* di me! 私のあとから来たまえ.
*Dopo* che avrò finito gli esercizi andrò al cinema. 練習を終えたら, ぼくは映画に行きます.

Arriverà subito *dopo*. **2.** 副 あとで; うしろで.
彼はすぐあとから来るだろう.
**doppio** [dóppjo] 形〖複 *-pi*〗2倍の, 2重の.
Questa parola ha *doppio* senso. この言葉は2つの意味にとれる.
**dormire** [dormíːre] 自〖助 avere〗眠る.
Hai *dormito* bene? 君はよく眠れたかい.
**dottore(-essa)** [dottóːre, -éssa] 男(女) **1.** 学士. **2.** 医者.
Luisa è *dottoressa* in lettere. ルイーザは文学士です.
Il mio bambino ha la febbre. Devo chiamare il *dottore*. 私の子供は熱を出した. お医者さんを呼ばねばならない.
**dove** [dóːve] 副 **1.**〖疑問副詞〗どこに(で), どこへ.
*Dove* abiti? 君はどこに住んでいますか.
**2.**〖関係副詞〗
Questa è la città *dove* sono nato. ここが私の生まれた都市です.
**dovere**¹ [dovéːre] **I.** 補動 (＋不定詞)〖助 avere または essere. 原則として次に来る動詞による〗**1.** …しなければならない. **2.** …に違いない, …のはずである.
*Dovete* studiare di più. 君たちはもっと勉強すべきだ.
Lei *è dovuta* uscire presto. 彼女は直ちに外へ出なければならなかった.
*Devono* essere stanchi. 彼らは疲れているに違いない.
**II.** 他 借りがある.
Ti *devo* trenta euro. 私は君に30ユーロの借りがある.
**dovere**² [dovéːre] 男 義務.
È *dovere* di tutti pagare le imposte. 税金を払うのはすべての人の義務である.
**dramma** [drámma] 男〖複 *-mi*〗演劇; 戯曲.
Hanno rappresentato un *dramma* di Ibsen. イプセンの戯曲が上演された.
**drammatico** [drammátiko] 形〖男 複 *-ci*, 女 複 *-che*〗演劇の; 劇的な.
Fece una vita *drammatica*. 彼は劇的な人生を送った.
**dubbio** [dúbbjo] 男〖複 *-bi*〗疑い, 疑惑.

Metto in *dubbio* ciò che dice.
私は彼の言うことを疑う.

**dunque** [dúŋkwe]
接 だから, したがって; それでは.

Questo libro è difficile, *dunque* non lo leggo.
この本はむずかしい, だから読まない.

*Dunque*, che cosa facciamo?
さて, 何をしようか.

**durante** [duránte]
前 …の間.

*Durante* la lezione uno studente dormiva.
授業中ひとりの学生が眠っていた.

**durare** [durá:re]
自〖助 essere または avere〗 続く, 持続する.

Il gioco *è durato* due ore.
ゲームは2時間続いた.

Queste scarpe *durano* molto.
この靴は長持ちする.

**duro** [dú:ro]
形 1. 硬い. 2. つらい, 困難な.

Questa carne è *dura*.
この肉は硬い.

Il nonno è *duro* d'orecchi.
おじいさんは耳が遠い.

Furono tempi *duri* per noi.
我々にとって困難な時代だった.

# E

**e** [e]
接 〖母音, 特に e で始まる語の前では **ed** となる〗 …と, そして.

questo *e* quello
これとあれ.

Legge *e* scrive.
読みそして書く.

Noi siamo arrivati *e* loro sono partiti.
我々は到着し, 彼らは出発した.

**ebbene** [ebbɛ:ne]
接 ところで, さあ, では.

*Ebbene*, che cosa facciamo?
ところで, 何をしようか.

Hai finito? *Ebbene*, vai pure!
終ったの. では, 行きなさい.

**eccellenza** [ettʃelléntsa]
女 優秀, 卓越.

Giotto fu il pittore per *eccellenza*.
ジョットはきわめて優秀な画家であった.

**eccezionale** [ettʃettsjoná:le]
形 例外的な, 異例の.

È un uomo di capacità *eccezionali*.
たぐいない能力をもった男だ.

**ecco** [ékko]
副 ここに…がある, ほらここに.

*Ecco* il libro che cercavi.
ほらここに君の捜していた本が.

Dove sei, Mario?—*Ecco*mi.
マーリオ, お前どこにいるの.—ほら, ここにいるよ.

*Ecco* arriva. ほら彼がやって来る.

**eco** [ɛ́:ko] 男【または 女; 複 (男性のみ) **echi**】こだま, 反響.

I compagni hanno fatto *eco* alle sue parole. 仲間たちは彼の言葉を繰り返した.

**economia** [ekonomí:a] 女 1. 倹約, 節約. 2. 経済.

Mia moglie cura l'*economia* della famiglia. 私の妻は家計のやりくりをする.

**economico** [ekonɔ́:miko] 形【男複 *-ci*, 女複 *-che*】経済の, 経済的な.

La situazione *economica* migliorerà. 経済事情がよくなるだろう.

**edificio** [edifí:tʃo] 男【複 *-ci*】建物.

È stato costruito un nuovo *edificio*. また新しい建物が建てられた.

**educazione** [edukattsjó:ne] 女 教育; しつけ.

La madre si occupa molto dell'*educazione* dei figli. 母親は子供たちの教育(しつけ)に専念する.

**effetto** [effétto] 男 結果, 効果.

Non c'è *effetto* senza causa. 原因がなければ結果がない(火のないところに煙は立たぬ).

**efficace** [effiká:tʃe] 形 効果的な, 効力のある.

Il suo metodo è molto *efficace*. 彼の方法はとても効果的だ.

**egli** [éʎʎi] 代【書き言葉に用いる】彼は(が).

*Egli* non accettò la proposta. 彼は申し出を受けつけなかった.

**elegante** [elegánte] 形 上品な, 優美な.

La signora portava un vestito molto *elegante*. 婦人はとても品のいい服を着ていた.

**eleggere** [eléddʒere] 他 選ぶ, 選挙する.

È stato *eletto* presidente. 彼は会長に選ばれた.

**elemento** [eleménto] 男 要素.

Questa è una parola composta di due *elementi*. これは2つの要素からなる複合語である.

**elettrico** [elléttriko] 形【男複 *-ci*, 女複 *-che*】電気の.

La corrente *elettrica* è mancata. 停電した.

**elevare** [elevá:re] 他 上げる, 高める.

La pioggia ha *elevato* il livello dell'acqua. 雨のため水位が上がった.

**elezione** [eletstjó:ne] 女 選挙.

Le *elezioni* politiche hanno avuto luogo. 国会議員の選挙が行なわれた．

**ella** [élla] 代〖書き言葉に用いる〗彼女は（が）．

*Ella* era vestita di rosso. 彼女は赤い服を着ていた．

**energia** [enerdʒí:a] 女 活力, 力; エネルギー．
Lui è pieno di *energia*. 彼は活力に満ちあふれている．
Si utilizza l'*energia* atomica. 原子エネルギーが利用される．

**enorme** [enórme] 形 巨大な, ばく大な．
C'è un albero *enorme* nel bosco. 森の中に1本の巨木がある．
Hanno subito danni *enormi*. 彼らはばく大な損害をこうむった．

**ente** [énte] 男 法人, 公団．
*Ente* Nazionale Italiano per il Turismo イタリア政府観光局．

**entrambi(-e)** [entrámbi, -e]
1. 代, 男 複 (女 複) 2つとも, 2人とも．
Lui ha due figli. *Entrambi* sono molto intelligenti. 彼には息子が2人いるが, 2人ともとても頭がよい．
2. 形 複〖定冠詞は名詞との間に〗両方の, 両者の．
Ha alzato *entrambe* le mani. 彼は両手を挙げた．

**entrare** [entrá:re] 自〖助 essere〗入る．
Siamo *entrati* in casa perché ha cominciato a piovere. 雨が降り出したのでぼくたちは家の中に入った．

**entro** [éntro] 前 (時間的に)以内に．
Ritornerà *entro* un'ora. 彼は1時間以内に帰るだろう．
Avrò finito *entro* sabato. 土曜日までに仕上げましょう．

**entusiasmo** [entuziázmo] 男 熱心, 熱意．
Lavorate con *entusiasmo*! 君たち, 熱心に働きたまえ．

**episo*dio*** [episó:djo] 男〖複 -di〗挿話, エピソード．
Mi ha raccontato degli *episodi* del suo viaggio. 彼は私に旅行中のエピソードを語ってくれた．

**epoca** [é:poka] 女〖複 -che〗時代, 時期．
È un avvenimento che fa *epoca*. それは画期的な出来事だ．
gli usi e i costumi dell'*epoca* Edo 江戸時代の風習．

**eppure** [eppú:re] 接 しかしながら, にもかかわらず．
Tu l'hai dimenticato, *eppure* te l'avevo detto. 君は忘れてしまったが, でもぼくはそれを君に言ったんだ．

**erba** [érba] 女 草．
L'*erba* cresce molto in estate. 夏には草がたくさん生える．

**eroe** [eró:e] 男 英雄.
Lui è morto da *eroe*.
彼は英雄として死んだ.

**errore** [erró:re] 男 誤り, 間違い.
Devi correggere gli *errori* di grammatica.
君は文法の誤りを訂正しなければなりません.

**esagerare** [ezadʒerá:re] 他 誇張する, 大げさに言う.
*Esagera* i suoi meriti.
彼は自分の功績を誇張する.

**esaltare** [ezaltá:re] 他 ほめたたえる.
Tutti *esaltano* la sua bellezza.
皆が彼女の美しさをほめたたえる.

**esame** [ezá:me] 男 試験.
Hai dato l'*esame*?
君は試験を受けたか.

**esaminare** [ezaminá:re] 他 1. 調べる, 検査する. 2. 試験する.
*Esaminiamo* la questione!
その問題を検討しよう.
Il professore *esamina* gli studenti in italiano.
教授は学生にイタリア語の試験をする.

**esatto** [ezátto] 形 正確な, 正しい.
Mi hanno fornito le informazioni *esatte*.
彼らは私に正確な情報を提供した.

**escludere** [esklú:dere] 他 排除する, 除外する.
L'abbiamo *escluso* dalla nostra amicizia.
我々は彼と友達づき合いすることをやめた.

**eseguire** [ezeguí:re] 他 実行する.
Il progetto viene *eseguito*.
計画は実行される.

**esem*pio*** [ezémpjo] 男 〖複〗 *-pi* 1. 手本, 模範. 2. 例.
Il maestro deve dare il buon *esempio* agli allievi.
先生は生徒によい模範を示さなければならない.
**per (ad) esempio**
例えば.
Supponiamo, *per (ad) esempio*, questo caso!
例えば, この場合を想定してみよう.

**esercitare** [ezertʃitá:re] 他 1. 鍛える; 練習させる. 2. (職業に)従事する. 営む.
*Esercita* il corpo alla lotta.
彼は闘いにそなえて体を鍛える.
Quel signore non *esercita* più la professione.
あの人はもう職業に従事していない.

**esercito** [ezértʃito] 男 軍隊, 陸軍.
Lui è ufficiale dell'*esercito*.
彼は陸軍将校だ.

**eserci*zio*** [ezertʃíttsjo] 男 〖複〗 *-zi* 練習; 訓練.
Dovete fare gli *esercizi* di grammatica italiana.
諸君はイタリア文法の練習問題をしなければなりません.

**esigenza** [ezidʒéntsa] 女 要求; 必要.
  Non si possono soddisfare le *esigenze* di tutti.
  すべての人の要求を満たすことはできない.

**esistenza** [ezisténtsa] 女 存在.
  Credi nell'*esistenza* di Dio?
  君は神の存在を信じるか.

**esistere** [ezístere] 自 〖助 essere〗存在する.
  Non *esistono* prove esatte.
  確実な証拠が存在しない.
  Quegli animali non *esistono* più.
  それらの動物はもはや存在しない.

**esitare** [ezitá:re] 自 〖助 avere〗ためらう.
  Ha molto *esitato* prima di dirlo.
  彼はそれを言う前にとてもためらった.

**esperienza** [esperiéntsa] 女 経験, 体験.
  È un giornalista di grande *esperienza*.
  彼はとても経験を積んだ新聞記者だ.

**esperimento** [esperiménto] 男 実験.
  Gli studenti hanno fatto un *esperimento* di fisica.
  学生たちは物理の実験を行なった.

**esporre** [espórre] 他 1. 見せる, 展示する. 2. さらす, 露出する.
  Ho *esposto* le mie opere ad una mostra d'arte.
  私は自分の作品を美術展覧会へ出品した.
  Non voglio *espormi* al pericolo.
  私は危険を冒し(自分を危険にさらし)たくない.

**esportazione** [esportattsjó:ne] 女 輸出.
  Questi prodotti sono destinati all'*esportazione*.
  これらの製品は輸出向けだ.

**esposizione** [espozittsjó:ne] 女 展示, 陳列; 博覧会.
  L'*Esposizione* Universale ha luogo nella nostra città.
  万国博覧会は私たちの都市で開催される.

**essere** [éssere]
  I. 自 〖助 essere〗 1. …である. 2. いる, ある.
  Questa *è* la mia macchina.
  これは私の車です.
  Voi *siete* giovani.
  君たちは若い.
  Loro *sono* in casa.
  彼らは家の中にいる.
  Che ora *è*?—*Sono* le tre.
  今何時ですか.—3時です.
  Ci *sono* due libri sul tavolo.
  机の上に2冊の本がある.
  II. 助 〖複合時制をつくる〗
  *Siamo* saliti sul monte.
  ぼくたちは山に登った.
  III. 男 存在, 実存; 人間.
  Difendiamo la pace degli *esseri* umani!
  人類の平和を守ろう.

**esso(-a)** [ésso, -a] 代 男 (女) 〖主語に用いる；前置詞と共に用いる；単数形は主として物・動物を指し(女性単数形は人も指す)，複数形は人も指す〗それ；彼(彼女).

Ho un cane. *Esso* fa la guardia alla mia casa.
私は犬を一匹飼っているが，それは家の番をしてくれる.

L'ha guardata in viso, ed *essa* ha abbassato gli occhi.
彼が顔を見つめたら，彼女は目を伏せた.

**estendere** [esténdere] 他 広げる，伸ばす.

Il re *estese* il territorio con conquiste.
王は征服によって領土を拡張した.

**esterno** [estérno] 形 外部の，外面の.

La parte *esterna* dell'edificio è modesta.
その建物の外部は質素である.

**estero** [éstero] 1. 形 外国の. 2. 男 外国.

Mio fratello vive all'*estero*.
ぼくの兄は外国に住んでいる.

**estraneo** [strá:neo] 形 無関係の.

Io sono *estraneo* al delitto.
私は犯罪に関係ありません.

**estremo** [estré:mo] 形 1. 末端の；最後の. 2. 極度の.

Fece un *estremo* tentativo.
彼は最後の試みを行なった.

Ci troviamo in *estremo* pericolo.
我々は極めて危険な状態におちいっている.

**età** [etá] 女 年齢.

Lui ha scritto queste poesie all'*età* di diciott'anni.
彼は18歳のときこれらの詩を書いた.

**eterno** [etérno] 形 永遠の.

Le giurò amore *eterno*.
彼は彼女に永遠の愛を誓った.

**euro** [éuro] 男 ユーロ(欧州連合統一通貨).

Il biglietto costa 50 *euro*.
チケットは50ユーロです.

**eventuale** [eventuá:le] 形 (場合によっては)起りうる，不測の，不慮の.

Bisogna prepararsi agli *eventuali* incidenti.
不慮の事故に対して備える必要がある.

**evidente** [evidénte] 形 明らかな，明りょうな.

Ecco una prova *evidente*.
ここに歴然たる証拠がある.

**evidentemente** [evidenteménte] 副 明らかに.

*Evidentemente* non è colpa tua.
明らかに君のせいではない.

**evitare** [evitá:re] 他 避ける，逃れる.

*Evitate* le cattive compagnie! 悪いつき合いは避けなさい.

# F

**fa** [fa] 〖*fare* の直説法・現在・3 人称単数形,時の副詞句をつくる〗(今から)前に,以前に.
  È andato in Italia due anni *fa*. 彼は今から 2 年前にイタリアへ行った.
  L'ho visto una settimana *fa*. 私は 1 週間前に彼に会った.

**fabbrica** [fábbrika] 女〖複 *-che*〗工場.
  Nella mia città c'è una grande *fabbrica* di automobili. 私の町には大きな自動車工場がある.

**faccenda** [fattʃénda] 女 仕事,用事.
  La mamma ha tante *faccende* di casa. 母は家の仕事がたくさんある.

**faccia** [fáttʃa] 女〖複 *-ce*〗顔.
  Mi guardava in *faccia*. 彼は私の顔を見つめていた.

**facile** [fá:tʃile] 形 容易な,やさしい.
  È un lavoro *facile*. やさしい仕事だ.

**facilmente** [fatʃilménte] 副 容易に,たやすく.
  Lui potrà risolvere *facilmente* questo problema. 彼は容易にこの問題を解くことができるだろう.

**facoltà** [fakoltá] 女 1. 能力;権限. 2. (大学の)学部.
  Quel ragazzo ha una *facoltà* meravigliosa d'intendere. この少年はすばらしい理解力をもっている.
  Questa università ha la *facoltà* di lingue straniere. この大学には外国語学部がある.

**falso** [fálso] 形 誤りの,偽りの.
  La notizia risultò *falsa*. 情報は誤りであることがわかった.
  Mi hanno dato biglietti *falsi*. 私は偽札をつかまされた.

**fame** [fá:me] 女 空腹.
  Hai *fame*? 君おなかがすいたかい.

**famiglia** [famíʎʎa] 女 家族.
  Mantiene una *famiglia* numerosa. 彼は多人数の家族を養う.

**familiare** [familjá:re] 1. 形 家族の,家庭的な;親密な.

**famoso**

    Non va a scuola per motivi *familiari*.
    彼は家庭の事情で学校へ行かない.
    Usa spesso un linguaggio *familiare*.
    彼はよく馴れ馴れしい言葉を使う.
    **2.** 男 家族の一員.
    Sono andato in montagna con i miei *familiari*.
    私は家族といっしょに山へ行った.

**famoso** [famó:so]　形 有名な.
    È un *famoso* pittore.
    彼は有名な画家です.

**fantasia** [fantazí:a]　女 空想, 空想力.
    Lui è ricco di *fantasia*.
    彼は空想力が豊かである.

**fare** [fá:re]　他 **1.** する, なす, 行なう. **2.** 作る. **3.**〖天候を表わす〗…である. **4.**〖不定詞を伴って〗…させる.
    Posso *farti* una domanda?
    君に１つ質問してもいいかい.
    Mio padre *fa* il medico.
    私の父は医者です.
    Oggi *fa* molto caldo.
    今日はとても暑い.
    Mi *ha fatto* ridere.
    彼は私を笑わせた.

**farsi** [fársi]　再 **1.** …になる. **2.**〖不定詞を伴って〗…してもらう.
    Tuo figlio *si è fatto* grande.
    君の息子は大きくなった.
    *Mi sono fatto* tagliare i capelli.
    私は散髪してもらった.

**fase** [fá:ze]　女 段階, 局面.
    La costruzione è entrata nell'ultima *fase*.
    建築は最後の段階に入った.

**fastidio** [fastí:djo]　男〖複 *-di*〗不快; 迷惑; 煩わしさ.
    Non vorrei recarLe troppo *fastidio*.
    あなたに余りご迷惑をおかけしたくないのです.

**fatica** [fatí:ka]　女〖複 *-che*〗苦労; 疲労.
    Ha lavorato con molta *fatica*.
    彼は大変苦労して働いた.
    Non può stare in piedi dalla *fatica*.
    彼は疲労のため立っていられない.

**fatto** [fátto]　男 事実; 出来事.
    Il *fatto* è che io l'ho visto.
    私がそれを見たのは事実です.
    È successo un *fatto* strano.
    不思議なことが起った.

**fattore** [fattó:re]　男 要因, 要素.
    Molti *fattori* contribuiscono al successo dell'impresa.
    多くの要因がその企業の成功に貢献した.

**favore** [favó:re]　男 好意; 恩恵.

Mi faccia il *favore* di spedire subito questa lettera! — どうかすぐにこの手紙を送ってください.

Vorrei chiederle un *favore*: potrebbe prestarmi il libro? — あなたにお願いしたいことがあるのですが. その本を私に貸していただけますか.

**per favore**
Venga qui *per favore*! — どうぞ, すみません (お願いします). どうぞこちらへ来てください.

**favorevole** [favoré:vole] 〖形〗 1. 有利な, 好都合な. 2. 好意ある; 賛成の.

Aspettiamo il momento *favorevole*! — よい機会を待ちましょう.

Lui è *favorevole* alla mia proposta. — 彼は私の提案に賛成である.

**favorire** [favorí:re] 〖他〗 1. 有利にする; 援助する; 味方する. 2. 〖丁寧な表現として〗与える; 見せる. 3. 〖不定詞を伴い, 命令形や疑問文の形で丁寧な依頼・勧誘に用いる〗どうか…してください.

Siamo *favoriti* dalla fortuna. — 私たちは好運に恵まれている.

È giusto *favorire* chi si trova in difficoltà. — 困っている人を援助するのは正しいことだ.

Mi *favorisci* una sigaretta? — どうかたばこ1本くれないかい.

*Favorisca* venire con me! — どうぞ私といっしょに来てください.

**febbre** [fébbre] 〖女〗 熱.

Ho la *febbre*. — 私は熱があります.

**fede** [fé:de] 〖女〗 1. 信用, 信頼. 2. 信仰.

Ho *fede* nella giustizia. — 私は正義を信じている.

Hanno una *fede* profonda. — 彼らは篤い信仰をもっている.

**fedele** [fedé:le] 〖形〗 忠実な.

Lui è *fedele* al padrone. — 彼は主人に忠実である.

**felice** [felí:tʃe] 〖形〗 幸せな, 幸福な; うれしい.

Trascorre giorni *felici*. — 彼は幸せな日々を送っている.

**felicità** [felitʃitá] 〖女〗 幸福.

Che *felicità* è rivederti! — 君に再び会えるとは何と幸せなことだろう.

**fenomeno** [fenɔ́:meno] 〖男〗 現象.

I *fenomeni* naturali sono spesso meravigliosi. — 自然現象はしばしば驚異的だ.

**ferire** [ferí:re] 〖他〗 傷つける; けがさせる.

Si è *ferito* a un dito. — 彼は指をけがした. (再帰動詞)

**fermare** [fermá:re] 他 止める.
  Ho *fermato* la macchina davanti all'ingresso.
  私は玄関前に車を止めた.

**fermarsi** [fermársi] 再 止まる.
  Il treno *si ferma* cinque minuti a questa stazione.
  列車は5分間この駅に止まる.

**fermo** [férmo] 形 動かない, 止まった.
  Il mio orologio è *fermo* alle otto e mezzo.
  私の時計は8時半で止まっている.

**ferro** [férro] 男 鉄.
  Ha una volontà di *ferro*.
  彼は鉄のように固い意志をもっている.

**ferrovia** [ferroví:a] 女 鉄道.
  La prima *ferrovia* giapponese *fu* la Shimbashi-Yokohama.
  日本の最初の鉄道は新橋・横浜間であった.

**festa** [fésta] 女 1. 祭り, 祭日, 祝日. 2. 休日. 3. パーティ.
  C'è un'aria di *festa* in città.
  街はお祭り気分だ.
  Oggi è *festa*. Non vado a scuola.
  今日は休日で, 学校に行かない.
  Sono stata invitata alla *festa* di ballo.
  私はダンスパーティに招待された.

**fiamma** [fjámma] 女 炎.
  La casa è in *fiamme*.
  家は炎に包まれている.

**fianco** [fjáŋko] 男 〖複 *-chi*〗 1. 脇腹. 2. 側面.
  Dormiva sul *fianco*.
  彼は横向きに寝ていた.
  Sul *fianco* della collina c'è una villa.
  丘の斜面に別荘がある.

**fiato** [fjá:to] 男 息.
  Ha bevuto d'un *fiato* un bicchiere di vino.
  彼は一杯のぶどう酒を一気に飲みほした.

**fiducia** [fidú:tʃa] 女 〖複 *-cie*〗 信用, 信頼.
  È un uomo di *fiducia*.
  彼は信頼のおける人だ.

**figlio(-a)** [fíʎʎo, -a] 男 (女) 〖男複 **figli**〗 息子(娘).
  Ha due *figli* e una *figlia*.
  彼には2人の息子と1人の娘がある.

**figura** [figú:ra] 女 1. 姿; 容姿. 2. 形; 像.
  Quella signorina ha una bella *figura*.
  あのお嬢さんは容姿端麗である.
  Le nuvole assumono *figure* varie.
  雲は様々な形をとる.

**figurare** [figurá:re] 他 (象徴として)表す.
La scena *figura* un cortile. 舞台は中庭を表している.
Il leone *figura* la forza. ライオンは力を象徴する.
**figurarsi** [figurársi] 再 想像する.
*Me* lo *figuravo* più bello. 私はそれがもっとりっぱだと想像していた.
**fila** [fí:la] 女 列.
C'è una lunga *fila* di macchine. 車の長い列が続いている.
**film** [film] 男 〖単複同形〗映画.
Che *film* danno stasera? 今晩は何の映画がありますか.
**filo** [fí:lo] 男 1. 糸. 2. 線.
Taglio il *filo* con i denti. 私は歯で糸を切る.
Hanno tagliato il *filo* elettrico. 電線を切られてしまった.
**filosofia** [filozofí:a] 女 哲学.
Ascoltiamo la lezione di *filosofia*. 私たちは哲学の講義を聴く.
**finalmente** [finalménte] 副 ついに, とうとう.
*Finalmente* ha smesso di piovere. とうとう雨がやんだ.
**finanzia*rio*** [finantsjá:rjo] 形 〖男複 *-ri*〗財政の.
La situazione *finanziaria* è in crisi. 財政状態は危機にひんしている.
**finché** [fiŋké] 接 1.〖従属節には接続法または直説法を用い, 冗語 non を用いることもある〗…するまで. 2. …する間, …する限り.
Non esco di qui *finché* non smetta di piovere. 私は雨がやむまでここから外に出ない.
Guardavo la televisione *finché* la mamma [non] mi ha chiamato a tavola. 母が食事に呼ぶまでぼくはテレビを見ていた.
Staremo in spiaggia *finché* c'è il sole. 太陽が照っている限り私たちは浜辺にいましょう.
**fine**¹ [fí:ne] 女 終わり, 最後.
Verso la *fine* delle vacanze tornerò a Tokyo. 休暇の終り頃私は東京へもどります.
**fine**² [fí:ne] 男 目的.
Agisce sempre con un buon *fine*. 彼は常によい目的をもって行動する.
**finestra** [finéstra] 女 窓.
Chiudete la *finestra*! 窓を閉めてください.
**fingere** [fíndʒere] 他 (di+不定詞)…するふりをす

## finire

| | |
|---|---|
| *Finge* di aver capito bene. | 彼はよくわかったふりをする. |
| *Finge* un dolore che non sente affatto. | 苦しくもないのに苦しいかのように装っている. |

**finire** [finí:re] **1.** 他 終える; (di＋不定詞)…し終える.

| | |
|---|---|
| Quando *finisci* il lavoro? | 君はいつ仕事をすませますか. |
| Ho *finito* di leggere il libro. | 私はその本を読み終えた. |

**2.** 自〖助 essere〗終わる.

| | |
|---|---|
| La lezione è *finita* alle tre. | 授業は3時に終わった. |
| La strada *finisce* qui. | 道はここで終わっている. |

**finire con ＋ 男性定冠詞 ＋ 不定詞**　〖助 avere〗ついに…してしまう.

| | |
|---|---|
| Ha *finito* con lo sposarsi anche lui. | 彼もついに結婚してしまった. |

**fino** [fí:no]　前〖特に子音の前では fin となることが多い〗**1.** (時・場所の副詞を伴う; a, in, sopra, sotto を伴う) …まで. **2.** (＋da) …から.

| | |
|---|---|
| Ti accompagnerò *fino* alla stazione. | 駅まで君といっしょに行こう. |
| *Fin* qui arrivano i rumori. | ここまで騒音が聞こえて来る. |
| È salito *fin* sopra il tetto. | 彼は屋根の上まで上がった. |
| Siamo amici *fin* dall'infanzia. | 我々は幼年時代からの友人だ. |

**finora** [finó:ra]　副 今まで.

| | |
|---|---|
| *Finora* non ho ricevuto la risposta da lei. | 今までに彼女から返事がありません. |

**fiore** [fjó:re]　男 花.

| | |
|---|---|
| Mi piace coltivare *fiori*. | 私は花を栽培するのが好きです. |

**fiorire** [fjorí:re]　自〖助 essere〗花が咲く.

| | |
|---|---|
| Le rose *sono fiorite*. | ばらの花が咲いた. |

**firma** [fírma]　女 署名, サイン.

| | |
|---|---|
| Metta la *firma* qui, per favore! | ここにサインをお願いします. |

**firmare** [firmá:re]　他 署名する.

| | |
|---|---|
| Ha *firmato* il documento. | 彼は文書に署名した. |

**fisica** [fí:zika]　女〖複 *-che*〗物理学.

| | |
|---|---|
| Il suo campo di studi è la *fisica*. | 彼の研究分野は物理学だ. |

**fisico** [fí:ziko]　形〖男複 *-ci*, 女複 *-che*〗**1.** 肉体の. **2.** 物理学の.

| | |
|---|---|
| Lui è sempre in buone condi- | 彼はいつも体の調子がよい. |

**fissare** [fissá:re]
La signorina *ha fissato* gli occhi sul quadro.
*Fissiamo* l'ora della partenza!

他 1. 固定する. 2. 定める.
お嬢さんはその絵をじっと見つめた.
出発の時間を決めましょう.

**fisso** [físso]
Vendono gli articoli a prezzo *fisso*.

形 固定した.
定価で品物を売っている.

**fitto** [fítto]
C'è una nebbia *fitta* stasera.

形 濃い, 密な.
今晩は濃い霧がかかっている.

**fiume** [fjú:me]
Il Po è il maggior *fiume* d'Italia.

男 川.
ポー川はイタリア最大の川である.

**foglia** [fɔ́ʎʎa]
Le *foglie* di quest'albero sono sempre verdi.

女 葉.
この木の葉は常に緑色です.

**foglio** [fɔ́ʎʎo]
Mi dia un *foglio* di carta.
Scrivo la mia opinione in pochi *fogli*.

男 〚複 -gli〛 1 枚(の紙).
私に紙を 1 枚ください.
私の意見を数枚の紙に書きます.

**folla** [fólla] または [fɔ́lla]
C'è una gran *folla* in piazza.

女 群衆.
広場に多数の人の群がいる.

**fondamentale** [fondamentá:le]
Dovete imparare le regole *fondamentali* della grammatica.

形 基本的な.
諸君は文法の基本的な規則を覚えなければなりません.

**fondare** [fondá:re]
È una costruzione ben *fondata*.
La nostra università *fu fondata* nel 1920.

他 1. 基礎をすえる. 2. 創立する, 創設する.
基礎のしっかりした建築だ.
我々の大学は 1920 年に創設された.

**fondo** [fóndo]
Scendiamo fino in *fondo* alla valle!
In *fondo* a questa via giri a sinistra!

男 1. 底. 2. 奥; 突き当たり.
谷底まで降りて行こう.
この通りの突き当たりを左に曲がりなさい.

**fontana** [fontá:na]
C'è una bellissima *fontana* nel giardino pubblico.

女 泉; 噴水.
公園の中にとてもりっぱな噴水があります.

**fonte** [fónte]
Dov'è la *fonte* del fiume?

女 水源地; 源, 源泉.
川の水源地はどこですか.

**forma**

L'ho saputo da una *fonte* sicura. 私はそれを確かな筋から知ったのです.

**forma** [fórma] 女 形.
Le nuvole prendono diverse *forme*. 雲はいろいろ異なった形をとる.

**formaggio** [formáddʒo] 男〖複 -gi〗チーズ.
Prende un po' di *formaggio*? チーズを少し召し上がりますか.

**formare** [formá:re] 他 形作る, 形成する, 作る.
Il maestro *forma* il carattere dei suoi allievi. 教師は生徒の人格を育成する.
*Hanno formato* un circolo intorno a lui. 彼らは彼のまわりを取り巻いた.

**formazione** [formattsjó:ne] 女 形成.
La *formazione* del nuovo governo è stata completata. 新しい内閣の組閣が完成した.

**formula** [fórmula] 女 きまり文句; 一定の書式.
Quali sono le *formule* di saluto in questo caso? この場合のあいさつの形式はどんなものがありますか.

**fornire** [forní:re] 他 供給する; 備える.
fornire…a ~ (fornire ~ di…) ~に…を供給する.
*Fornisce a* suo figlio le spese di viaggio. 彼は息子に旅費を調達してあげる.
*Forniscono* la biblioteca *di* libri nuovi. 彼らは図書館に新しい本を備える.

**forse** [fórse] 副 多分, おそらく.
*Forse* non pioverà domani. 多分あす雨は降らないだろう.

**forte** [fórte]
È una donna di carattere *forte*. **1.** 形 強い, 力のある; 丈夫な.
きつい性格の女だ.
Lei è sana e *forte*. 彼女は健康で丈夫である.

Picchia più *forte*! **2.** 副 強く; 大声で
もっと強くたたきなさい.
Parla più *forte*! もっと大きな声で話しなさい.

**fortuna** [fortú:na] 女 運命; 幸運.
La *fortuna* gli fu favorevole. 運命は彼に有利であった.
Per *fortuna* è stato salvato da un pericolo. 幸運にも彼は危険から救われた.

**forza** [fórtsa] 女 力, 強さ.
Ha una grande *forza* nelle braccia. 彼は腕の力がとても強い.

**fotografia** [fotografí:a] 女〖省略形 foto〗写真.
Ti faccio una *fotografia* (foto)! 君の写真を撮ってあげましょう.

**fra** [fra]
前〘＝tra〙…の間に.
C'è una strada *fra* i due muri.
2つの塀の間に道がある.
Lei portava il bambino *fra* le braccia.
彼女は腕に子供を抱いていた.
**fra＋時間・日数**
（今から）…後に.
Lo finiremo *fra* tre giorni.
私たちは3日後にそれを終えるでしょう.
Arriverà *fra* poco.
彼は間もなくやって来ます.
**frase** [frá:ze]
女 文；文句.
Non capisco il significato di questa *frase* italiana.
このイタリア語の文の意味がわかりません.
**fratello** [fratéllo]
男 兄弟；兄，弟（普通は兄と弟を区別しない）.
Io e lui siamo *fratelli*.
私と彼は兄弟です.
Ti presento mio *fratello*.
君に私の兄(弟)を紹介します.
**freddo** [fréddo]
1. 形 冷たい，寒い.
Tira un vento *freddo*.
冷たい風が吹く.
Questa stanza è *fredda*.
この部屋は寒い.
2. 名 寒さ.
Oggi fa molto *freddo*.
今日は(気温が)とても寒い.
Ho *freddo*.
私は(体が)寒い.
**frequentare** [frekwentá:re]
他 通う，しばしば行く.
Mio figlio *frequenta* la scuola media.
私の息子は中学に通っています.
*Frequenta* questo bar.
彼はこの喫茶店の常連だ.
**frequente** [frekwénte]
形 度重なる，ひんぱんな.
È un errore *frequente*.
よくある間違いだ.
**fresco** [frésko]
形〘男複 *-chi*, 女複 *-che*〙
1. 涼しい，冷たい. 2. 新鮮な，新しい.
L'aria è *fresca*.
空気がひんやりとしている.
Questo pesce è *fresco*.
この魚は新しい.
**fretta** [frétta]
女 急ぐこと，せくこと.
**avere fretta**
急いでいる.
Non mi fermo qui, perché *ho fretta*.
私は急いでいるから，ここに止まらない.
**in fretta**
急いで.
Scrivete *in fretta*!
急いで書きなさい.
**fronte** [frónte]
女 1. 額. 2. 正面，前面.
Ho ricevuto un colpo di pietra sulla *fronte*.
私は額に石をぶつけられた.

**frutta**

**di fronte a** …の正面に.
Il museo è *di fronte a* questo palazzo. 博物館はこの建物の正面にあります.

**frutta** [frútta] 囡〖覆 *-ta* または稀に *-te*; 総称として単・複数形いずれも用いる〗果物.
Per finire prendiamo un po' di *frutta*. (食事の)最後に果物を少し食べましょう.

**frutto** [frútto] 男 1.(植物の)実; 果実. 2. 成果, 結果.
L'albero è carico di *frutti*. 木に実がたくさんなっている.
Ha avuto molti *frutti* dal suo lavoro. 彼はその仕事から多くの成果を得た.

**fuga** [fú:ga] 囡〖覆 *-ghe*〗逃亡, 脱走.
Ha tentato la *fuga* dalla prigione. 彼は刑務所から脱走を試みた.

**fuggire** [fuddʒí:re] 自〖助 essere〗逃げる.
È *fuggito* all'estero. 彼は外国へ逃亡した.

**fumare** [fumá:re] 他 たばこを吸う.
*Fumo* dieci sigarette al giorno. 私は 1 日に 10 本たばこをすう.
Posso *fumare* qui? ここでたばこを吸ってもいいですか.

**fumo** [fú:mo] 男 煙.
La stanza è piena di *fumo*. 部屋に煙が充満している.

**funzionare** [funtsjoná:re] 自〖助 avere〗(機械・器官などが)動く, 作用する.
La mia macchina non *funziona*. 私の車が動かない.

**funzione** [funtsjó:ne] 囡 1. 職務. 2. 機能; 働き.
Ognuno ha la sua funzione nella società. 各人は社会における自分の職務をもっている.
La *funzione* del Suo cuore è normale. あなたの心臓の働きは正常です.

**fuoco** [fwɔ́:ko] 男〖覆 *-chi*〗火; 火事.
Bisogna cuocere la carne a *fuoco* lento. 肉をとろ火で煮る必要がある.
Al *fuoco*! Al *fuoco*! 火事だ. 火事だ.

**fuori** [fwɔ́:ri] 1. 副 外で(に).
Andiamo *fuori* a giocare! 外に遊びに行こう.
Oggi fa molto freddo *fuori*. 今日外はとても寒い.
2. 前〖di を伴うことが多い〗…の外で(に).
Va' *fuori* di casa! 家の外に出なさい.

Ormai siamo *fuori* pericolo. 今や我々は危険を脱した。
**futuro** [futú:ro] 男 未来, 将来.
Questo ragazzo diventerà un grand'uomo in *futuro*. この少年は将来偉い人になるだろう。
Pensa alla tua vita *futura*! 将来の生活のことを考えなさい。

# G

**gamba** [gámba] 女 脚(「ひざ」から下, 足首まで. しかし「脚」全体を指すこともある).
La ragazza ha le *gambe* lunghe. その少女は長い脚をしている。
un tavolo a tre *gambe* 三脚の台.
**gara** [gá:ra] 女 競争; 競技.
La *gara* automobilistica ha avuto luogo a Monza. 自動車競走がモンツァで行なわれた。
**garantire** [garantí:re] 他 保証する.
Posso *garantire* la qualità di questo tessuto. 私はこの生地の質を保証することができます。
**gatto** [gátto] 男 ねこ.
La vecchia tiene un *gatto*. 老婆はねこを1匹飼っている。
**geloso** [dʒeló:so] 形 しっと深い.
Lui è *geloso* del tuo successo. 彼は君の成功をねたんでいる。
È una persona molto *gelosa* del suo proprio onore. 彼は非常に自分の名誉にこだわる人だ。
**generale** [dʒenerá:le] 形 一般の, 一般的な; 全般的な.
Qual è l'opinione *generale*? 一般の人たちの意見はどうですか。
**generazione** [dʒenerattsjó:ne] 女 世代, 同時代の人々.
Loro appartengono alla nuova *generazione*. 彼らは新しい世代に属する。
La tradizione si trasmette di *generazione* in *generazione*. 伝統は世代から世代へと伝えられる。
**genere** [dʒɛ́:nere] 男 種類.
Si vendono libri di ogni *genere*. あらゆる種類の本が売られる。
**in genere** 一般に, 概して, 全般的に.
*In genere* i miei allievi parlano bene l'italiano. 概して, 私の生徒はイタリア語を上手に話します。
**generoso** [dʒeneró:so] 形 寛大な, 心の広い.

**genitori**

Quel professore è *generoso* con gli studenti. あの教授は学生に対して寛大だ。

**genitori** [dʒenitóːri] 男 複 両親.
I suoi *genitori* stanno bene? ご両親はお元気ですか。

**gente** [dʒénte] 女 《集合名詞》人々.
C'è molta *gente* qui. ここにはたくさんの人がいる。

**gentile** [dʒentíːle] 形 親切な; 優しい.
Siate *gentili* con tutti! 君たち全ての人に親切になさい。
Lei è molto *gentile*. ご親切に(ありがとうございます)。

**gesto** [dʒésto] 男 身ぶり、手まね、手振り.
Parla a *gesti*. 彼は手振りで話す。

**gettare** [dʒettáːre] 他 投げる、投げつける.
*Ho gettato* la palla al ragazzo. 私は少年にボールを投げた。

**gettarsi** [dʒettársi] 再 身を投げる; 飛びつく.
La figlia *si gettò* nelle braccia di sua madre. 娘は母親の両腕の中に飛び込んだ。

**già** [dʒa] 副 すでに.
È *già* partito Antonio? アントニオはもう出発したの。

**giacca** [dʒákka] 女 《複 *-che*》上着.
Ci togliamo la *giacca*, perché fa caldo. 暑いから上着を脱ごう。

**giardino** [dʒardíːno] 男 庭.
Ha una casa con un bel *giardino*. 彼は美しい庭付きの家をもっている。

**ginocchio** [dʒinókkjo] 男 《複 *-chi*; 「両ひざ」は le ginocchia》ひざ.
La madre tiene il bambino sulle *ginocchia*. 母親が子供をひざの上にのせている。

**giocare** [dʒokáːre] 自 《助 avere》1. 遊ぶ. 2. 競技(ゲーム)をする.
I bambini *giocano* in giardino. 子供たちは庭で遊んでいる。
*Giochiamo* a tennis (a carte)! テニス(トランプ)をしましょう。

**gioco** [dʒóːko] 男 《複 *-chi*》1. 遊び. 2. 競技, ゲーム.
Mi piacciono i *giochi* di carte. ぼくはトランプ遊びが好きだ。
Nel 1960 hanno avuto luogo a Roma i *Giochi* Olimpici. 1960年にローマでオリンピック競技が行なわれた。

**gioia** [dʒóːja] 女 喜び.
Il mio cuore batte per la *gioia*. 私の胸は喜びにおどる。

**giornale** [dʒornáːle] 男 新聞.
Leggo il *giornale* ogni mattina. 私は毎朝新聞を読む。

**giornalista** [dʒornalísta] 男女〖男複 *-sti*, 女複 *-ste*〗
記者, ジャーナリスト.

Quel *giornalista* scrive articoli molto interessanti.
あの記者は非常に興味深い記事を書く.

**giornata** [dʒorná:ta] 女 1 日(日の出から日没まで).

È stata una *giornata* molto calda.
とても暑い 1 日だった.

Le *giornate* si sono allungate.
日が長くなった.

**giorno** [dʒórno] 男 **1.** 1 日(24 時間). **2.** 昼.

Che *giorno* del mese è oggi?
今日は何月何日ですか.

Piove da tre *giorni*.
3 日前から雨が降っている.

Ho lavorato *giorno* e notte.
私は昼も夜も働いた.

**giovane** [dʒó:vane] **1.** 形 若い.

Quando ero *giovane*, spesso facevo dello sport.
私は若い頃よくスポーツをやったものです.

**2.** 男女 若者, 青年.

Allora era un *giovane* di diciott'anni.
当時彼は 18 歳の青年であった.

**giovanotto** [dʒovanótto] 男 青年.

Tuo figlio è diventato un bel *giovanotto*.
君の子供はりっぱな青年になった.

**girare** [dʒirá:re] **I.** 他 **1.** 回す. **2.** 回る.

*Girate* un po' la ruota!
車輪を少し回しなさい.

*Girò* l'occhio intorno.
彼はあたりを見回した.

*Abbiamo girato* tutta la città.
我々は市内を一巡した.

**II.** 自〖助 essere または avere〗回る; 曲がる.

La ruota *gira* velocemente.
車輪が急速に回転する.

La strada *gira* a sinistra.
道路は左に曲がっている.

**giro** [dʒí:ro] 男 **1.** 回転. **2.** 周遊, 巡回.

I *giri* del motore sono aumentati.
モーターの回転数が上がった.

Abbiamo fatto il *giro* del lago in barca.
我々はボートに乗って湖を一周した.

**giù** [dʒu] 副 下に(で).

Guardò *giù* dalla finestra.
彼は窓から見おろした.

**giudicare** [dʒudiká:re] 他 **1.** 判断する. **2.** 裁判する, 判決を下す.

Dalle sue parole lo *giudico* molto intelligente.
私は彼の言葉から彼が非常に頭のよい人だと判断する.

Fu *giudicato* innocente.
彼に無罪の判決が下された.

**giudice** [dʒúːditʃe]　　　男 女 裁判官, 判事.
　La coscienza è *giudice* delle no-　良心は我々の行為を裁く.
　stre azioni.

**giudi*zio*** [dʒudíttsjo]　　　男〖複 -*zi*〗判断, 批判; 判断
　　　　　　　　　　　　　　　力.
　Il tuo *giudizio* su di lui mi pare　彼に対する君の批判は少し厳しす
　un po' severo.　　　　　　　　ぎるように思われる.
　È un ragazzo di *giudizio*.　　彼は分別のある少年だ.

**giungere** [dʒúndʒere]　　　自〖助 essere〗到着する; 届く.
　Mi *è giunta* la notizia.　　　その知らせが私に届いた.

**giurare** [dʒuráːre]　　　他 誓う.
　Ti *giuro* di mantenere la pro-　私は君に約束を守ることを誓う.
　messa.

**giustizia** [dʒustíttsja]　　　女 1. 正義, 正しさ.　2. 裁判.
　È un uomo di *giustizia*.　　彼は正義感のある男だ.
　Dov'è il Palazzo di *Giustizia*?　裁判所はどこですか.

**giusto** [dʒústo]　　　形 正しい; 正確な; 公平な.
　Quello che hai detto è *giusto*.　君の言ったことは正しい.

**gli** [ʎi]　　　1. 冠〖lo の複数形. lo の項参
　　　　　　　　　　　　　　　照〗　2. 代〖間接目的語.
　　　　　　　　　　　　　　　男 単 次に直接目的語代名
　　　　　　　　　　　　　　　詞 lo, la, li, le, ne が来ると
　　　　　　　　　　　　　　　**glielo, gliela, glieli, gliele,**
　　　　　　　　　　　　　　　**gliene** となる〗彼に.
　*Gli* ho scritto una lettera.　　私は彼に手紙を書いた.
　Questo libro è suo, perciò *glielo*　この本は彼のものです. だから私は
　restituisco.　　　　　　　　　それを彼に返します.

**gloria** [glóːrja]　　　女 光栄, 名誉.
　Lui è la *gloria* del nostro paese.　彼は我が国の誉れである.

**glorioso** [glorjóːso]　　　形 名誉ある, 誉れ高い.
　Avete ottenuto una vittoria *glo-*　諸君は名誉の勝利を収めたのだ.
　*riosa*.

**godere** [godéːre]　　　I. 1. 自〖助 avere〗(di)...を
　　　　　　　　　　　　　　　喜ぶ, うれしく思う.　2. (di)
　　　　　　　　　　　　　　　...を享受する(利益・権利・名
　　　　　　　　　　　　　　　声などを); (di) ...に恵まれる.
　　　　　　　　　　　　　　　〖他 としても用いる〗
　*Godo* delle buone notizie.　　私はよい知らせを喜ぶ.
　*Godeva* della(la) stima degli　彼は友人たちの尊敬を得ていた.
　amici.
　Il paese *gode* 〔di〕un buon　その国はよい気候に恵まれている.

clima.

*Hanno goduto* un lungo riposo.
**gola** [gó:la]
Ho mal di *gola*.
**governare** [governá:re]
L'imperatore *governava* diversi popoli.
**governo** [govérno]
È stato formato un nuovo *governo*.
Il popolo godeva la pace sotto il suo buon *governo*.
**grado** [grá:do]
Possiede un alto *grado* di intelligenza.
Ha quaranta *gradi* di febbre.
**grande** [gránde]




un *grande* spazio
un *gran* palazzo
un *grand'*albero
una *grande* strada
un *grand'*uomo
un uomo *grande*
**grano** [grá:no]
Si stende un vasto campo di *grano*.
**grasso** [grásso]

Quell'uomo *grasso* è mio zio.
Non mi piace la cucina *grassa*.
**grave** [grá:ve]
Pare che la sua malattia sia piuttosto *grave*.
La situazione è assai *grave*.
**grazia** [gráttsja]

II. 他 楽しむ.
彼らは長い間の休息を楽しんだ.
女 のど.
私はのどが痛い.
他 治める, 統治する.
皇帝はいくつかの民族を統治していた.
男 1. 政府; 内閣.　2. 政治.
新しい政府(内閣)が誕生した.

その国民は彼のよい政治の下で平和を享受していた.

男 1. 段階, 段.　2. 度; 度合.
彼は高度の知性を備えている.

彼は40度の熱がある.
形 〚s＋子音, z, x, gn, pn, ps 以外の子音で始まる名詞の前では **gran** となり, 母音で始まる名詞の前では **grand'** となることが多い〛 1. 大きな.　2. 偉大な.
広い空間.
大邸宅.
大きな木.
大きな道.
偉い人. 〚*grande* の位置で意
大きな人. 味が異なる〛
男 小麦.
広い麦畑が続いている.

形 1. 太った.　2. 脂肪の多い, あぶらぎった.
あの太った人はぼくの叔父だ.
私は脂っこい料理は好きじゃない.
形 重い; 重大な.
彼の病気はかなり重いらしい.

状勢はかなり重大である.
女 1. 優雅, 優美, 上品さ.　2.

**grazie**

Il suo viso ha un'espressione piena di *grazia*.
彼女の顔は上品さに満ちた表情をしている.

Quel giovanotto godeva le buone *grazie* del padrone.
その若者は主人の愛顧を受けていた.

**grazie** [gráttsje] 間 ありがとう.
*Grazie* tante! Mille *grazie*!
たいへんありがとう.
*Grazie* della (per la) tua lettera!
お手紙ありがとう.
**grazie a** 〖前置詞句〗…のおかげで.
*Grazie al* tuo aiuto, sono riuscito a farlo.
君の援助のおかげで,ぼくはそれをすることができた.

**grazioso** [grattsjó:so] 形 優雅な; 上品な; しとやかな.
Parlava con un sorriso *grazioso*.
彼は上品なほほえみを浮かべて話していた.
È una signora molto *graziosa*.
とてもしとやかなご婦人だ.

**gridare** [gridá:re] 1. 自 〖助 avere〗叫ぶ.
Ho *gridato* tanto, ma non mi hanno sentito.
私は大声で叫んだが彼らには聞こえなかった.
2. 他 大きな声で言う.
*Gridava* aiuto.
彼は大声で助けを求めていた.

**grido** [grí:do] 男 〖複 人間の場合は **le grida**, 動物の場合は **i gridi**〗叫び声.
Gettò all'improvviso un *grido* di sorpresa.
彼は突然驚きの叫び声をあげた.

**gri*gio*** [grí:dʒo] 形 〖男 複 **-gi**〗灰色の, ねずみ色の.
Il cielo è coperto di nuvole *grigie*.
空は灰色の雲に覆われている.

**grosso** [gróssso] 形 太い; 大きな.
Non ho mai visto un cane così *grosso*.
私は今までこんな大きな犬を見たことがありません.
Hanno subito una *grossa* perdita.
彼らは大きな損をした.

**gruppo** [grúppo] 男 グループ, 群.
Un *gruppo* di studenti passava cantando.
学生たちのグループは歌いながら通っていた.

**guadagnare** [gwadaɲɲá:re] 他 もうける, かせぐ.
Ha *guadagnato* una somma enorme.
彼は莫大な金額をもうけた.

**guaio** [gwá:jo] 男 〖複 **guai**〗不幸, 災難.

La morte del padre è stata un gran *guaio* per la famiglia.
父親の死は家族にとって大きな不幸でした.

**guardare** [gwardá:re]
他 眺める, (じっと)見る.
Il ragazzo *guardava* il treno che passava.
少年は通過する列車を眺めていた.
La *guarda* in faccia.
彼は彼女の顔を見つめる.

**guardia** [gwárdja]
女 監視〔人〕; 護衛〔兵〕;
Vado a comprare i biglietti, perciò fai la *guardia* alle valigie.
ぼくは切符を買って来るから, 君は旅行カバンの番をするんだよ.

**guarire** [gwarí:re]
1. 他 (病気・病人を) 治す.
Quel medico *ha guarito* mio padre da una malattia grave.
あの医者は私の父の重い病気を治した.
2. 自〖助 essere〗(病気・病人が) 治る.
Io *sono guarito* completamente.
私は病気が完全に回復した.

**guerra** [gwérra]
女 戦争.
la seconda *guerra* mondiale
第二次世界大戦.

**guida** [gwí:da]
女 1. 案内〔人〕. 2. 指導.
Vi faccio da *guida*.
私があなたたちの案内役をいたしましょう.
Ho studiato sotto la *guida* di un buon maestro.
ぼくはよい先生の指導の下で学んだ.

**guidare** [gwidá:re]
他 1. 導く. 2. 運転する.
Un cane *guidava* il cieco.
犬が盲人の道案内をしていた.
Sai *guidare* la macchina?
君は車の運転ができるかい.

**gusto** [gústo]
男 1. 味覚. 2. 味. 3. 好み.
Tu hai un *gusto* delicato.
君は繊細な味覚をもっている.
Questo cibo ha un ottimo *gusto*.
この食物はとてもよい味だ.
Quell'abito non è di mio *gusto*.
あの服は私の好みではない.

# I

**idea** [idέ:a]
女 考え; 観念, 概念.
È una buona *idea*.
それはよい考えだ.
Non ha l'*idea* del giusto e dell'ingiusto.
彼は正と不正についての観念がない.

**ideale** [ideá:le]
1. 形 理想的な.
Questa mi sembra la casa *ideale*.
これは理想的な家だと私に思われる.

**identico**

Il mio *ideale* è di girare tutto il mondo.

2. 男 理想.
私の理想は世界中を回ることです。

**identico** [idéntiko]

形〖男複 *-ci*, 女複 *-che*〗同一の.

La vostra casa è *identica* alla nostra.

あなたたちの家は私たちの家と同じです.

**ieri** [jé:ri]

副 昨日.

*Ieri* abbiamo fatto una gita in montagna.

昨日私たちは山へ遠足に行きました.

*Ieri* sera sono andato al cinema.

昨晩ぼくは映画を見に行った.

**il** [il]

冠 男〖定冠詞；複 **i**; s＋子音, z, gn, pn, ps 以外で始まる語の前で用いる〗

*il* professore e *i* suoi allievi

先生とその生徒.

**illuminare** [illumináːre]

他 照らす.

Il sole *illumina* la terra.

太陽が地球を照らす.

**illustre** [illústre]

形 著名な.

Quel signore è un *illustre* scrittore.

あの方は著名な作家です.

**immaginare** [immadʒináːre]

他 想像する.

*Immaginate* la sua gioia!

彼の喜びを想像してごらんなさい.

*Immagino* che lui non l'abbia capito.

彼はそれがわからなかったのだと私は思います.

**immagine** [immáːdʒine]

女 像, 姿；影像；イメージ.

La ragazza ha visto la sua *immagine* riflessa nell'acqua.

少女は水に映った自分の姿を見た.

Quel bambino è proprio l'*immagine* di suo padre.

あの子は本当に父親に生き写しだ.

**immediatamente** [immedjataménte]

副 すぐに, 直ちに.

Partiamo *immediatamente*!

すぐに出発しましょう.

**immenso** [immɛ́nso]

形 1. 無限の. 2. 広大な.

Possiede un'*immensa* ricchezza.

彼は莫大な富を所有している.

Il treno attraversa un'*immensa* pianura.

列車が広々とした平野を横断する.

**immobile** [immɔ́:bile]

形 不動の.

Stava lì *immobile*.

彼はそこにじっとしていた.

**imparare** [imparáːre]

他 習う；学ぶ；覚える.

*Imparo* la lingua italiana.

私はイタリア語を習う.

I ragazzi *imparano* a leggere e a

子供たちは読み書きを習う.

**impedire** [impedí:re]
他 じゃまする, 妨げる.
La neve *impedisce* il passaggio del treno.
雪のため列車が通過することができない.
Il rumore mi *impedisce* di studiare.
騒音が私の勉強を妨げる.

**impegnare** [impeɲɲá:re]
他 1. 約束する; 予約する. 2. 義務づける; 拘束する.
*Abbiamo impegnato* una sala per il ballo.
私は舞踏会のためホールを予約した.
Il contratto *c'impegna* a finire il lavoro entro un mese.
契約により我々は1か月以内にその仕事を終えることを義務づけられている.

**impegnarsi** [impeɲɲársi]
再 1. 約束する; 引き受ける. 2. (in) …に専心する.
*Mi sono impegnato* a trovargli un lavoro.
私は彼に仕事を見つけてあげることを約束した.
*S'impegna* in una ricerca.
彼は研究に専念する.

**impegno** [impéɲɲo]
男 約束; 契約.
Oggi ho molti *impegni*.
今日私はたくさん約束があります（とても忙しい）.

**impianto** [impjánto]
男 設備, 施設.
Non c'è *impianto* di riscaldamento.
暖房の設備がない.

**impiegare** [impjegá:re]
他 1. 使用する. 2. 雇う.
Ha *impiegato* tutte le sue forze per quell'impresa.
彼はその企業のために全力をあげた.
Mi *hanno impiegato* nel loro ufficio.
彼らは私を彼らの事務所で雇ってくれた.

**impiegato** (*-a*) [impjegá:to, -a]
男 (女) 従業員, 社員.
Quella signorina è *impiegata* di banca.
あのお嬢さんはある銀行の従業員である.

**imporre** [impórre]
他 (義務・仕事などを) 課す; 強いる.
Mi *hanno imposto* un compito difficile.
彼らは私に困難な任務を課した.
Il maestro *impone* silenzio a tutti.
先生は全員に静粛を命じる.

**importante** [importánte]
形 重要な.
È una questione *importante*.
それは重要な問題だ.

**importanza** [importántsa]
女 重要性.

**importare**¹

Tu non capisci l'*importanza* di questo lavoro.
君はこの仕事の重要性がわからないんだ.

**importare**¹ [importá:re] 他 輸入する.
Il Giappone *importa* petrolio dai paesi arabi.
日本はアラブ諸国から石油を輸入する.

**importare**² [importá:re] 自〖助 essere〗重要である.
Queste cose non *importano*.
これらの事は問題じゃない.
  **importare (di)＋不定詞, che＋接続法** 〖非人称構文〗…することが重要である; 必要である.
  *Importa* notare che la situazione è un po' cambiata.
  状況がやや変化したことに注意することが大切だ.
  Non *importa* che tu lo faccia.
  君がそれをする必要はない.

**importazione** [importattsjó:ne] 女 輸入.
Bisogna aumentare l'*importazione* di queste merci.
この品物の輸入を増やす必要がある.

**impossibile** [impossí:bile] 形 不可能な.
Ciò che tu desideri è una cosa *impossibile*.
君が望んでいることは不可能なことだ.

**imposta** [impósta] 女 税金.
L'*imposta* è aumentata.
税金が高くなった.

**impresa** [impré:sa] 女 企て; 企業.
La sua *impresa* ha avuto un gran successo.
彼の企ては大成功を収めた.

**impressione** [impressjó:ne] 女 印象; 感銘.
Qual è l'*impressione* che Le ha fatto Firenze?
フィレンツェの印象はいかがですか.

**improvviso** [improvví:zo] 形 突然の.
Non sapeva cosa fare per la morte *improvvisa* di suo padre.
彼は父親の突然の死に途方に暮れた.
  **all' improvviso (d'improvviso)** 突然に, 急に.
  Cominciò a piovere *all'improvviso*.
  にわかに雨が降り出した.

**in** [in] 前〖定冠詞が後に来ると **nel, nello, nei, negli, nella, nelle** となる〗**1.**〖場所〗…の中に(で), において.
Stanno *in* giardino.
彼らは庭の中にいる.
Abitiamo *in* città.
私たちは街に住んでいる.
**2.**〖方向〗…の中へ, …へ.

Vado *in* Italia.
私はイタリアへ行く．

Lo getta *nell'*acqua.
彼はそれを水の中へ投げる．

**3.**〖時間〗…に；…の間に．

*In* estate vado al mare.
夏に私は海に行く．

Fa molto freddo *in* gennaio.
1月は大へん寒い．

Sono nato *nel* 1970.
私は1970年に生まれた．

Sei arrivato *in* tempo.
君は時間内に到着した．

Ha scritto il romanzo *in* un mese.
彼は1か月でその小説を書きあげた．

**4.**〖手段・方法〗…で．

È partito *in* macchina.
彼は車で出発した．

Raccontami *in* poche parole!
手短かに語ってくれ．

**5.**〖状態・様式〗…で．

Vivono *in* pace.
彼らは平和に暮らしている．

Cammina *in* fretta.
彼は急いで歩いている．

Ci troviamo *in* difficoltà.
我々は困難に陥っている．

Parlava *in* italiano.
彼はイタリア語で話していた．

Mi comporterò *in* modo diverso.
私は違った風に行動しよう．

**6.**〖分割・変化〗…に，…へ．

Dividiamo la somma *in* tre parti uguali.
私たちは全額を3等分する．

Traducete la frase italiana *in* giapponese!
イタリア語の文を日本語に翻訳しなさい．

**incen*dio*** [intʃéndjo] 男〖複 -*di*〗火事．
Fate attenzione agli *incendi*!
火の用心をしなさい．

**incerto** [intʃérto] 形 不確実な．
La notizia è *incerta*.
その情報は確かじゃない．

Cammina con passo *incerto*.
彼はおぼつかない足どりで歩いている．

**incidente** [intʃidénte] 男 事故, 偶然の出来事．
È successo un *incidente* stradale.
交通事故が起こった．

**incominciare** [inkomintʃá:re] **1.** 他 始める． **2.** 自 〖助 essere; 意味・用法は cominciare と同じであるが，より通俗的〗始まる．

Ho *incominciato* a studiare l'italiano due anni fa.
私は2年前にイタリア語を勉強し始めた．

**incontrare** [iŋkontrá:re] 他 …に出会う．
Ho *incontrato* Giorgio ieri.
私は昨日ジョルジョに出会った．

**incontro**[1] [iŋkóntro] 男 出会い; 会見, 会合．

Ricordo bene il nostro primo *incontro*.

私たちが最初に出会ったときのことを私はよく覚えている。

**incontro²** [iŋkóntro]

副 〖+a, 前置詞句として〗…に向かって.

Il bambino corre *incontro* al padre.

子供は父親の方へ向かって走って行く。

**indagine** [indá:dʒine]

女 調査, 研究.

Fanno un'*indagine* sulle cause dell'incidente.

事故の原因について調査が行なわれる。

**indicare** [indiká:re]

他 指し示す.

Potrebbe *indicar*mi la strada per il museo?

博物館へ行く道を教えていただけませんか。

**indietro** [indjé:tro]

副 後ろに.

La mamma è uscita di casa, poi è tornata *indietro* per prendere la borsa.

母は家を出たが、バッグを取りに戻った。

Il tuo orologio va *indietro*.

君の時計は遅れている。

**indipendente** [indipendénte]

形 独立した.

Lui è *indipendente* dalla famiglia.

彼は家族から独立している。

**indipendenza** [indipendéntsa]

女 独立.

Abbiamo conquistato l'*indipendenza*.

我々は独立を勝ち取った。

**indirizzo** [indiríttso]

男 住所.

Qual è il tuo *indirizzo*?

君の住所を教えてください。

**indispensabile** [indispensá:bile]

形 欠くことのできない. 絶対に必要な.

L'aria e l'acqua sono *indispensabili* alla vita.

空気と水は生命に絶対に必要なものだ。

**individuo** [indiví:dwo]

男 1. 個人. 2. (多少卑しめて) 人, やつ.

I diritti dell'*individuo* vanno rispettati.

個人の権利は尊重されるべきだ。

Chi è quell'*individuo*?

あいつは何者だ。

**indovinare** [indoviná:re]

他 占う; 言い当てる.

*Indovinate* quanti anni ha lei!

彼女が何歳か当ててください。

**indurre** [indúrre]

他 1. 誘い込む. 2. (a+不定詞) 説得して…させる, …する気にさせる.

Non lo devi *indurre* al male.

君は彼を悪事に誘い込んではいけない。

L'*indussero* a dire la verità.
彼らは彼を説得して本当のことを言わせた．

**industria** [indústrja]
囡 産業，工業．
È notevole lo sviluppo dell'*industria* in questo paese.
この国の産業の発展は著しい．

**industriale** [industrjá:le]
形 産業の，工業の．
Kitakyushu è una città *industriale*.
北九州は工業都市である．

**infanzia** [infántsja]
囡 1. 幼年時代． 2.〖集合的〗子供たち，児童．
Siamo compagni d'*infanzia*.
私たちはおさな友だちだ．

**infatti** [infátti]
副 事実，実際に，本当に．
Credi tu, *infatti*, che lui possa farlo?
君は本当に彼がそれをすることができると思うのかい．
Aveva detto che veniva, *infatti* è venuto.
彼は来ると言ったが，本当にやって来た．

**inferiore** [inferjó:re]
形 〖basso の比較級〗(a) …より低い，下の． 2. 劣っている．
Scendo al piano *inferiore*.
私は下の階に降りて行きます．
Lui è *inferiore* a te per intelligenza.
彼はお前より知能が低い．

**inferno** [inférno]
男 地獄．
Vai all'*inferno*!
畜生，くたばってしまえ．

**infine** [infí:ne]
副 ついに，最後に．
*Infine*, ha detto di sì.
ついに彼は承知した．

**infinito** [infiní:to]
形 無限の．
Lo spazio è *infinito*.
宇宙の空間は無限である．

**influenza** [influéntsa]
囡 影響；影響力．
Il clima esercita un'*influenza* sulla vita umana.
気候は人間の生活に影響を与える．

**informare** [informá:re]
他 知らせる，報告する．
  **informare…di ~**
  …に ~ を知らせる．
Ha *informato* i viaggiatori *del* ritardo del treno.
彼は旅行者に列車の遅れを知らせた．

**informazione** [informattsjó:ne]
囡 情報．
Ci ha dato una preziosa *informazione* sul mercato.
彼は私たちに市場(しじょう)について貴重な情報を与えてくれた．

**ingannare** [ingannáːre]
他 だます，欺く．
Sono stato *ingannato* dal venditore.
私は売り手にだまされた．

**ingegnere** [indʒeɲɲéːre]　　　男 女 技師, エンジニア.
　Mio fratello è *ingegnere* meccanico.　　ぼくの兄は機械技師です.

**ingresso** [ingrésso]　　　男 入口, 玄関; 入場.
　Ti aspetto all'*ingresso* principale.　　正面入口のところで君を待っているよ.

**iniziare** [inittsjáːre]　　　他 始める.
　Mio zio *ha iniziato* un'impresa.　　私の叔父はある事業を始めた.

**iniziativa** [inittsjatíːva]　　　女 創意, 発案, イニシアティブ.
　La gita è organizzata per sua *iniziativa*.　　遠足は彼の発案で計画準備される.
　È una persona piena di spirito di *iniziativa*.　　彼は進取の気性に富んだ人だ.

**ini*zi*o** [iníttsjo]　　　男 〖複 -*zi*〗 始まり, 開始.
　Dall'*inizio* il lavoro non andava bene.　　最初から仕事はうまくゆかなかった.

**innamorarsi** [innamorársi]　　　再 (di) …に恋する, ほれる.
　Si è *innamorato* di quella signorina.　　彼はあのお嬢さんが好きになった.

**innanzi** [innántsi]　　　副 前に(で), 前方に.
　Ha fatto un passo *innanzi*.　　彼は一歩前へ進んだ.
　**innanzi a**　　　〖前置詞句; 名詞の前では a は省略されることがある〗 …の前に(で). (時間・場所的に)
　Si presenta *innanzi al* direttore.　　彼はディレクターの前に出頭する.
　Partirono *innanzi* l'alba.　　彼らは夜明け前に出発した.

**innocente** [innotʃénte]　　　形 1. 無罪の. 2. 無邪気な.
　È stato giudicato *innocente*.　　彼は無罪の判決が宣告された.
　I bambini sono *innocenti*.　　子供たちは無邪気である.

**inoltre** [inóltre]　　　副 そのうえ, そのほか.
　Fa freddo, e *inoltre*, è cominciato a piovere.　　寒い. そのうえ雨が降り出した.

**insegnante** [inseɲɲánte]　　　男 女 教師.
　Lui fa l'*insegnante* d'italiano.　　彼はイタリア語の教師をしている.

**insegnare** [inseɲɲáːre]　　　他 教える, 教授する.
　Quel professore ci *insegna* l'italiano.　　あの先生は私たちにイタリア語を教えます.

**inserire** [inseríːre]　　　他 挿入する, 入れる.
　Ho dimenticato d'*inserire* il Suo nome in questa lista.　　私はあなたのお名前をこの名簿に入れるのを忘れました.
　Questo articolo sarà *inserito* nel　　この記事は明日の新聞に掲載

giornale di domani.

**insieme** [insjé:me]

 れるでしょう.
 **1.** 副 いっしょに.

Stasera mangiamo *insieme* al ristorante!

 今晩レストランでいっしょに食事をしましょう.
 **2.** 前 (a, con) …といっしょに.

È venuto da me *insieme* con (a) lei.

 彼は彼女といっしょに私のところにやって来た.

**insistere** [insístere]

 自〖助 avere〗 強く主張する, 固執する.

*Insisteva* nella sua richiesta.
 彼はしつこく要求し続けた.
Devi *insistere* su questo punto.
 君はこの点を力説すべきだ.

**insomma** [insómma]

 副 要するに, つまり.

*Insomma*, che cosa vuoi dire?
 要するに, 君は何を言いたいのかね.

**intanto** [intánto]

 副 その間に, とかくするうちに.

Tu fai i compiti, e *intanto* io preparo la cena.
 お前は宿題をするのですよ. その間に夕食の用意をしますから.

**intellettuale** [intellettwá:le]

 **1.** 形 知能の, 知性の; 知的な.

Le sue facoltà *intellettuali* sono molto alte.
 彼の知的能力は非常に高い.

 **2.** 男 女 知識人, インテリ.

Lui è un *intellettuale* di sinistra.
 彼は左翼の知識人だ.

**intelligente** [intellidʒénte]

 形 頭のよい; 知的な.

Questo allievo è molto *intelligente*.
 この生徒はとても頭がよい.

**intelligenza** [intellidʒéntsa]

 女 知能, 知性; 理解力.

È un ragazzo d'*intelligenza* straordinaria.
 彼は並はずれて聡明な少年だ.

**intendere** [inténdere]

 他 **1.** 理解する. **2.**〖＋不定詞〗…するつもりである.

*Hai inteso* bene ciò che ho detto?
 君はぼくの言ったことがよくわかったかね.
Non *intendevo* cambiare programma.
 私は予定を変更するつもりはなかったのです.

**intenso** [inténso]

 形 激しい, 強烈な.

Ha sentito un dolore *intenso*.
 彼は激しい痛みを感じた.
Non le piace il colore *intenso*.
 彼女は強烈な色彩を好まない.

**intenzione** [intentsjó:ne]

 女 意図, 意向.

Avete *intenzione* di andare in Italia?
 君たちはイタリアに行くつもりですか.

**interessante** [interessánte]

 形 興味深い, 面白い.

**interessare**

Ho letto un romanzo molto *interessante*. — 私はとても面白い小説を読んだ.

**interessare** [interessá:re] 他 興味をもたせる.
È un tema che *interessa* gli studenti. — 学生たちの興味を引くテーマだ.

**interessarsi** [interessársi] 再 (di, a) …に興味をもつ.
M'*interesso* della storia del teatro. — 私は演劇史に興味をもっている.
S'*interessano* molto al mio discorso. — 彼らは私の話にとても興味を示す.

**interesse** [interésse] 男 1. 興味, 関心. 2. 利益.
Ho letto il Suo libro con molto *interesse*. — あなたのご本をとても興味深く拝読しました.
Tu hai grande *interesse* per la letteratura italiana. — 君はイタリア文学に大変興味をもっている.
Pensano solo all'*interesse*. — 彼らは利益のみを考える.

**internazionale** [internattsjoná:le] 形 国際的な, 国家間の.
La situazione *internazionale* va sempre meglio. — 国際情勢はますますよくなっていく.

**interno** [intérno] 形 内部の.
Non ho visto mai le parti *interne* di questo edificio. — 私はこの建物の内部を見たことがない.

**intero** [inté:ro] 形 全部の, 全体の.
Hanno passato l'*intera* giornata a giocare. — 彼らは1日中遊んで過した.

**interrompere** [interrómpere] 他 中断する.
La riunione *è stata interrotta*. — 集会は中断された.

**intimo** [íntimo] 形 1. 最も内部の, 内奥の. 2. 親密な.
Comprendo i suoi sentimenti *intimi*. — 私は彼の心の奥の感情がわかる.
Ha invitato solo i suoi amici *intimi*. — 彼は親しい友人だけを招待した.

**intorno** [intórno] 副 周囲に; 付近に.
Qui *intorno* ci sono molte case nuove. — このあたりには新しい家がたくさんある.
**intorno a** 〖前置詞句〗…の周りに(で, を).
Si sono riuniti *intorno a* me. — みんなが私の周りに集まった.

**introdurre** [introdúrre] 他 入れる; 導入する.
Mi *introduce* nella camera. — 彼は私を部屋に通す.

**inutile** [inú:tile]
Non fate spese *inutili!*
È *inutile* che tu lo faccia.

形 役に立たない，むだな．
君たちのむだな金使いはやめなさい．
君はそれをしてもむだだよ．

**invece** [invé:tʃe]
Credevo che venisse, *invece* non è venuto.

副 それに反して；その代り．
私は彼が来ると思っていたが来なかった．

**invece di**
*Invece di* questo libro dammi quello!
*Invece di* studiare guarda sempre la televisione.

〖接続詞句〗…の代りに．
この本の代りに，あの本をちょうだい．
彼は勉強しないで，いつもテレビを見ている．

**inventare** [inventá:re]
*Ha inventato* un nuovo metodo.

他 発明する；考え出す．
彼は新しい方法を考え出した．

**inviare** [invjá:re]
Le merci sono state *inviate*.

他 送る．
商品が発送された．

**invitare** [invitá:re]
I signori Rossi ci *hanno invitato* a cena.

他 招待する．
ロッシさんご夫妻が私たちを夕食に招待してくれました．

**invito** [inví:to]
Accetto volentieri l'*invito*.

男 招待；招待状．
私は喜んで招待に応じます．

**invocare** [invoká:re]
*Invocava* Dio.
Il povero uomo *invocava* aiuto.

他 祈願する，願い求める．
彼は神の名を呼んで祈願した．
哀れな男は助けを求めていた．

**io** [í:o]
Anch'*io* l'ho visto.

代 私は，私が．
私もそれを見ました．

**ipotesi** [ipó:tezi]
Hanno formulato un'*ipotesi* sulla causa dell'incidente.

女〖単複同形〗仮説；仮定．
彼らは事故の原因についての仮説を立てた．

**isola** [í:zola]
Abbiamo passato una bell'estate in quell'*isola*.

女 島．
私たちはあの島ですばらしい夏を過した．

**istante** [istánte]
Lui è sparito in un *istante*.

男 瞬間．
彼は一瞬のうちに消え去った．

**istinto** [istínto]
Gli animali agiscono seguendo l'*istinto*.

男 本能．
動物は本能に従って行動する．

**istituto** [istitú:to]
Il prof. Tanaka è direttore dell'*Istituto* di Economia Politica.
Sergio frequenta l'*Istituto* Tec-

男 1. 研究所．2. 学校．
田中教授は経済学研究所の所長である．

セルジョは工業高等学校に通って

nico Industriale.

**istituzione** [istituttsjó:ne] 女 1. （公共の）施設，団体. 2. 設立，創立；制定.

Lei lavora in un'*istituzione* di carità.
彼女は慈善事業団体で働いている.

Lui ha contribuito all'*istituzione* di questa scuola.
彼はこの学校の設立に貢献した.

**istruzione** [istruttsjó:ne] 女 教育.

Discutono intorno ai vari problemi dell'*istruzione*.
彼らは教育の諸問題について討議する.

# L

**la**¹ [la] 冠 女 〖定冠詞，母音の前では **l'**；複 **le**〗

*la* lettera, *le* lettere
手紙.

*l'*amica, *le* amiche
（女性の）友だち.

**la**² [la] 代 〖直接目的語，複 **le**〗 1. 彼女を；それを. 2.〖2人称敬語，男 複 **li**，女 複 **le**；La, Li, Le と大文字で書くことが多い〗あなたを.

Conosci quella signorina?—Sì, *la* conosco.
君はあのお嬢さんを知っているかい.—うん，知っているよ.

Vuoi leggere questa rivista?—Sì, *la* voglio leggere.
この雑誌を読みたいかい.—うん，読みたいよ.

Sono molto lieto di conoscer-*La*.
あなたと知り合いになれて大変うれしゅうございます.

**là** [la] 副 あそこに(で)；そこに(で).

Qui non puoi stare, mettiti *là*!
ここに居ちゃいけない． あそこに居なさい.

**al di là di** …の向こうに，…の彼方に.

*Al di là dei* monti c'è un lago.
山の向こうには湖がある.

**labbro** [lábbro] 男 〖複 **le labbra**〗唇.

Quella ragazza ha le *labbra* sottili.
あの少女は薄い唇をしている.

**laborato*rio*** [laborató:rjo] 男 〖複 **-ri**〗実験室.

Gli studenti imparano l'italiano nel *laboratorio* linguistico.
学生たちはランゲージ・ラボラトリーでイタリア語を習う.

**lacrima** [láːkrima] 女 涙.
Lei aveva le *lacrime* agli occhi. 彼女は目に涙を浮べていた.

**ladro** [láːdro] 男 どろぼう.
Il *ladro* è stato arrestato. どろぼうは捕えられた.

**laggiù** [laddʒú] 副 あの下の方に(で).
Scendiamo *laggiù*! あの下の方へ降りて行こう.

**lago** [láːgo] 男〖複 *-ghi*〗湖.
La Lombardia è la regione d'Italia più ricca di *laghi*. ロンバルディーア地方はイタリアで最も湖の多い地方だ.

**lampada** [lámpada] 女 電灯.
La *lampada* è stata accesa. 電灯がともされた.

**lanciare** [lantʃáːre] 他 投げる.
I dimostranti *lanciano* sassi contro la polizia. デモ隊が警官に石を投げる.

**largo** [láːrgo] 形〖男複 *-ghi*, 女複 *-ghe*〗広い, 幅広い.
Lui ha le spalle *larghe*. 彼は肩幅が広い.
Il ponte è *largo* dieci metri. その橋の幅は 10 メートルだ.

**lasciare** [laʃʃáːre] 他 **1.** 残す. **2.** …のままにしておく. **3.** 離れる.
Il nonno è morto *lasciando* poco denaro. 祖父は余りお金を残さずに死んだ.
*Lascia*mi la chiave! 鍵をぼくに置いて行ってくれ.
Non *lasciare* la porta aperta! 戸を開けたままにするなよ.
*Lasciò* il suo paese e andò in America. 彼は自分の国を離れてアメリカへ行った.
**lasciare＋不定詞** …するがままにさせておく.
Ti *lascio* fare come vuoi. 君の好きなようにしたまえ.

**lassù** [lassú] 副 あの上の方に(で).
Nessuno è arrivato *lassù* in cima. だれもあの頂上まで到達しなかった.

**lato** [láːto] 男 側; 側面.
Da ogni *lato* si vede la torre. どの側からも塔が見える.

**latte** [látte] 男 牛乳, ミルク.
Il bambino si nutre di *latte*. 赤ん坊はミルクを飲んで育つ.

**lavare** [laváːre] 他 洗う; 洗たくする.
La mamma *lava* i piatti. お母さんがお皿を洗う.

**lavarsi** [lavársi] 再 (自分の体を)洗う;(自分の体の部分を)洗う.
*Mi* sono *lavato* bene in bagno. 私は風呂で体をよく洗った.
*Lavate*vi le mani! 君たち手を洗いなさい.

**lavorare** [lavorá:re] 自〘助 avere〙働く, 仕事をする.

*Ho lavorato* tutto il giorno.
私は1日中仕事をした.

**lavoro** [lavó:ro] 男 労働, 仕事.
Il *lavoro* prosegue bene.
仕事がうまくはかどる.

**le** [le] 代〘間接目的語〙1. 彼女に. 2.〘2人称敬語, 男 女 **Le** と書くことが多い〙あなたに.

Che cosa porta a Maria?—*Le* porto dei fiori.
マリーアに何をもって行きますか. —花をもって行きます.

Signorina, *Le* offro un caffè.
お嬢さん, ぼくはあなたにコーヒーをおごってあげます.

**legare** [legá:re] 他 結ぶ, つなぐ, 縛る.
Il cane *è legato* alla catena.
犬は鎖につながれている.

**legge** [léddʒe] 女 1. 法律. 2. 法則.
Tutti sono uguali davanti alla *legge*.
法の前では万人は平等である.

È impossibile opporsi alle *leggi* della natura.
自然の法則に反抗することは不可能だ.

**leggere** [léddʒere] 他 読む.
*Hai letto* questo romanzo?
君はこの小説を読んだかい.

**leggero** [leddʒé:ro] 形 軽い.
È un pacco *leggero*; lo porto io.
軽い包みだから, ぼくがもって行く.

Cammina a passi *leggeri*.
彼は軽快な足どりで歩く.

**legno** [léɲɲo] 男 木材.
Si costruisce una casa di *legno*.
木の家が建てられる.

**lei** [lέ:i] 代 I. 1. 女〘主語, 話しことばで用いる〙彼女は(が).

2.〘主語, 2人称単数の敬語; **Lei** と大文字で書くことが多い〙あなたは(が).

*Lei* è mia sorella.
彼女は私の妹です.

Come sta *Lei*?
ごきげんいかがですか.

II.〘直接目的語, la の強調形〙彼女を; あなたを.

Ho visto proprio *lei*.
私は本当に彼女を見たのです.

Chiamano *Lei*, non Lucia.
彼らはルチーアではなく, あなたを呼んでいるのですよ.

III.〘前置詞と共に用いる〙彼女; あなた.

Vado all'opera con *lei*.   私は彼女とオペラに行く.
Non è facile trovare un lavoro per *Lei*.   あなたのために仕事を見つけることは容易ではありません.

**lento** [lénto]   形 (速度が) おそい, のろい.
Com'è *lento* questo treno!   この列車は何とおそいこと.

**lettera** [léttera]   女 1. 文字. 2. 手紙. 3. 複 文学.
L'alfabeto italiano ha ventuno *lettere*.   イタリア語のアルファベットは21文字である.
Ho mandato una *lettera* a casa.   私は家に手紙を出した.
Lui è dottore in *lettere*.   彼は文学士だ.

**letter*ario*** [letterá:rjo]   形 〖男 複 **-ri**〗 文学の.
Vengono pubblicate molte opere *letterarie*.   たくさんの文学作品が出版される.

**letteratura** [letteratú:ra]   女 文学.
Studio la storia della *letteratura* italiana.   私はイタリア文学史を研究している.

**letto** [létto]   男 ベッド, 寝床.
Andate a *letto* presto!   早く寝なさい.

**lettura** [lettú:ra]   女 読むこと, 読書.
Dedica molto tempo alla *lettura*.   彼は多くの時間を読書に費やす.

**levare** [levá:re]   他 1. 上げる; 起こす. 2. 取り除く; 取り出す.
*Levò* lo sguardo verso il monte.   彼は山の方へ視線を上げた.
*Levate* i libri dal tavolo!   机から本を取り除いてください.

**levarsi** [levársi]   再 上がる; 起き上がる.
*Si è levato* dalla sedia.   彼はいすから立ち上った.

**lezione** [lettsjó:ne]   女 授業, レッスン, 講義.
Il professore tiene *lezioni* di italiano.   教授はイタリア語の授業を担当する.
Cominciamo dalla *lezione* 8!   第8課から始めましょう.

**lì** [li]   副 そこに(で).
Dov'è Franco?—Eccolo *lì*.   フランコはどこにいるの.—ほら, そこにいるよ.

**liberare** [liberá:re]   他 自由にする; 解放する.
*Liberarono* il popolo dal cattivo governo.   人民は悪政から解放された.

**libero** [lí:bero]   形 1. 自由な; 暇な. 2. (席・場所が) 空いている.
Io non sono *libero* adesso.   今私は暇ではありません.

## libertà

È *libero* questo posto?   この席は空いていますか.

**libertà** [libertá]   囡 自由.
Agisce in piena *libertà*.   彼は全く自由に行動する.

**libro** [lí:bro]   男 本, 書物.
Quali *libri* hai letto?   君はどんな本を読みましたか.

**lieto** [ljé:to]   形 うれしい, 楽しい.
Trascorrono insieme ore *liete*.   彼らは一緒に楽しい時を過す.

**lieve** [ljé:ve]   形 軽い; かすかな.
L'incendio ha recato *lievi* danni anche a questa zona.   火事はこの地区にも軽い被害を及ぼした.

**limitare** [limitá:re]   他 制限する.
La velocità è *limitata* a 40 km all'ora.   時速は 40 キロに制限されている.

**limite** [lí:mite]   男 限界, 限度; 境界.
Non si possono sapere i *limiti* della mente umana.   人間の知能の限界は計り知れない.

**linea** [lí:nea]   囡 線.
Tracciate una *linea* tra questi due punti!   この 2 つの点の間に線を引きなさい.

**lingua** [língwa]   囡 1. 舌. 2. 言語.
Guardandomi ha tirato fuori la *lingua*.   彼はぼくを見て舌を出した.
Dove ha studiato la *lingua* italiana?   あなたはどこでイタリア語を勉強なされましたか.

**linguaggio** [lingwáddʒo]   男 〖複 **-gi**〗(人間の能力・活動としての)言語.
Mi interessano le teorie del *linguaggio*.   私は言語理論に興味がある.

**lira** [lí:ra]   囡 リラ(イタリアの旧貨幣単位).
L'ho comprato a diecimila *lire*.   私はそれを 1 万リラで買った.

**lista** [lísta]   囡 一覧表; 名簿; メニュー.
Mi faccia vedere la *lista* dei vini!   私にワインリストを見せて下さい.
Cameriere, la *lista* per favore!   ボーイさん, メニューをお願いします.

**livello** [livéllo]   男 1. 水平面. 2. 水準, レベル.
Questo terreno è a 500 metri sul *livello* del mare.   この土地は海抜 500 メートルの所にある.
Il *livello* di vita degli abitanti è salito.   住民の生活水準が上った.

**lo**¹[lo]   冠 男 〖定冠詞; s+子音, z gn, pn, ps の前で用いる〗

lo studente, gli studenti
l'amico, gli amici
**lo**² [lo]




Vedi spesso Luigi?—No, non *lo* vedo da molto tempo.
Prende un giornale e *lo* legge.
Sembra molto ricco, ma non *lo* è.
È già partito il suo amico?—Non *lo* so.
**locale** [loká:le]
Gli uomini e le donne portano i costumi *locali* tradizionali.
**lodare** [lodá:re]
Il maestro *loda* molto il tuo comportamento.
**logico** [ló:dʒiko]

Quello che dici è *logico*.
**lontano** [lontá:no]
La stazione è *lontana* da qui.
Chi va piano va sano e va *lontano*.
**loro**¹ [ló:ro]




Chi sono *loro*?—Sono i miei colleghi.
Signori, *Loro* sono invitati a cena stasera.

母音の前では **l'**, 複 **gli**〗
学生.
友人.
代 男 1.〘直接目的語, 母音の前では **l'**; 複 **li**〙彼を; それを.
2.〘中性代名詞; 前の文やその文中の不定詞, 形容詞などを指す直接目的語, 述語補語となる〙それ, そのこと.
君は度々ルイージに会うかい.—いや, しばらく前から会っていない.
彼は新聞を取ってそれを読む.
彼はとても金持ちのように見えるが, そうじゃない.
あなたの友だちはもう出発しましたか.—知りません.
形 地方の, その土地の.
男も女もその土地の伝統的な衣装を着ている.
他 ほめる.
先生が君の態度をとてもほめておられる.
形〘男 複 **-ci**, 女 複 **-che**〙論理的な, 筋の通った.
君の言うことは筋が通っている.
**1.** 形 遠い. **2.** 副 遠くに(で).
駅はここから遠い.
ゆっくり行く人は無事に遠くまで行く(急がば回れ).
I. 代 1.〘3人称複数主語(主に話しことばの)〙彼らは(が); 彼女たちは(が). **2.**〘敬語の2人称複数主語, **Loro** と書くことが多い〙あなたたちは(が).
彼らはだれですか.—私の同僚です.
皆さん, あなた方は今晩夕食に招待されておられます.
II. 代 **1.**〘間接目的語〙彼らに; 彼女たちに; あなた方に. **2.**〘前置詞と共に用いる〙

**loro²**

| | |
|---|---|
| Ho detto [a] *loro* di venire qui. | 私は彼らにここに来るようにと言った． |
| Signori, offro [a] *Loro* un caffè. | 皆さん，あなた方にコーヒーを差しあげます． |
| Incontro le mie cugine e parlo con *loro*. | 私は従姉妹たちに会って，彼女たちと話をする． |

**loro²** [ló:ro]   **1.** 形〔所有形容詞〕彼らの; 彼女たちの; あなた方の．

Hanno venduto la *loro* villa.   彼らは自分たちの別荘を売った．

**2.** 代〔所有代名詞，定冠詞を伴う〕彼らのもの; 彼女たちのもの; あなた方のもの．

La nostra macchina è meno comoda della *loro*.   ぼくらの車は彼らのよりも乗り心地がよくない．

**lotta** [lótta]   女 闘争，戦い．

I deboli non possono vincere la *lotta*.   弱者は戦いに勝つことができない．

**luce** [lú:tʃe]   女 光，明り．

La *luce* è troppo forte.   明りがきつすぎる．

**lucido** [lú:tʃido]   形 光る，輝く; 光沢のある．

Porta sempre le scarpe *lucide*.   彼は常にぴかぴかの靴をはいている．

**lui** [lú:i]   代 **1.**〔主語（話しことばの）〕彼は(が)．**2.**〔直接目的語 lo の強調形〕彼を．**3.**〔前置詞と共に用いる〕彼．

*Lui* e Giorgio vanno d'accordo.   彼とジョルジョはうまが合う．
Cercavo proprio *lui*.   私はまさに彼を捜していた．
L'ho sentito da *lui*.   私は彼からそれを聞いた．

**luminoso** [luminó:so]   形 光る; 明るい．

Mi ha condotto in una stanza molto *luminosa*.   彼は私をとても明るい部屋に案内した．

**luna** [lú:na]   女 月．

Stasera c'è *luna* piena.   今晩は満月だ．

**lunghezza** [luŋéttsa]   女 長さ．

La *lunghezza* del ponte è di 75 metri.   橋の長さは 75 メートルである．

**lungo¹** [lúŋgo]   形〔男複 -*ghi*, 女複 -*ghe*〕長い．

Abbiamo fatto una *lunga* strada a piedi.   私たちは長い道のりを歩いた．

**lungo²** [lúngo] 前 …に沿って.
Lungo la strada ci sono dei bei negozi. 道路に沿ってきれいな商店がある.

**luogo** [lwɔ́:go] 男 〖複 -ghi〗場所.
L'ho cercato per tutti i *luoghi*, ma non l'ho trovato. 私はあらゆる場所でそれを捜したが, 見つからなかった.

**avere luogo** 行なわれる.
La riunione *ha avuto luogo* a Kyoto. 会合は京都で行なわれた.

**lusso** [lússo] 男 ぜいたく; 豪華.
Quel signore è venuto con un'automobile di *lusso*. あの紳士は高級車に乗ってやって来た.

# M

**ma** [ma] 
1. 接 しかし.
Oggi fa bel tempo, *ma* fa molto freddo. 今日はよい天気だ, しかしとても寒い.
2. 副 〖肯定・否定や感嘆文を強調する〗
Posso prendere ancora un caffè? —*Ma* sì. コーヒーをもう一杯いただけますか. ——いいですとも.
*Ma* che bello! 何とまあきれいなことだろう.

**macchia** [mákkja] 女 しみ, よごれ.
C'è una *macchia* di caffè sulla camicia. ワイシャツの上にコーヒーのしみがついていますよ.

**macchina** [mákkina] 女 1. 機械. 2. 自動車, 車.
Questa *macchina* funziona bene. この機械はよく作動する.
Siamo andati a Siena con la sua *macchina*. 私たちは彼の車でシエーナへ行きました.

**madre** [má:dre] 女 母.
Mia *madre* è uscita a fare delle spese. 私の母は買物に出ました.

**maestro(-a)** [maéstro, -a] 男 (女) 1. 師匠. 2. (小学校の) 先生. 3. (音楽の教師, 指揮者・作曲家)先生.
Quella signora è la mia *maestra* di ikebana. あの婦人は私の生け花の先生です.
Suona il violino un famoso *mae*- 有名な先生がバイオリンを演奏し

*stro.*
È il *maestro* della terza.
ます．
彼は(小学) 3 年の先生です．

**magari** [magá:ri]
È vero che vai in Italia? —*Magari*!

1. 間 そうであったらよいのだが．
君がイタリアへ行くって本当かい．
―行けたらいいのだなあ．

2. 接 (＋接続法半過去)もし…であったら．

*Magari* facesse bel tempo!
天気がよければよいのに．

3. 副 おそらく．

*Magari* non verrà.
おそらく彼はやって来ないだろう．

**maggioranza** [maddʒorántsa]
Lui è stato eletto a grande *maggioranza*.
女 大多数，大部分；過半数．
彼は過半数を上回る票で選ばれた．

**maggiore** [maddʒó:re]
形 1. 《grande の比較級》より大きい；年上の．

La difficoltà è *maggiore* di quanto tu immaginassi.
困難さは君が想像しているより大きい．

Luisa è *maggiore* di me di due anni.
ルイーザは私より 2 歳年上です．

2. 《定冠詞を伴って，最上級》

Qual è il *maggior* poeta di quel periodo?
その時代の最大の詩人はだれですか．

Giovanna è la *maggiore* delle tre sorelle.
ジョヴァンナは 3 人の姉妹のうちで最も年上です．

**magnifico** [maɲɲí:fiko]
形 《男複 *-ci*, 女複 *-che*》りっぱな，すばらしい，みごとな．

Ci sono dei palazzi *magnifici* in questa città.
この市にはいくつかのすばらしいビルがあります．

**magro** [má:gro]
形 やせた．

Si è fatto *magro*, perché ha lavorato troppo.
彼は働きすぎて，やせてしまった．

**mai** [má:i]
副 1.《否定文中で動詞の後に置かれ，否定を強調する》決して…ではない． 2. かつて，今までに．

Non lo dimenticherò *mai*.
私は決してそれを忘れないでしょう．

Non sono stato *mai* in Italia.
私はまだ 1 度もイタリアへ行ったことがありません．

Avete *mai* visto una cosa simile?
君たちは今までにそのようなものを見たことがあるかい．

È il libro più interessante che io abbia *mai* letto.

それは私が今まで読んだうちで最もおもしろい本だ。

**malato** [malá:to]

È *malato* da tre giorni.

1. 形 病気の。
彼は3日前から病気です。

2. 男《女 -a》病人, 患者。

In questo ospedale non c'è più posto per i *malati*.

この病院にはもう患者を収容する場所がありません。

**malattia** [malattí:a]

女 病気。

Si è preso una *malattia* grave.

彼は重い病気にかかった。

**male**[1] [má:le]

副 1. 悪く。 2. まずく, へたに。

Oggi non va in ufficio, perché sta *male*.

今日彼は(体の)具合が悪いので, 事務所へ行かない。

Parla *male* di tutti.

彼はみんなの悪口を言う。

Quello straniero parla *male* l'italiano.

あの外人はイタリア語を話すのがへたくそだ。

**male**[2] [má:le]

男 1. 悪。 2. 《mal となることが多い》痛み; 病気。

Non sa distinguere il bene dal *male*.

彼は善悪を区別できない。

Ho *mal* di testa. (Mi fa *male* la testa.)

私は頭が痛い。

**maledire** [maledí:re]

他 のろう; ののしる。

*Maledice* il proprio destino.

彼は自分の運命をのろう。

**mamma** [mámma]

女 お母さん, ママ。

La mia *mamma* è brava in cucina.

私のお母さんは料理が上手です。

**mancanza** [maŋkántsa]

女 不足。

Non possiamo proseguire il viaggio per *mancanza* di denaro.

私たちは, お金の不足のため旅行を続けることができない。

**mancare** [maŋká:re]

自《助 essere》不足する, 欠けている。

Ci *manca* un buon dizionario.

我々にはよい辞典がない。

Ti è *mancato* il coraggio di farlo.

君にはそれをする勇気がなかった。

**mancare di**+名詞(抽象名詞が多い)

《助 avere》…に欠ける。

*Mancano* di buon senso.
*Hai mancato di* parola.

彼らは良識に欠けている。
君は約束を守らなかった。

**mancare di**+不定詞

《助 avere》…し忘れる, …しそこなう。

Ho *mancato di* consegnarglielo.

私は彼にそれを渡すのを忘れた。

## mandare

**mancare a**
Hai mancato *alla* fiducia di tutti.

**mandare** [mandá:re]

Mi *hanno mandato* un pacco.
La madre *ha mandato* sua figlia a fare spese.

**mangiare** [mandʒá:re]
*Ho mangiato* degli spaghetti molto buoni.

**maniera** [manjé:ra]

Non mi piace la sua *maniera* di parlare.
È un giovanotto di buone *maniere*.

**manifestare** [manifestá:re]
Sentita la notizia, *manifestò* la sua sorpresa con un gesto.

**manifestazione** [manifestattsjó:ne]
Il suo comportamento è *manifestazione* di amicizia.
Ha avuto luogo la *manifestazione* per la pace.

**mano** [má:no]
Mi ha detto arrivederci agitando la *mano*.
L'ha preso in *mano* e l'ha guardato.

**mantenere** [manténé:re]
*Mantengono* bene la disciplina.
Vogliamo *mantenere* buone relazioni con loro.

**mare** [má:re]
Oggi il *mare* è calmo (agitato).

**margine** [márdʒine]
Cammina al *margine* di una strada.
Le note sono scritte a *margine*

〖助 avere〗…にそむく.
君はみんなの信頼にそむいた.

他 **1.** 送る. **2.** (人を)やる, 行かせる.
彼らは私に小包を送った.
母親は娘を買物にやった.

他 食べる.
とてもおいしいスパゲッティを食べた.

女 **1.** 方法, 仕方, 様式. **2.** 〖複数で用いることが多い〗 礼儀作法; 態度.
彼の話し方が私には気に入らない.

彼は行儀のよい青年だ.

他 表明する; 表わす.
その知らせを聞いて, 彼は身ぶり手ぶりで驚きを表わした.

女 **1.** 表明, 表示, 現れ. **2.** 示威運動.
彼の行為は友情の現れだ.

平和のための示威運動が行なわれた.

女 〖複 **le mani**〗手.
彼は手を振りながら, 私に「さようなら」と言っていた.
彼はそれを手にとって眺めた.

他 維持する; 守る.
彼らは規律をよく守る.
彼らとのよい関係を続けてゆきたいと思います.

男 海.
今日海はないでいる(荒れている).

男 **1.** 縁, 端. **2.** 欄外, 余白.
彼は道路の端を歩いている.

書物の(ページの)欄外に注が書か

**marito** [marí:to]
Mio *marito* è avvocato.
男 夫.
私の夫は弁護士です.

**marmo** [mármo]
Questa statua è di *marmo*.
男 大理石.
この彫像は大理石でできている.

**maschio** [máskjo]
Ho tre figli: due *maschi* e una femmina.
男 〖複 *-chi*〗男.
私には3人の子供がある.2人は男で,1人は女だ.

**massa** [mássa]

Tirava un carro carico di una *massa* di pietre.
È arrivata una *massa* di turisti.
女 **1.** かたまり; 堆積(たいせき). **2.** 集団, 群衆.
彼は石をうず高く積んだ車を引いていた.
観光客の一団がやって来た.

**massimo** [mássimo]
**1.** 形 〖*grande*の絶対最上級〗この上なく大きい; 最大の, 最高の.

L'automobile andava a velocità *massima*.
自動車は最大速力で走っていた.

**2.** 男 最大限.

Questo è il *massimo* che io possa fare.
これが私にできる最大限のことです.

**materia** [maté:rja]
女 **1.** 物質. **2.** 材料. **3.** 科目, 教材.

Il nostro paese importa un'enorme quantità di *materie* prime.
我が国は莫大な量の原料を輸入している.

Quali sono le *materie* d'esame?
試験の科目は何ですか.

**materiale** [materjá:le]
**1.** 形 物質の, 物質的な.
La ringrazio dei Suoi aiuti *materiali* e spirituali.
あなたの物質的, 精神的な援助に対して感謝いたします.

**2.** 男 材料; 資料.
Sta raccogliendo *materiali* per la relazione.
彼は報告書のための資料を集めている.

**matita** [matí:ta]
女 鉛筆.
Il maestro corregge i compiti con una *matita* rossa.
先生が宿題を赤鉛筆で訂正する.

**matrimonio** [matrimó:njo]
男 〖複 *-ni*〗結婚〔式〕.
Io sono invitato al *matrimonio* di un mio amico.
ぼくはある友人の結婚式に招待されている.

**mattina** [mattí:na]
女 朝; 午前.
A che ora ti alzi la *mattina*?
君は朝何時に起きますか.

La lezione comincia alle otto e mezzo di *mattina*.
授業は午前8時半に始まる.

**mattino** [mattí:no] 男 朝; 午前.
Hai letto il giornale del *mattino*? 君は朝刊を読んだかい.

**matto** [mátto] 1. 形 気の狂った. 2. 男 狂人.
Urlava come un *matto*. 彼は気違いのようにわめいた.

**maturo** [matú:ro] 形 熟した.
L'uva è *matura*. ぶどうは熟している.

**mazzo** [máttso] 男 (花・野菜の)束.
Le regaliamo un *mazzo* di fiori. 私たちは彼女に花束を贈る.

**me** [me] 代 1.〘直接目的語 mi の強調形〙私を.

Ascoltate *me* e non lui! 彼でなく私の言うことを聞け.

2.〘前置詞と共に用いる〙
Lui non l'ha fatto per *me*. 彼はそれを私のためにしてくれたのではない.

3.〘間接目的語の mi は直接補語 lo, la, li, le, ne の前では me となる〙私に.

Lui sapeva la verità, ma non *me* l'ha detta. 彼は本当のことを知っていたが, 私にそれを言わなかった.

**meccanico** [mekká:niko] 形〘男複 -ci, 女複 -che〙機械の.

Lui è ingegnere *meccanico*. 彼は機械技師です.

**medesimo** [medé:zimo] 形 1. 同じ. 2.〘人称代名詞と共に用いる〙…自身.

Mi ha dato la *medesima* risposta di prima. 彼は私に前と同じ返事をくれた.
Lo scrisse egli *medesimo*. 彼自身がそれを書いた.

**mediante** [medjánte] 前 …によって, …を介して.
Ho ottenuto il posto *mediante* la sua raccomandazione. 私は彼の推薦によってポストについた.

**medicina** [meditʃí:na] 女 1. 医学. 2. 薬.
Mio fratello è studente di *medicina*. 私の兄は医学を勉強している.
Bisogna prendere una *medicina*. 薬を飲む必要があります.

**medico** [mé:diko] 男〘複 -ci;「女医」も同形; 呼びかけには dottoressa〙. 医者.

Fatelo visitare dal *medico*! 彼を医者に診察してもらいなさい.

**medio** [mé:djo] 形〘男複 -di〙中間の, 中位の.

| | |
|---|---|
| Mio figlio frequenta la scuola *media*. | 平均の.<br>私の息子は中学校に通っています. |
| La macchina correva ad una velocità *media* di ottanta km l'ora. | 車は平均時速80キロで走っていた. |
| **mediterraneo** [mediterrá:neo] | **1.** 形 地中海の. **2.** 男 M～ 地中海. |
| L'Italia è situata nel mezzo del (Mare) *Mediterraneo*. | イタリアは地中海の真中に位置する. |
| **meglio** [méʎʎo] | **1.** 副 《bene の比較級》よく. |
| Sto *meglio* oggi che ieri. | 私は昨日より今日の方が元気です. |
| Lei parla italiano *meglio* di lui. | 彼女は彼よりもイタリア語を上手に話す. |
| | **2.** 形 《buono の比較級, 性数不変; migliore と同義》よい. |
| Questo libro è *meglio* di quello. | この本はあれよりもよい. |
| Sarebbe *meglio* riposare un po'. | 少し休息した方がよいでしょう. |
| **mela** [mé:la] | 女 りんご. |
| Mi dia un chilo di *mele*! | りんご1キロください. |
| **membro** [mémbro] | 男 **1.** 《複 le membra》四肢, 手足. **2.** 《複 i membri》一員, メンバー. |
| È un uomo dalle *membra* robuste. | 彼は手足の頑健な男だ. |
| È diventato *membro* della commissione. | 彼は委員会の一員となった. |
| **memoria** [memó:rja] | 女 **1.** 記憶; 記憶力. **2.** 思い出; 記念. |
| Quel ragazzo ha una buona *memoria*. | その少年は記憶力がよい. |
| Il professore ci ha detto di imparare queste poesie a *memoria*. | 先生は私たちにこれらの詩を暗記するようにと言われました. |
| Conserviamo questo oggetto in *memoria* della nonna. | この品物をおばあさんの記念にとっておきましょう. |
| **meno** [mé:no] | 副 より…でない, より少なく. |
| **meno…di ~** | 《劣等比較級; di の後は名詞, 代名詞, 数詞》～より…でな |

## mente

| | |
|---|---|
| Sono *meno* ricco *di* lui. | 私は彼よりも裕福じゃない. |
| Mangia *meno di* me. | 彼は私より食が細い. |
| Costa *meno di* tremila yen. | 3000円より安い. |
| **meno...che~** | 〖劣等比較級; che の後は形容詞, 目的語, 補語(前置詞＋名詞・代名詞)副詞, 動詞〗〜より...でない. |
| Lui è *meno* studioso *che* intelligente. | 彼は頭がよい割には勉強しない. |
| Fa *meno* caldo qui *che* in città. | ここは街よりも暑くない. |
| **il (la, i, le)＋meno＋形容詞** | 〖劣等相対最上級〗もっとも...でない. |
| Chi è *il meno* severo fra i vostri professori? | 君たちの先生のうちでだれが一番厳しくないですか. |
| **fare a meno di** | ...なしですませる. |
| Non possiamo *fare a meno di* questo dizionario. | 我々はこの辞典なしにすますことはできない. |
| Vedendolo non potevo *fare a meno di* ridere. | 彼を見て私は笑わざるを得なかった. |
| **a meno che non＋接続法** | ...するのでなければ. |
| Ci andrò *a meno che non* piova. | 雨が降らなければ私はそこへ行きましょう. |

### mente [ménte]
|  |  |
|---|---|
| | 女 心, 精神. |
| *Mente* sana in corpo sano. | 健全な精神は健全な肉体に宿る. |

### mentire [mentí:re]
|  |  |
|---|---|
| | 自 〖助 avere〗うそをつく. |
| Lui *ha mentito* dicendo che non stava bene, perché non voleva lavorare. | 彼は体の調子がよくないとうそをついたが, 働きたくなかったのだ. |

### mentre [méntre]
|  |  |
|---|---|
| | 接 1. ...する間に. 2. ところが一方では, しかるに. |
| *Mentre* leggevo un libro, qualcuno mi ha chiamato. | 私が本を読んでいるとき, だれかが私を呼んだ. |
| Studiavo, *mentre* tutti dormivano. | 私はみんなが眠っている間に勉強していた. |
| Lui è ricco, *mentre* suo fratello è molto povero. | 彼は金持ちだ, ところが彼の兄はとても貧乏だ. |

### meraviglia [meravíʎʎa]
|  |  |
|---|---|
| | 女 驚き, 驚異. |
| Guardò con *meraviglia* suo nipote che era diventato | 彼は孫がとても大きくなったのに驚いて見つめた. |

molto grande.

**meraviglioso** [meraviʎʎóːso] 形 驚くべき，すばらしい．
È un ragazzo di intelligenza *meravigliosa*. 驚くほど頭のよい少年だ．
È un quadro *meraviglioso*. すばらしい絵画だ．

**mercato** [merkáːto] 男 市場．
Mia mamma è andata a fare spese al *mercato*. 私の母は買物をしに市場へ行きました．
**a buon mercato** 安い値段で．
L'ho comprato *a buon mercato*. それを安い値段で買いました．

**merce** [mértʃe] 女 品物，商品；貨物．
Queste sono *merci* d'esportazione. これらは輸出商品だ．
Passa un treno *merci*. 貨物列車が通過する．

**meritare** [meritáːre] 他 …に値する．
È un'opera che *merita* la nostra attenzione. 我々の注目に値する作品である．
Tu *meriti* di essere premiato. 君は表彰されてしかるべきだ．

**merito** [méːrito] 男 1. 功績．2. 価値．
È grande il suo *merito* verso la patria. 彼の祖国に尽くした功績は大きい．
È una persona di nessun *merito*. 彼は何らとりえのない人物だ．

**mese** [méːse] 男 月，1 か月．
In che *mese* siamo?—Siamo in ottobre. 今は何月ですか．—10 月です．
il *mese* prossimo 来月．
il *mese* scorso 先月．

**messa** [méssa] 女 (カトリック教会の) ミサ．
Si celebra la *messa*. ミサが執り行なわれる．

**messaggio** [messáddʒo] 男 〖複 -gi〗伝言，メッセージ．
Ho affidato un *messaggio* per il sig. A a un mio amico. 私は A 氏への伝言をある友人に託した．

**mestiere** [mestjéːre] 男 職業．
Che *mestiere* fa tuo padre? 君のお父さんの職業は何ですか．

**metà** [metá] 女 半分，2 分の 1．
Ho letto la *metà* del libro. 私はその本の半分を読んだ．

**metodo** [méːtodo] 男 方法．
Qual è il miglior *metodo* per risolvere il problema? その問題を解決する最もよい方法は何ですか．

**metro** [méːtro] 男 メートル (長さの単位)
Quell'albero è alto quasi cinque あの木の高さは約 5 メートルであ

*metri.*

### mettere [méttere]
*Metti* questi bicchieri sulla tavola!
*Mettiamo* i vestiti nell'armadio!

る.
他 置く; 入れる.
これらのコップをテーブルの上に置きなさい.
衣服をたんすにしまいましょう.

### mettersi [méttersi]
*Mi metto* la giacca (il cappello, le scarpe).
**mettersi a**＋不定詞
Il bambino *si è messo a* piangere.

再 着る; かぶる; (靴を) はく.
私は上着を着る (帽子をかぶる, 靴をはく).
…し始める.
子供は泣き始めた.

### mezzo [méddzo]
Abbiamo ordinato *mezzo* litro di vino rosso.
Arriverà fra *mezz'*ora.

Sono le tre e *mezzo*.
Si trovava in *mezzo* alla folla.

Tutti i *mezzi* di trasporto sono interrotti.
Ti consiglierei questo *mezzo*.

**1.** 形 半分の, 2 分の 1 の.
私たちは半リットルの赤ワインを注文した.
彼は半時間後に到着するだろう.
**2.** 男 半分; 半時間; まん中.
今 3 時半です.
彼は群衆のただ中にいた.
**3.** 男 手段, 方法.
あらゆる交通手段が遮断されている.
私は君にこの方法を勧めましょう.

### mezzogiorno [meddzodʒórno]
A *mezzogiorno* si suona la campana.
La Sicilia è una parte del *Mezzogiorno* d'Italia.

男 **1.** 正午. **2.** 南.
正午に鐘が鳴らされる.
シチーリアは南イタリアの一部である.

### mi [mi]

*Mi* ha chiamato Giorgio.
Porta*mi* una sedia!

代 〖直接・間接目的語〗 私を; 私に.

ジョルジョがぼくを呼んだ.
私にいすを持って来なさい.

### migliaio [miʎʎá:jo]

C'era un *migliaio* di persone in piazza.
Possiede alcune *migliaia* di libri.

男 〖複 **le migliaia**〗 およそ 1000.

広場に 1000 人ばかりの人たちがいた.
彼は数千冊の書物を所有している.

### migliorare [miʎʎorá:re]
Il governo ha fatto ogni tentativo per *migliorare* le condizioni economiche.

**1.** 他 よりよくする, 改善する.
政府は経済状態を改善するためあらゆる企てを試みた.

## minore

Il tempo sta *migliorando*.
天気は良くなりつつある.

**migliore** [miʎʎóːre]

Questa macchina è *migliore* di quella.

2. 自 〖助 essere〗より良くなる.

形 1. 〖buono の比較級〗より よい.

この車はあれよりもよい.

2. 〖定冠詞を伴って buono の相対最上級〗最もよい.

Ha colto la *miglior* occasione.
彼は最もよいチャンスをとらえた.

**milione** [miljóːne]　男 100万.

La nostra città ha adesso più di un *milione* di abitanti.
我々の市は今人口が100万以上である.

**militare** [militáːre]

Mio fratello ha fatto il servizio *militare*.

1. 形 軍隊の, 軍の, 軍人の.

私の兄は兵役に服した.

2. 男 軍人.

Mio padre era *militare* durante l'ultima guerra.
私の父はこの前の戦争中軍人でした.

**minacciare** [minattʃáːre]　他 おどす, 脅迫する.

Il ladro li *minacciò* con una pistola.
強盗は彼らを拳銃で脅迫した.

*Minaccia* di piovere.
今にも雨が降り出しそうだ.

**minimo** [míːnimo]

1. 形 〖piccolo の絶対最上級〗非常に小さい, 最も小さい.

Non ne ho la *minima* idea.
それについて私は少しも考えていない.

2. 男 最小限.

Riduciamo al *minimo* le spese!
出費を最小限度にとどめよう.

**ministero** [ministéːro]　男 省(政府の中央官庁).

*Ministero* degli Affari Esteri.
外務省.

**ministro** [minístro]　男 〖女性の大臣の場合も男性形〗大臣.

Il Primo *Ministro* fa un discorso sul programma politico.
総理大臣が施政方針演説をする.

**minore** [minóːre]

1. 形 〖piccolo の比較級〗より小さい, より少ない; 年下の.

In quel negozio potresti comprarlo a *minor* prezzo.
あの店で君はそれをもっと安い値段で買うことができるでしょう.

Sono *minore* di lui di tre anni.
私は彼より3歳年下だ.

2. 〖定冠詞を伴って piccolo の最上級〗最も小さい, 最も少な

**minuto**

Lui è il *minore* dei miei figli.
い; 最年少の.
彼は私の子供のうち一番年下だ.

**minuto** [minú:to]
男 分(時間の単位).
Aspettiamo cinque *minuti*!
5分間待ちましょう.

**mio** [mí:o]
形〖所有形容詞, 男 複 **miei**, 女 単 **mia**, 女 複 **mie**〗私の.

il *mio* dizionario
私の辞典.
*mia* madre
私の母.
le *mie* scarpe
私の靴.

**2.** 代〖所有代名詞, 定冠詞を伴う〗私のもの.

Tu pensi al tuo lavoro, e io penso al *mio*.
君は君の仕事のことを考えたまえ, ぼくはぼくのを考えるから.

**miracolo** [mirá:kolo]
男 奇跡.
È stato salvato per *miracolo*.
彼は奇跡的に救出された.

**miseria** [mizé:rja]
女 窮乏, 貧困; 不幸, 惨め.
La gente vive in *miseria* in questa zona.
この地域では人々は非常に貧しい暮しをしている.

**misterioso** [misterjó:so]
形 神秘的な, なぞのような.
Se ne andò lasciandoci parole *misteriose*.
彼は私たちになぞのような言葉を残して立ち去った.

**mistero** [misté:ro]
男 神秘, 不思議.
Il delitto è avvolto ancora nel *mistero*.
犯罪はまだなぞに包まれている.

**misto** [místo]
形 混合の, 混成の.
Quel ragazzo è di sangue *misto*.
あの少年は混血児だ.

**misura** [mizú:ra]
女 **1.** 長さ, 大きさ, サイズ. **2.** 測定.

Ora prendo le Sue *misure* per il vestito.
さあ, あなたの洋服の寸法を測りましょう.

**misurare** [mizurá:re]
他 測定する, 計る.
*Misura* la lunghezza del ponte.
彼は橋の長さを測定する.

**mobile** [mó:bile]
**1.** 形 動かすことのできる.
Salite con la scala *mobile*!
エスカレーターで昇りなさい.

**2.** 男 家具.

Questi *mobili* sono di vecchio stile.
これらの家具は旧式のものだ.

**moda** [mó:da]
女 流行, モード.
È un abito all'ultima *moda*.
それは最新流行の服です.

**modello** [modéllo]
男 典型, 模範; モデル.
Quel signore è un *modello* di
あの方は典型的な人徳者だ.

**moderno** [modérno]
Mi interessa l'arte *moderna*.
形 近代の, 近代的な.
私は近代美術に興味がある.

**modesto** [modésto]
Lui è una persona *modesta*.
Abito in un appartamento *modesto*.
形 謙虚な, 控えめな; 質素な.
彼は謙虚な人だ.
私は質素なアパートに住んでいる.

**modo** [mɔ́:do]
Ognuno ha il suo *modo* di vedere.
男 方法, 仕方.
各人それぞれの見方がある.

**in(ad) ogni modo**
Devi farlo *in ogni modo*.
とにかく.
とにかく君はそれをしなければならない.

**mo*glie*** [móʎʎe]
Mia *moglie* sta preparando la cena.
女 〖複 *-gli*〗妻.
私の妻は夕食の支度をしています.

**molto** [mólto]
Ci sono *molti* uccelli nel bosco.
Possiede *molto* denaro.

Ha mangiato *molto* stasera.
Lei è una scrittrice *molto* famosa.
I. 形 たくさんの.
森の中にはたくさんの小鳥がいる.
彼はたくさんお金をもっている.
II. 副 1. たくさん. 2. 非常に, とても.
彼は今晩たくさん食べた.
彼女はとても有名な作家です.

**momento** [moménto]
Aspetti un *momento*!
Non ho un *momento* libero.
男 瞬間, わずかな時間.
ちょっとお待ちください.
一瞬たりとも自由な時間がない.

**mondiale** [mondjá:le]
La seconda guerra *mondiale* è finita nel 1945.
Qual è l'avvenimento d'importanza *mondiale* di quest'anno?
形 世界の, 世界的な.
第二次世界大戦は 1945 年に終結した.
今年の世界的に重要な出来事は何ですか.

**mondo** [móndo]
Vorrei fare il giro del *mondo*.
Non ascolta il giudizio del *mondo*.
Che dirà il *mondo*?
男 1. 世界. 2. 世間〔の人々〕.
世界一周をしてみたいものだ.
彼は世間の批判に耳を傾けない.
世間の人々は何と言うだろう.

**montagna** [montáɲɲa]
Avete passato le vacanze in *montagna*?
女 山, 山地.
あなた方は山で休暇を過されたのですか.

**monte** [mónte]
Oggi si vede il *monte* Fuji.
男 山.
今日は富士山が見える.

**monumento** [monuménto]
Questa città è ricca di *monumenti* storici.
男 記念建造物, 記念碑.
この市には歴史的記念物がたくさんある.

**morale** [morá:le]
I. 形 1. 道徳的な. 2. 精神的な.
È un uomo privo di senso *morale*.
彼は道徳的センスのない男だ.
È necessario dargli un aiuto *morale*.
彼に精神的な支援を与える必要がある.
II. 女 道徳, 倫理.
Dovete rispettare la *morale*.
君たちは道徳を尊重すべきだ.

**morire** [morí:re]
Mio nonno *morì* a settant'anni.
自 〖助 essere〗死ぬ.
私の祖父は70歳でなくなった.

**mortale** [mortá:le]
形 1. 死ぬべき運命の. 2. 致命的な.
Tutti gli uomini sono *mortali*.
人間はみな死を免れない.
La perdita della grossa somma fu per lui un colpo *mortale*.
多額の金の損失は彼にとって致命的な打撃であった.

**morte** [mórte]
La *morte* di sua madre l'ha fatto soffrire molto.
女 死.
彼の母の死が彼をとても悲しませた.

**mostrare** [mostrá:re]
*Mostra*mi quella fotografia!
Gli *ho mostrato* la strada per la stazione.
他 見せる, 示す.
その写真をぼくに見せてくれ.
私は彼に駅へ行く道を教えてあげた.

**mostrarsi** [mostrársi]
再 1. 姿を見せる, 現れる. 2. 〖+形容詞〗(自分が)…であることを示す, …のようである.
*Si mostrava* molto contenta.
彼女はとても満足しているようだった.

**motivo** [motí:vo]
Ti spiego il *motivo* delle mie azioni.
È andato in Italia per *motivo* di studio.
男 動機; 理由, 原因.
君に私の行為の動機を説明しよう.
彼は研究のためにイタリアへ行った.

**moto** [mó:to]
Metta in *moto* la macchina!
男 動き, 運動, 移動(科学・技術上の意味で用いることが多い).
機械を動かしてください.

**motore** [motó:re] 男 発動機, モーター, エンジン.
Accenda (Spenga) il *motore*! エンジンをかけて(止めて)ください.
**movimento** [moviménto] 男 動き, 運動(moto よりも一般的な意味をもつ).
Fa' un po' di *movimento*, così ti sentirai meglio. 少し運動しなさい. そうすれば気分がよくなるよ.
È sorto un *movimento* contro il progetto della nuova legge. 新しい法案に反対の運動が起った.
**muovere** [mwɔ́:vere] 1. 他 動かす; 移動させる.
Anche lui non riesce a *muovere* questa pietra. 彼でもこの石を動かすことができない.
2. 自 〖助 essere または avere〗 動き始める, (da から) 発する.
Questo fiume *muove* dalle Alpi. この川はアルプス山脈から発している.
**muoversi** [mwɔ́:versi] 再 1. 動く. 2. 移動する; 離れる.
Tutte le cose che *si muovono* consumano energia. 動くものはすべてエネルギーを消耗する.
Il malato non *si* può *muovere* dal letto. 病人はベッドから離れることができない.
**muro** [mú:ro] 男 1. 壁; 塀. 2. 女 複 〖le mura〗 城壁.
I *muri* sono bianchi. 壁は白い.
La città è circondata da alte *mura*. その都市は高い城壁で囲まれている.
**museo** [muzé:o] 男 博物館, 陳列館.
Come posso andare al *Museo* Nazionale? 国立博物館へはどう行ったらよいでしょうか.
**musica** [mú:zika] 女 〖複 -che〗 音楽.
Mi piace sentire la *musica*. 私は音楽を聞くのが好きです.
**mutare** [mutá:re] 他 変える.
Non è facile *mutare* le abitudini. 習慣を変えることは容易でない.

# N

**narrare** [narrá:re] 他 話す, 語る.
Ci *narra* alcuni episodi del suo viaggio. 彼は私たちに旅行中のいくつかのエピソードを語る.
**nascere** [náʃʃere] 自 〖助 essere〗 生まれる.

**nascita**

Sono nato a Roma nel 1962.
私は 1962 年にローマで生まれた.

**nascita** [náʃʃita]
⼥ 誕生.

È un ragazzo di buona *nascita*.
彼は良家の生まれの少年だ.

**nascondere** [naskóndere]
他 隠す.

Perché mi *nascondi* la verità?
君はなぜ私に真実を隠すのか.

**nascondersi** [naskóndersi]
再 隠れる.

Dove *si è nascosto* lui?
彼はどこに隠れたんだ.

**naso** [ná:so]
男 鼻.

Pulisciti il *naso*.
君鼻をかみなさいよ.

**Natale** [natá:le]
男 クリスマス.

Buon *Natale*!
クリスマスおめでとう!

**natura** [natú:ra]
⼥ 1. 自然. 2. 本性; 性質.

La bellezza della *natura* va scomparendo.
自然の美しさが失われてゆく.

Lui è buono per *natura*.
彼は生まれつき善良である.

**naturale** [naturá:le]
形 1. 自然の; あるがままの. 2. 当然の.

Si deve difendere l'ambiente *naturale*.
自然環境を守らなければならない.

È *naturale* che lei non accetti la tua proposta.
彼女が君の申し出を受け入れないのは当たり前だ.

**naturalmente** [naturalménte]
副 もちろん, 当然.

Vuoi aiutarmi?—Sì, *naturalmente*.
君はぼくの手伝いをしてくれるかい.—うん, もちろん.

**nave** [ná:ve]
⼥ 船.

Attraversarono l'oceano con una piccola *nave*.
彼らは小さな船に乗って大洋を横断した.

**nazionale** [nattsjoná:le]
形 国民の; 国家の.

Questa macchina è di produzione *nazionale*.
この車は国産車だ.

**nazione** [nattsjó:ne]
⼥ 国民; 国家.

Ai Giochi Olimpici partecipa la gente di *nazioni* diverse.
オリンピック競技にはいろいろな国の人たちが参加する.

**ne** [ne]
代 1.《«di+名詞・代名詞》, «部分冠詞+名詞»に代る》それ(それら)について; それ(それら)を.

Ho visto un film ieri, e ora te *ne* parlo.
ぼくは昨日映画を見た. 今それについて君に話そう.

Compro dei fiori e *ne* regalo alcuni a Maria.
私は花を買い, それらのうちのいくつかをマリーアに贈る.

Quanti figli ha Lei?—*Ne* ho due.

あなたは何人お子さんがあります か.—2 人います.

Hai preso molti soldi?—No, *ne* ho preso pochi.

君はたくさんお金をもらいましたか. —いいえ, 少ししかもらいません.

Gianni sta adesso in quella camera, ma *ne* esce subito.

ジャンニは今あの部屋の中にいる が, すぐに出てくるよ.

**né** [ne]

接 …も…ない.

**non**＋動詞＋**né** ～ **né** ～

～も～も…しない.

*Non* voglio *né* caffè *né* tè.

私はコーヒーも紅茶もほしくない.

*Non* dico *né* bene *né* male di lui.

私は彼のことをよくも悪くも言わな い.

**non**＋動詞, **né**＋動詞

…もしないし, …もしない.

*Non* fuma, *né* beve.

彼はたばこも吸わないし, 酒も飲ま ない.

**neanche** [neáŋke]

副 …さえ…ない.

Io non ci sono andato, e tu?— *Neanch*'io.

ぼくはそこへ行ったことがないんだ, 君は.—ぼくも行ったことはない.

È partito senza *neanche* salu- tarci.

彼はぼくたちにあいさつもせずに出 発した.

**nebbia** [nébbja]

女 霧.

C'è *nebbia* sul lago.

湖の上には霧がかかっている.

**necess*ario*** [netʃessá:rjo]

形 〖男複 **-ri**〗必要な.

Lo sport è *necessario* alla (per la) salute.

スポーツは健康のために必要だ.

È *necessario* alzarsi presto.

早起きすることが必要です.

Non è *necessario* che Lei paghi.

あなたがお払いになる必要はありま せん. (che の後は接続法)

**necessità** [netʃessitá]

女 必要.

Lo faccio per *necessità*.

私は必要があってそれをします.

**negare** [negá:re]

他 否定する; 拒む.

*Nega* l'esistenza di Dio.

彼は神の存在を否定する.

Ci *ha* negato il permesso.

彼は我々に許可を与えることを拒ん だ.

**nego*zio*** [negóttsjo]

男 〖複 **-zi**〗店, 商店.

Ha un *negozio* in via Ginza.

彼は銀座通りに店をもっている.

**nemico(-*ca*)** [nemí:ko, -ka]

男 (女) 〖男複 **-ci**, 女複 **-che**〗敵.

**nemmeno**

Mi difendo dai *nemici*. 私は敵から身を守る.
**nemmeno** [nemmé:no] 副 (=neanche) …さえ…ない.
Non lo so *nemmeno* io. 私もそれを知りません.
**neppure** [neppú:re] 副 (=neanche, nemmeno) …さえ…ない.
Non ho *neppure* un soldo. 私は一銭も持っていない.
**nero** [né:ro] 形 黒い.
È *nero* come il carbone. 炭のようにまっ黒だ.
**nervoso** [nervó:so] 形 1. 神経の. 2. 神経質な.
il sistema *nervoso* 神経系統.
Il malato è molto *nervoso*. その患者はとても神経質です.
**nessuno** [nessú:no] 1. 形 《s+子音, z, gn, pn, ps 以外の音で始まる男性名詞の前では **nessun**; 複数形はない; 動詞の後にあるときは non と共に否定文を作る》いかなる…も…ない.
Non ho *nessun* dubbio. 私は何の疑いももっていない.
*Nessuno* studente è capace di risolvere questo problema. どの学生もこの問題を解答することができない.
2. 代 《複数形はない. 動詞の後にあるときは non と共に否定文を作る》だれも…ない; 何も…ない.
*Nessuno* mi accompagna. だれも私といっしょに来ない.
Qui non c'è *nessuno*. ここにはだれもいない.
**netto** [nétto] 形 1. 明確な, はっきりした. 2. 正味の, 掛け値なしの.
È molto *netta* l'immagine di questa televisione. このテレビの映像はとてもはっきりしている.
Vendono a prezzi *netti* in quel negozio. あの店では正価で売っている.
**neve** [né:ve] 女 雪.
Cade la *neve*. 雪が降る.
**niente** [njénte] 代 《常に単数形; 動詞の後にあるときは non と共に否定文を作る》何も…ない.
Gli ho spiegato tutto, ma non ha capito *niente*. 私は彼にすべてを説明したが, 彼は何も理解しなかった.
*Niente* mi impedisce. 何も私を妨げるものはない.
**nipote** [nipó:te] 男 女 1. おい; めい. 2. 孫.

Lui è mio zio e io sono suo *nipote*.
彼はぼくの叔父で、ぼくは彼のおいです.

Il nonno ama molto i suoi *nipoti*.
おじいさんは孫たちをとてもかわいがる.

**no** [nɔ]
副 いいえ.

È vero?—*No*, non è vero.
本当かい.―いや違う.

**nobile** [nɔ́:bile]
形 気品のある;高貴な.

Ha un *nobile* aspetto.
彼は気品のある容貌の持主だ.

**nodo** [nɔ́:do]
男 結び目, 結び.

Lei fa un *nodo* al filo.
彼女は糸に結び目をつくる.

**noi** [nó:i]
代 〔主語, 補語(前置詞と共に)として〕私たち.

Adesso *noi* andiamo al cinema.
今ぼくらは映画に行くところだよ.

Vuoi venire con *noi*?
いっしょに行かないか.

**noia** [nɔ́:ja]
女 1. 退屈, 倦怠(けんたい). 2. 迷惑, 不愉快.

Muoio di *noia*.
ぼくは退屈で死にそうだ.

Quel rumore mi dà *noia*.
あの音がいやだ.

**nome** [nó:me]
男 名まえ; 名称.

Ho dimenticato il suo *nome*.
彼の名まえを忘れてしまった.

**non** [non]
副 …でない.

*Non* hai più voglia di farlo?
君はそれをする意欲がもうないのかね.

*Non* pensa che a sé stesso.
彼は自分のことしか考えない.

**nonno(-a)** [nɔ́nno, -a]
男 (女) 祖父(祖母).

Nostro *nonno* ha ottant'anni.
私たちのおじいさんは 80 歳です.

**nonostante** [nonostánte]
1. 前 (＋名詞) …にもかかわらず, …とはいえ.

*Nonostante* il cattivo tempo, la nave è partita.
悪天候にもかかわらず, 船は出航した.

2. 接 (＋〔che〕＋接続法) …にもかかわらず.

È andato in ufficio, *nonostante* avesse mal di capo.
彼は頭が痛かったにもかかわらず, 事務所へ行った.

**norma** [nɔ́rma]
女 規範, 規準; 規則.

Si comporta seguendo la *norma*.
彼は規範にのっとって行動する.

**normale** [normá:le]
形 正常な; 正規の.

La sua salute è in condizione *normale*.
彼の健康は正常な状態にある.

**nostro** [nɔ́stro]
1. 形 私たちの.

La *nostra* scuola è vicina da qui.
ぼくたちの学校はここから近い.

Quella è la loro casa. La *nostra* è più piccola.

2. 代〚定冠詞を伴う〛私たちのもの.

あれは彼らの家です. 私たちのはもっと小さい.

**nota** [nó:ta]

Prendete *nota* di ciò che dice!

Vorrei un testo con molte *note*.

女 1. 覚え書き. 2. 注釈.

彼の言うことをメモしなさい.

たくさん注のついたテキストがほしいのです.

**notare** [notá:re]

*Hai notato* che era confuso?

他 注目する; 気がつく.

君は彼がまごついていたのに気がついたかい.

**notevole** [noté:vole]

La scienza ha fatto *notevoli* progressi.

形 注目すべき; 著しい.

科学は著しい進歩を遂げた.

**notte** [nótte]

Ho passato una *notte* senza dormire.

女 夜.

私は一晩眠らずに過した.

**nozze** [nóttse]

Mi hanno invitato alle *nozze*.

女複 結婚式.

彼らは私を結婚式に招待した.

**nudo** [nú:do]

Camminava a piedi *nudi*.

形 裸の.

彼ははだしで歩いていた.

**nulla** [núlla]

Non c'è *nulla* di interessante.

代 (=niente) 何も…ない.

何も面白いことはない.

**numero** [nú:mero]

Dammi il tuo *numero* di telefono!

男 数; 番号.

君の電話番号を教えてくれ.

**nuovo** [nwɔ́:vo]

形 1. 新しい. 2. 〚名詞の前に置かれる〛新たな(もう一つの, 別の).

Abitano in una casa *nuova*.

Maria porta un *nuovo* abito.

彼らは新築の家に住んでいる.

マリーアは新しい(今までとは別の)服を着ている.

**nutrire** [nutrí:re]

Dovete *nutrire* il malato con cibi leggeri.

Le pecore si *nutriscono* d'erba.

他 (栄養・食物を与えて)養う, 育てる.

病人に軽い食事を与えなければなりません.

羊は草を食べる. (再帰動詞)

**nuvola** [nú:vola]

Il cielo è coperto di *nuvole*.

女 雲.

空は雲におおわれている.

# O

**o** [o] 接【母音, 特に o で始まる語の前では od となる】あるいは, または.
Vieni *o* non vieni? 君来るのか来ないのか.
L'ho visto due *o* tre volte. 私はそれを二三度見た.

**obbligare** [obbligá:re] 他 強制する, 義務を負わせる.
**obbligare ～ a＋不定詞** ～に…することを強いる.
Nessuno ti *obbliga a* farlo. だれも君がそれをすることを強制しない.

**occasione** [okkazjó:ne] 女 好機, 機会.
Non ho mai avuto l'*occasione* di andarci. 私はまだ一度もそこへ行く機会がなかった.

**occhiata** [okkjá:ta] 女 ちらりと見ること, 一瞥(っ).
Ha dato un'*occhiata* al giornale prima di uscire. 彼は出かける前に新聞にざっと目を通した.

**oc*chio*** [ókkjo] 男【複 *-chi*】目.
Quella ragazza ha gli *occhi* azzurri. あの女の子は青い目をしている.

**occorrere** [okkórrere] 自【助 essere】必要である.
Mi *occorrono* molti soldi. 私にはたくさんのお金が必要だ.
**occorre ＋不定詞, che＋接続法** 〖非人称構文〗…する必要がある.
*Occorre* riposare un po'. 少し休息する必要がある.
*Occorre* che tu venga. 君が来る必要がある.

**occupare** [okkupá:re] 他 占める; 占領する.
Questo edificio *occupa* molto spazio. この建物は多くの場所を占めている.
I nemici *occuparono* la città. 敵軍がその市を占領した.

**occuparsi** [okkupársi] 再 (di) …に従事する; 専念する.
Si *occupa* delle sue ricerche. 彼は研究に専念している.

**occupato** [okkupá:to] 形 1. ふさがっている. 2. 忙しい.
Questo posto è *occupato*. この座席はふさがっている.
Oggi sono molto *occupato*. 今日私はとても忙しい.

**occupazione** [okkupattsjó:ne] 女 1. 占有, 占領. 2. 職業.
Le truppe di *occupazione* si sono ritirate dalla città. 占領軍がその町から撤退した.
Qual è la Sua *occupazione*? あなたの職業は何ですか.

**odiare** [odjáːre]
　Non è *odiato* da nessuno.
**odio** [ɔ́ːdjo]
　È pieno di *odio* per chi l'ha tradito.
**odore** [odóːre]
　Si sente un buon *odore*.
**offendere** [offéndere]
　Ciò *offende* l'onore della sua famiglia.
**offrire** [offríːre]
　Le *offrono* un dono.
　Ti *offro* la cena.
**oggetto** [oddʒétto]
　Butta via gli *oggetti* inutili.
　Quella signorina è *oggetto* dell'attenzione di tutti.
**oggi** [ɔ́ddʒi]
　Fa bel tempo *oggi*.
**ogni** [óɲɲi]
　Vado al cinema *ogni* domenica.
　*Ogni* persona ha il diritto di esprimere il proprio pensiero.
　L'autobus parte *ogni* mezz'ora.
　**ogni tanto**
　Vieni a trovarmi *ogni tanto*.
**ognuno** [oɲɲúːno]
　*Ognuno* deve compiere il suo dovere.
**olio** [ɔ́ːljo]
　Da' un po' d'*olio* alla macchina.
**oltre** [óltre]
　Non andate *oltre*!

　Non andare *oltre* il confine!
　*Oltre* a lui non ho visto nessuno.

他 憎む.
彼はだれにも憎まれていない.
男 〖複 *-di*〗憎しみ, 嫌悪.
彼は彼を裏切った人に対する憎しみでいっぱいである.
男 におい, 香り.
よいにおいがする.
他 (名誉や感情を)傷つける, 侮辱する.
それは彼の家族の名誉を傷つける.
他 提供する; 与える.
彼らは彼女に贈り物をあげる.
君に夕食をおごってあげるよ.
男 **1.** 物; 品物. **2.** 対象; 目的.
彼は不用な品物を投げ捨てる.
あのお嬢さんは皆の注目の的だ.

副 今日.
今日は天気がよい.
形 おのおのの, めいめいの.
ぼくは日曜日毎に映画に行く.
各人は自分の考えを表わす権利をもっている.
バスは30分毎に出発する.

時々.
時々ぼくに会いに来たまえ.
代 各人, めいめい.
だれでも自分の義務を果さなければならない.
男 〖複 *-li*〗油.
機械に油を少し差しなさい.
**I.** 副 もっと向こうへ; さらに.
君たちもうこれ以上先へ行かないでくれ.
**II.** 前 **1.** …の向こうに, …を越えて. **2.** 〖a を伴うことが多い〗…のほかに.
境界から向こうへ行くな.
彼以外に私はだれも見ませんでした.

**ombra** [ómbra] 　　　　　　　　　女 陰, 影.
　Eravamo seduti all'*ombra* di un albero. 　私たちは木の陰にすわっていた.

**onda** [ónda] 　　　　　　　　　　女 波.
　Quando tira vento, si levano le *onde*. 　風が吹くときには, 波が立つ.

**onesto** [onésto] 　　　　　　　　形 正直な, 誠実な.
　È un uomo povero ma *onesto*. 　彼は貧しいが, 正直な男です.

**onore** [onó:re] 　　　　　　　　　男 名誉, 光栄.
　È un grande *onore* per me essere stato eletto presidente. 　会長に選ばれたことは私にとって大変光栄であります.

**opera** [ɔ́:pera] 　　　　　　　　　女 1. 仕事, 労働. 2. 作品, 著作. 3. 歌劇, オペラ.
　Chi ben comincia è alla metà dell'*opera*. 　始めがよければ, 仕事を半分終えたようなものだ.
　Ho letto tutte le *opere* di quello scrittore. 　私はあの作家の作品を全部読んだ.
　Andiamo all'*opera* stasera. 　今晩私たちはオペラを見に行きます.

**operaio(-a)** [operá:jo, -a] 　　　　男 (女) 〖男 複 **operai**〗労働者, 職人.
　Quanti *operai* lavorano in questa fabbrica? 　この工場には何人の労働者が働いていますか.

**operazione** [operattsjó:ne] 　　　女 1. 働き; 作業, 操作. 2. 手術.
　Non è un'*operazione* facile riparare questa macchina. 　この機械を修理するのは容易な仕事じゃない.
　Ha subito un'*operazione* allo stomaco. 　彼は胃の手術を受けた.

**opinione** [opinjó:ne] 　　　　　　女 意見; 所信.
　Secondo la mia *opinione*, tu hai torto. 　私の意見によれば, 君は間違っている.

**opporre** [oppórre] 　　　　　　　他 対立させる, 対抗させる.
　*Oppose* le proprie ragioni alle mie. 　彼は私の言い分に反対して自分の言い分を主張した.

**opporsi** [oppórsi] 　　　　　　　再 対立(対抗)する; 反対する.
　I genitori *si oppongono* alla decisione del loro figlio. 　両親は息子の決心に反対する.

**opportuno** [opportú:no] 　　　　形 時宜を得た, 好都合の; 適切な.
　Bisogna fissare il tempo e il 　会合のために都合のよい時と場所

**opposizione**

luogo *opportuno* per la riunione.

**opposizione** [oppozittsjó:ne]
Ho incontrato molte *opposizioni* nel realizzare il progetto.

を決める必要がある.

女 反対; 対立.
私は計画を実行するに際して多くの反対にあった.

**oppure** [oppú:re]
Te lo farò sapere per telefono *oppure* per lettera.

接 あるいは, または.
電話かまたは手紙で君にそれを知らせましょう.

**ora** [ó:ra]
Ho dormito otto *ore*.
Che *ora* è?—Sono le cinque.
A che *ora* comincia il film?

È arrivato *ora*.

I. 女 1. 1時間. 2. 時刻.
私は8時間眠りました.
今何時ですか.—5時です.
映画は何時に始まりますか.
II. 副 今, 現在.
彼は今到着しました.

**ordinare** [ordiná:re]

Devi *ordinare* la stanza.

Il maestro ci *ha ordinato* di tacere.
*Ho ordinato* un caffè.

他 1. 整理する. 2. 命じる; 注文する.
君は部屋を片付けなければなりません.
先生は私たちに黙るようにと命じました.
私はコーヒーを1杯注文した.

**ordine** [órdine]

Scrivete i nomi in *ordine* alfabetico.
Mettiamo in *ordine* i libri!
Ho avuto l'*ordine* di partire.

男 1. 順序. 2. 秩序; 整頓. 3. 命令.
名前をアルファベット順に書きなさい.
書物を整頓しましょう.
私は出発するようにと命令を受けた.

**orecchio** [orékkjo]
Per un *orecchio* entra e per l'altro esce.

男〖複 *-chi*〗耳.
一方の耳から入って他の耳から抜ける (馬耳東風).

**organizzare** [organiddzá:re]

È stato *organizzato* un partito politico.
Stiamo *organizzando* un viaggio in Italia.

他 組織する; (催しなどを) 計画 (準備) する.
政党が組織された.

私たちはイタリア旅行を企画している.

**organizzazione** [organiddzattsjó:ne]
Bisogna dare una nuova *organizzazione* alla società.

女 組織; 機構.

会社を再編成する必要がある.

**orgoglio** [orgóλλo] 男〖複 -gli〗思いあがり,高慢,傲慢.

Lui è pieno di *orgoglio*.
彼は全く思いあがっている.

**originale** [oridʒiná:le] 形 **1.** 元の. **2.** 独創的な.

Bisogna leggere Dante in lingua *originale*.
ダンテを原書(語)で読む必要があります.

È un pittore *originale*.
彼は独創的な画家である.

**origine** [orí:dʒine] 女 起源.

Questo libro tratta dell'*origine* della civiltà.
この本は文明の起源について書いてある.

**orizzonte** [oriddzónte] 男 地平線; 水平線.

Il sole appariva all'*orizzonte*.
太陽が水平線に現れようとしていた.

**ormai** [ormá:i] 副〖または oramai〗今や,もうすでに.

*Ormai* è tardi.
今ではもう遅い.

**oro** [ɔ́:ro] 男 金,黄金.

Quest'orologio è d'*oro*.
この時計は金製品だ.

**orologio** [orolɔ́:dʒo] 男〖複 -gi〗時計.

Il mio *orologio* va avanti (indietro) di cinque minuti.
私の時計は5分進んで(遅れて)いる.

**osare** [ozá:re] 他 (＋不定詞) あえて…する.

Non *oso* fare una cosa simile.
私はそんなことはあえてしない.

**oscuro** [oskú:ro] 形 暗い.

Questa stanza è *oscura*.
この部屋は暗い.

**ospedale** [ospedá:le] 男 病院.

Il malato è stato portato all'*ospedale*.
患者は病院へ運ばれた.

**ospite** [ɔ́spite] 男 女 **1.** (客に対する)主人. **2.** 客.

A che ora arrivano gli *ospiti*?
お客さんたちは何時にいらっしゃいますか.

**osservare** [osservá:re] 他 **1.** 観察する. **2.** (規則などを) 守る.

È interessante *osservare* i costumi degli animali.
動物の習性を観察することは興味深い.

Devi *osservare* i miei consigli.
君は私の忠告を守らなければならない.

**osservazione** [osservattsjó:ne] 女 観察; 観測.

Si dedica all'*osservazione* delle stelle.
彼は星の観測に専念する.

**ossia** [ossí:a]
 Ti dirò tutto, *ossia*, ti dirò tutto quello che so io.

接 つまり, すなわち.
君に何でも言うよ, つまりぼくの知っているかぎりのことを.

**ottenere** [otthené:re]
 *Hai ottenuto* un buon risultato.

他 獲得する, 獲る.
君はよい成果を獲得した.

**ottimo** [óttimo]

 Questo è un *ottimo* metodo.

形 【buono の絶対最上級】この上なくよい, 最上の.
これは最上の方法です.

# P

**pace** [pá:tʃe]
 Dobbiamo difendere la *pace*.
 Vivono in *pace*.

女 平和.
我々は平和を守らねばならない.
彼らは平穏に暮している.

**padre** [pá:dre]
 Mio *padre* è avvocato.

男 父.
ぼくの父は弁護士です.

**padrone(-a)** [padró:ne, -a]

 Ho preso un giorno di riposo col permesso del *padrone*.

男(女) 主人; 雇い主;（土地家屋などの）所有者.
私は雇い主の許可を得て1日休養をとりました.

**paesaggio** [paezáddʒo]
 Guardate! Che bel *paesaggio*!

男【複 -gi】景色.
見てごらん, 何と美しい景色でしょう.

**paese** [paé:ze]
 Lui ha viaggiato in tutti i *paesi* d'Europa.
 Sono nato in un *paese* vicino al mare.

男 1. 国. 2. 地方; 郷土.
彼はヨーロッパのすべての国々を旅行した.
私は海に近い地方に生まれた.

**pagare** [pagá:re]
 Quanto *paghi* al mese per la camera?
 Questi operai non *sono pagati* bene.

他 支払う.
君は部屋代として月にいくら払いますか.
これらの労働者はよい給料をもらっていません.

**pagina** [pá:dʒina]
 Aprite il libro a *pagina* 36.

女 ページ.
本の36ページを開きなさい.

**paio** [pá:jo]

 Vorrei un *paio* di scarpe.

男【複 le paia】1対, (2つで)1組.
靴を1足欲しいのですけど.

**palazzo** [paláttso]

男 1. 宮殿; 大邸宅. 2. ビル.

Avete mai visitato il *Palazzo* di Versailles? / あなたたちはヴェルサイユ宮殿を見学したことがありますか.

Ci sono molti bei *palazzi* nella nostra città. / 私たちの都市には多くのりっぱなビルが建っている.

**palla** [pálla] 女 ボール, 球.
I ragazzi giocano a *palla*. / 少年たちがボールで遊んでいる.

**pallido** [pállido] 形 青白い.
Tu sei *pallido*. Che cosa hai? / 君顔色が悪いよ. どうしたんだい?

**pane** [pá:ne] 男 パン.
Mi dia un po' di *pane*! / 私にパンを少しください.

**pa*p*a** [pá:pa] 男 〚複 *-pi*〛教皇, ローマ法王.
È stato eletto il nuovo *Papa*. / 新しい教皇が選ばれた.

**papà** [papá] 男 パパ, お父さん.
Sono andato in città col mio *papà*. / ぼくはお父さんといっしょに街へ行きました.

**paradiso** [paradí:zo] 男 天国. 極楽.
Mi pare d'essere in *paradiso*. / 私はまるで天国にいるようだ.

**parco** [párko] 男 〚複 *-chi*〛公園.
Abbiamo passato tutto il pomeriggio nel *parco*. / ぼくたちは午後中公園で過しました.

**pare*cc*hio** [parékkjo] 形 〚男複 *-chi*〛かなり多くの.
Ha comprato *parecchi* libri. / 彼はかなりたくさんの本を買った.
C'erano *parecchie* persone nella sala della conferenza. / 講演会場にはかなりの人がいた.

**parente** [parénte] 男女 親戚の人, 親戚.
Lui è un mio lontano (stretto) *parente*. / 彼は私の遠い(近い)親戚です.

**parere** [paré:re] 自 〚助 essere〛…のように見える, …のように思われる.
*Pare* un bravo ragazzo. / 彼は優秀な少年のようだ.
Gli *pareva* di sognare. / 彼はまるで夢見ているようだった.
**pare che**＋接続法 …するように思われる.
Mi *pare che* tu non l'abbia capito. / 君にはそれがわからなかったようだね.

**parete** [paré:te] 女 壁.
Bisogna dipingere la *parete*, perché è sporca. / 壁が汚れているので, 色を塗る必要がある.

**pari** [pá:ri] 形 〚性数不変〛等しい.
Io e lui siamo *pari* d'età. / ぼくと彼は同じ年だ.

**parlamento** [parlaménto] 男 国会, 議会.
Il presidente ha fatto un di- / 大統領が議会で演説した.

**parlare**

scorso in *parlamento*.

**parlare** [parláːre] **1.** 自 〖助 avere〗話す.
Non *ho* mai *parlato* con lui. 私は彼と話したことがない.
Stanno *parlando* di musica. 彼らは音楽の話をしている.
**2.** 他 話す.
Lei *parla* bene l'italiano. あなたは上手にイタリア語を話されます.

**parola** [parɔ́ːla] 女 言葉.
Non ha detto nemmeno una *parola*. 彼は一言もしゃべらなかった.

**parte** [párte] 女 **1.** 部分. **2.** 方面, 側. **3.** 役割.
Ho letto solo una *parte* di questo romanzo. 私はこの小説の一部分だけを読みました.
Hanno attraversato il prato da una *parte* all'altra. 彼らは草原を一方の側から他方の側へと横断した.
Chi fa la *parte* di Otello? だれがオセロの役を演じますか.
**dalle parti di** …の地方に(で), このあたりに(で).
*Da* queste *parti* tira un forte vento in inverno. この地方では冬に強い風が吹く.
**prendere parte a** …に参加する.
Devo *prendere parte a* una riunione stasera. 今晩私はある会合に参加しなければならない.

**partecipare** [partetʃipáːre] 自 〖助 avere〗(a) …に参加する.
Perché non può *partecipare* al congresso? なぜあなたは会議に参加できないのですか.

**partenza** [parténtsa] 女 出発.
È venuto il giorno della nostra *partenza*. 私たちの出発の日がやって来た.

**particolare** [partikoláːre] 形 特殊な, 独特な.
Questo è un caso *particolare*. これは特殊なケースだ.
Parti senza alcun motivo *particolare*. 彼は何ら特別な動機もなしに出発した.
**in particolare** 特に, とりわけ.
Il professore ha citato questo esempio *in particolare*. 先生は特にこの例を引用された.

**particolarmente** [partikolarménte] 副 特に.
Questa è la cosa che mi interessa *particolarmente*. これが特に私に興味があることです.

**partire** [partíːre]　　自〘助 essere〙(per に向かって)出発する.

*Partiamo* da Milano per Roma.　　私たちはミラーノからローマへ出発する.

Il treno *è* già *partito*.　　列車はもうすでに出発しました.

**a partire da**　　…以来, …から.

*A partire da* quel giorno il negozio è chiuso.　　その日から店は閉っています.

**partita** [partíːta]　　女 試合, 勝負.

Andiamo a vedere la *partita* di calcio!　　サッカーの試合を見に行こう.

**partito** [partíːto]　　男 党, 政党.

A quale *partito* appartiene il deputato?　　その代議士はどの政党に属しますか.

**passaggio** [passáddʒo]　　男〘複 -gi〙通過, 通行.

Vietato il *passaggio*.　　通行禁止.

Scusi, mi dà un *passaggio* fino a Napoli?　　すみません, ナーポリまで(車に)乗せてもらえますか.

**passare** [passáːre]　　1. 自〘助 essere〙通る, 通過する; (他の場所へ)移る; (時が)過ぎ去る.

*Sono passati* per questa strada.　　彼らはこの道を通って行った.

*Passiamo* in un'altra stanza!　　別の部屋に移りましょう.

Come *passa* presto il tempo!　　時の過ぎ去るのは何と早いことだろう.

**passare da**　　…に立ち寄る.

Posso *passare da* te quando torno?　　帰りに君のところへ寄ってもいいかい.

2. 他 …を通る, …を通過する, (時を)過す.

Ho *passato* il fiume in barca.　　私はボートで川を渡った.

**passato** [passáːto]　　1. 形〘*passare* の過去分詞〙過ぎ去った, 過去の.

Non ritornano più i giorni *passati*.　　過ぎ去った日々は戻って来ない.

2. 男 過去.

Voglio dimenticare il *passato*.　　過去のことは忘れてしまいたい.

**passione** [passjóːne]　　女 情熱.

Ha parlato con *passione* della vita dell'eroe.　　彼は情熱をこめてその英雄の生涯について語った.

Ho *passione* per la pesca.　　私は魚釣りが大好きです.

**passo** [pásso] 男 **1.** 歩み; 一歩. **2.** 歩調.
  L'ho trovato a pochi *passi* da qui.
    私はそれをここから数歩のところで見つけた.
  Camminava a *passi* lenti.
    彼はゆっくりした足どりで歩いていた.
  Facciamo due *passi*!
    ちょっと散歩しましょう.
**pasta** [pásta] 女 **1.** めん類 (スパゲッティ・マカロニなど). **2.** ケーキ, 練り粉菓子 (パイなど).
  Preferisco la *pasta* al riso.
    私は米よりもめん類が好きです.
  Prendiamo un tè con una *pasta*!
    紅茶とケーキを取りましょう.
**pasto** [pásto] 男 食事.
  Facciamo tre *pasti* al giorno.
    我々は1日に3度食事をする.
**pastore** [pastó:re] 男 羊飼い.
  Mio nonno faceva il *pastore*.
    ぼくの祖父は羊飼いでした.
**patria** [pá:trja] 女 祖国.
  Combatterono per la libertà della *patria*.
    彼らは祖国の自由のために闘った.
**patto** [pátto] 男 **1.** 条約, 協定. **2.** 条件.
  I due paesi hanno concluso un *patto* di alleanza.
    両国は同盟条約を結んだ.
  **a patto che**＋接続法
    …するという条件で, …しさえすれば.
  Te lo presto *a patto che* me lo restituisca presto.
    早く返してくれさえすれば, 君にそれを貸してあげる.
**paura** [paú:ra] 女 恐れ, 心配.
  **avere paura di**＋名詞(不定詞)
    〖不定詞の主語は主節の主語と同じ〗…を恐れる, 心配する.
  Tutti *hanno paura della* morte.
    みな死を恐れる.
  *Avevo paura di* arrivare tardi.
    遅刻することをぼくは心配していた.
  **avere paura che**＋接続法
    …することが心配である.
  *Ho paura che* Anna non venga più.
    アンナはもうやって来ないのじゃないかと私は心配です.
**pazienza** [pattsjéntsa] 女 忍耐, 辛抱, 我慢.
  Abbi *pazienza*!
    我慢しなさい!
  Alla fine ha perso la *pazienza*.
    ついに彼は我慢できなくなった.
**pazzo** [páttso]
  **1.** 形 気が狂った. 狂気の.
  Lei era *pazza* di gioia.
    彼女は狂喜していた.
  **2.** 男 〖女 -a〗気違い.
  Urlava come un *pazzo*.
    彼は気違いのように叫んでいた.

**peccato** [pekká:to] 男 (宗教・道徳上の)罪; 過ち.
　Devi confessare i tuoi *peccati*. 君は罪を告白しなければならない.
　È un *peccato* che tu non possa venire con noi. 君がぼくたちといっしょに来れないのは残念なことだ.
**peggio** [péddʒo] 副 〖male の比較級〗より悪く.
　Il malato sta *peggio* di ieri. 病人は昨日より具合が悪い.
**peggiore** [peddʒó:re] 形 **1.**〖cattivo の比較級〗より悪い.
　Quest'opera è *peggiore* di quella.　この作品はあれよりも悪い.
　La situazione è diventata *peggiore*. 状況は一層悪くなった.
　**2.**〖定冠詞を伴って,最上級〗
　Questo è il *peggior* dizionario che io abbia mai visto. これは私が見たうちで一番悪い辞典だ.
**pelle** [pélle] 女 皮, 皮膚, 皮革.
　Il bambino ha la *pelle* delicata. その子は皮膚が弱い.
　Questa borsa è di vera *pelle*? この鞄は本革ですか.
**pelo** [pé:lo] 男 毛; 〖単数形で〗毛なみ.
　Il mio cane ha un bel *pelo*. 私の犬は毛なみがよい.
**pena** [pé:na] 女 **1.** 刑罰. **2.** 苦しみ; 苦労.
　Ha scontato una *pena* di tre anni. 彼は3年間の刑に服した.
　Soffrì le *pene* dell'inferno. 彼は地獄の苦しみを味わった.
　**valere la pena di** …するに値する.
　Non *vale la pena di* farlo. それをしてもやり甲斐はないよ.
**penetrare** [penetrá:re] 自 〖助 essere〗入り込む.
　La squadra *penetrava* nell'interno della foresta. 一隊は森の奥へと入って行った.
**penisola** [pení:zola] 女 半島.
　Gli Appennini corrono dal nord al sud della *penisola* italiana. アペニン山脈はイタリア半島を北から南へと走っている.
**penna** [pénna] 女 ペン.
　Scrivete con la *penna*! 君たちペンで書きなさい.
**pensare** [pensá:re] **1.** 自 〖助 avere〗(a) …を考える, 思う.
　Non *pensare* ai tempi trascorsi! 過ぎ去った時のことを考えるな.
　**2.** 他 考える, 思う.
　*Penso* di andare in Italia. 私はイタリアへ行こうと思う.
　*Pensa* che sia meglio fare così. 彼はこうした方がよいと考える.
**pensiero** [pensjé:ro] 男 考え; 思想.

**per**

Vorrei conoscere il Suo *pensiero*.
あなたの考えを知りたいのですが.

Questo è un libro sul *pensiero* di Croce.
これはクローチェの思想についての書物です.

**per** [per]

前 **1.**〘目的・利益・原因〙…のために.

L'ho fatto *per* il tuo bene.
私は君のためにそれをしたのだよ.

Bisogna mangiare *per* vivere, e non vivere *per* mangiare.
生きるために食べるのであって,食べるために生きてはならぬ.

**2.** …に向かって,…の方向に.

Il treno parte *per* Napoli.
列車はナーポリに向けて出発する.

**3.**〘時間・距離〙…の間.

L'ho aspettato *per* un'ora.
私は彼を1時間待った.

La strada corre lungo la costa *per* vari chilometri.
道は海岸線に沿って数キロ続いている.

**4.** …を通って.

È uscito *per* questa porta.
彼はこの門を通って外へ出た.

Ha viaggiato *per* tutta l'Italia.
彼はイタリア中を旅行した.

**5.**〘手段・方法〙…によって.

Ho parlato con lui *per* telefono.
私は彼と電話で話しました.

Me l'ha fatto sapere *per* lettera.
彼は私にそれを手紙で知らせて来た.

**6.**〘期限〙…までに.

Lo devi fare *per* domani.
君はそれを明日までにしなければならない.

**perché** [perké]

I. 副〘疑問副詞〙なぜ,どうして.

*Perché* non l'hai fatto?
なぜ君はそれをしなかったの.

Dimmi *perché* non l'ha fatto.
なぜ君はそれをしなかったのかぼくに言いなさい.

II. 接 **1.** なぜならば,…だから.

*Perché* non vieni con me al cinema?—*Perché* devo fare i compiti.
どうしてぼくといっしょに映画に行かないの.—宿題をしなければならないからだよ.

Non voglio uscire *perché* fa brutto tempo.
天気が悪いので,ぼくは外出したくない.

**2.**(+接続法)…するために,…するように.

Il professore ci ha parlato molto lentamente *perché* potessimo capire bene.
先生はぼくたちが理解できるようにとてもゆっくり話された.

...troppo...perché+接続法　余りにも...なので...でない.
Diceva cose *troppo* difficili *perché* potessimo capirle.　彼は余りにもむずかしいことを話していたので, ぼくらはそれが理解できなかった.

**perciò** [pertʃó]　接 それゆえに, だから.
Avevo sonno e *perciò* sono andato presto a letto.　私は眠かったので, 早く床に就いた.

**perdere** [pérdere]　他 なくす, 失う.
Lui *perde* sempre qualche cosa.　彼はよく物をなくす.
*Ho perso* il treno.　私は列車に乗り遅れた.
Il cantante *ha perso* la voce.　その歌手は声がかれてしまった.

**perdita** [pérdita]　女 失うこと; 損失.
La madre piange la *perdita* dell'unico figlio.　母親はひとり息子をなくしたことを嘆き悲しむ.
La società ha subito gravi *perdite*.　会社はひどい損失をこうむった.

**perdonare** [perdonáre]　他 (罪・悪を)許す.
Mi *ha perdonato* il male che gli ho fatto.　ぼくは彼に悪いことをしたが彼は許してくれた.

**perfettamente** [perfettaménte]　副 完全に.
La sua malattia è guarita *perfettamente*.　彼の病気はすっかり治った.

**perfetto** [perfétto]　形 完全な.
Siamo giunti all'accordo *perfetto*.　我々は完全な合意に達した.
Lui parla un italiano *perfetto*.　彼は申し分のないイタリア語を話す.

**perfezione** [perfettsjó:ne]　女 完全, 完璧.
È quasi impossibile raggiungere la *perfezione*.　完璧の域に達することはほとんど不可能である.

**perfino** [perfí:no]　副 ...さえも, ...に至るまで.
*Perfino* tu mi hai tradito.　君さえぼくを裏切った.

**pericolo** [perí:kolo]　男 危険.
Mi hanno salvato dal *pericolo*.　私は危険から救われた.

**pericoloso** [perikoló:so]　形 危険な.
È *pericoloso* guidare la macchina quando siamo stanchi.　我々が疲れているとき車を運転するのは危険です.

**periodo** [perí:odo]　男 時代, 期間, 時期.
In quel *periodo* ero ancora giovane.　あの頃私はまだ若かった.

Quale *periodo* della storia d'Italia ti interessa di più?
君はイタリア史のどの時代に最も興味がありますか.

**permesso** [perméssso]
男 許可.
Non uscite senza il mio *permesso*!
私の許可なく諸君は外出しないでくれ.

**permettere** [perméttere]
他 許可する.
La padrona mi *permette* di fare ciò che voglio.
おかみさんは私のしたいことをすることを許可してくださる.

**permettersi** [perméttersi]
再 (di＋不定詞)無礼をかえりみず…する, あえて…する.
*Mi permetto* di dirle che ha torto.
失礼ですが, あなたは間違っておられます.

**però** [peró]
接 しかし.
Fa brutto tempo, *però* l'aereo parte.
天気が悪いが, しかし飛行機は出発する.

**persino** [persí:no]
副 〖＝perfino〗…さえも.
*Persino* un bambino lo capisce.
子供でもそれはわかる.

**persona** [persó:na]
女 人, 人物.
È una *persona* intelligente.
彼は頭のよい人です.
Al cinema c'erano poche *persone*.
映画館には余り人がいなかった.

**personaggio** [personáddʒo]
男 〖複 -gi〗 1. 名士, 重要人物. 2. (劇・映画などの) 登場人物.
Garibaldi è un gran *personaggio* della storia italiana.
ガリバルディはイタリア史上の偉大な人物である.
Quanti sono i *personaggi* di questo dramma?
この劇の登場人物は何人ですか.

**personale** [personá:le]
形 個人の, 個人的な.
Non devi farlo solo per il tuo interesse *personale*.
君は君個人の利益のためにそれをすべきではない.

**personalità** [personalitá]
女 個性, 人格.
Quell'attore ha una forte *pesonalità*.
あの俳優は強い個性の持ち主である.
Lui ha una doppia *personalità*.
彼は二重人格者だ.

**pertanto** [pertánto]
接 それ故に, だから.
Ho un po' di febbre, *pertanto* non vado a lavorare oggi.
私は少し熱があるから, 今日は仕事に行かない.

**pesante** [pesánte]
形 重い.
La tua valigia è molto *pesante*.
君のスーツケースはとても重い.

**pesare** [pesá:re]
1. 他 重さを計る.

**piangere**

Il contadino *pesa* un sacco di grano.
農夫が一袋の小麦の重さを計る。

Quanto *pesa* questo pacco?— *Pesa* tre chilogrammi.
この包みの重さはどのくらいですか。—3キログラムです。

**2.** 自 〖助 avere または essere〗 重さがある.

**pesca** [péska]
女〖複 -che〗魚釣り；漁業.

Ci sono tante barche da *pesca* sul lago.
湖にたくさんの釣り舟が出ている。

**pesce** [péʃʃe]
男 魚.

A cena mangiamo *pesce* o carne?
夕食に魚を食べましょうかそれとも肉をたべましょうか。

**peso** [pé:so]
男 重さ.

Io sono aumentato di *peso* di due chili.
私は体重が2キロ増えた。

**petrolio** [petró:ljo]
男〖複 -li〗石油.

Questo paese produce molto *petrolio*.
この国は石油をたくさん産出する。

**petto** [pétto]
男 胸.

Si mise la mano sul *petto*.
彼は胸に手を当てた。

**pezzo** [péttso]
男 **1.** 断片，一片，部分. **2.** しばらくの間.

Dammi un *pezzo* di pane!
ぼくにパンを一切れくれたまえ。

Il vetro si è rotto in mille *pezzi*.
ガラスが粉々に割れた。

Non la vedo da un *pezzo*.
私はしばらく前から彼女に会っていない。

**piacere**[1] [pjatʃé:re]
自〖助 essere〗(a)...の気に入る.

Mi *piace* questo quadro.
私はこの絵が気に入った(好きだ)。

A mio figlio *piacciono* molto gli spaghetti.
私の子供はスパゲッティが大好きです。

Ti è *piaciuto* quel film?
あの映画は君の気に入ったかい。

Gli *piace* sentire la musica.
彼は音楽を聞くことが好きだ。

**piacere**[2] [pjatʃé:re]
男 喜び；うれしさ，楽しみ.

Mi fa molto *piacere* rivederti.
君に再び会えてとてもうれしい。

Vuoi venire con me?—Sì, con *piacere*!
ぼくといっしょに来ないかい。—はい，喜んで。

**per piacere**
すみません，お願いですから。

*Per piacere*, mi dia un bicchiere d'acqua.
すみません，水を一杯ください。

**piangere** [pjándʒere]
自〖助 avere〗泣く，涙を流す；

Lei *piangeva* per la morte di sua madre. 彼女は母親が亡くなったので嘆き悲しんでいた.

**piano**¹ [pjá:no]

I. 形 平らな.

La strada è *piana* da qui fino alla città. ここから町まで道は平坦です.

II. 副 **1.** ゆっくりと. **2.** 低い声で.

Andiamo *piano*! ゆっくり行きましょう.

Non ti sento, perché parli troppo *piano*. 余り低い声で話すから, 君の言うことが聞こえないよ.

**piano**² [pjá:no] 男 **1.** 平面, 面. **2.** (建物の)階(2階から1, 2, …と数える). **3.** 計画, プラン.

Dopo due chilometri la strada scende al *piano*. 2キロメートル行くと, 道路は平地に達する.

Abito al secondo *piano*. 私は3階に住んでいます.

Prosegui il lavoro secondo i tuoi *piani*! 君の計画通りに仕事を続けなさい.

**pianta** [pjánta] 女 植物.

Raccoglie molte specie di *piante*. 彼は多くの種類の植物を採集する.

**piantare** [pjantá:re] 他 植える.

*Piantiamo* alberi nel giardino! 庭に木を植えましょう.

**pianura** [pjanú:ra] 女 平原, 平野.

Un fiume scorre attraverso la *pianura*. 川が平野を横切って流れる.

**piatto** [pjátto] 男 **1.** 皿. **2.** 料理.

Ho ordinato un *piatto* di spaghetti. 私はスパゲッティを1皿注文した.

Quali sono i *piatti* del giorno? 今日のお勧め料理は何ですか.

**piazza** [pjáttsa] 女 広場.

Abbiamo preso un tassì alla *piazza* della stazione. 駅前広場で私たちはタクシーに乗った.

**picchiare** [pikkjá:re] **1.** 他 たたく, なぐる.

È lui che mi ha *picchiato*. ぼくをなぐったのは彼だ.

**2.** 自 〖助 avere〗 (a, su) …をたたく; ノックする.

Qualcuno ha *picchiato* alla porta. だれかがドアをノックした.

La pioggia *picchiava* contro i 雨が窓ガラスをたたいていた.

**piccolo** [píkkolo] 形 小さい.
C'è un *piccolo* giardino davanti alla casa.
家の前に小さな庭がある.

**piede** [pjé:de] 男 足（くるぶし以下）.
Vado a *piedi* a scuola.
ぼくは歩いて学校へ行く.
Si è alzato in *piedi*.
彼は立ち上った.
Il lago si trova ai *piedi* della montagna.
湖は山のふもとにある.

**piegare** [pjegá:re] 他 1. 折る. 2. 曲げる.
*Piega* in quattro il foglio.
彼は紙を4つに折る.
I rami si *piegano* sotto il peso della neve.
雪の重みで枝が曲っている.

**pieno** [pjé:no] 形 (di)…でいっぱいの.
Il compito è *pieno* di errori.
宿題は間違いだらけだ.
È un giovane *pieno* di speranze.
希望に満ちた青年である.

**pietà** [pjetá] 女 哀れみ, 同情.
Sento molta *pietà* per i poveri.
私は貧乏人にとても哀れみを感じる.

**pietra** [pjé:tra] 女 石.
È duro come una *pietra*.
石のように硬い.

**pigliare** [piʎʎá:re] 他 〖prendere よりもくだけた表現として〗取る; つかむ.
*Pigliamo* un bicchiere di vino!
ぶどう酒を一杯やりましょう.
Mi ha *pigliato* per il braccio.
彼はぼくの腕をつかんだ.

**pioggia** [pjódddʒa] 女 〖複 -ge〗雨.
È cominciata la stagione delle *piogge*.
雨期が始まった(梅雨に入った).

**piovere** [pjó:vere] 自 〖非人称動詞, 助 essere または avere〗雨が降る.
*Pioverà* fra poco.
間もなく雨が降るでしょう.
È *piovuto* (Ha *piovuto*) tutto il giorno.
1日中雨が降った.

**pittore**(**-trice**) [pittó:re, -trí:tʃe] 男 (女) 画家.
Lui è *pittore* di paesaggi.
彼は風景画家だ.

**più** [pjú] 副 より多く, もっと.
*più*…*di* ~
〖優等比較級; di の後は名詞, 代名詞, 数詞〗~よりもっと…である.
Carlo è *più* giovane *di* Pietro.
カルロはピエートロよりも若い.

**piuttosto**

| | |
|---|---|
| Lui lavora *più di* te. | 彼は君よりもたくさん働く. |
| Ci sono *più di* cento persone. | 100人以上の人がいる. |
| **più...che ~** | 〖優等比較級; che の後は形容詞, 目的語, 補語(前置詞＋名詞・代名詞), 副詞, 動詞〗 ～よりは…である. |
| Lui è *più* studioso *che* intelligente. | 彼は頭がよいというよりは勉強家なのだ. |
| In Giappone si mangia *più* riso *che* pane. | 日本ではパンよりも米を多く食べる. |
| Ci si arriverà *più* presto con la macchina *che* col treno. | 電車よりも車に乗って行った方が早くそこに着く. |
| Gli piace *più* leggere *che* scrivere. | 彼は書くより読むことの方が好きである. |
| **il(la, i, le)＋più＋形容詞** | 〖優等相対最上級〗 もっとも…, いちばん…. |
| Francesco è *il più* bravo fra i miei amici. | フランチェスコはぼくの友人のうちで最も優れている. |
| Questo è *l*'edificio *più* alto della città. | これは市で一番高い建物です. |
| **non...più** | もはや…ない, これ以上…ない. |
| *Non* voglio *più* rimanere qui. | ぼくはもうこれ以上ここにとどまりたくない. |
| **di più** | もっと. |
| Dovete lavorare *di più*! | 君たちはもっと働かなければなりません. |
| **sempre più** | ますます. |
| Il vento diventa *sempre più* forte. | 風がますます強くなる. |

**piuttosto** [pjuttósto]　副 むしろ; どちらかと言えば, やや, いくぶん.

| | |
|---|---|
| Oggi fa *piuttosto* freddo. | 今日はやや寒い. |
| **piuttosto che** | …よりはむしろ. |
| Voglio andare al cinema *piuttosto che* alla lezione. | ぼくは授業に行くよりむしろ映画に行きたいのだ. |

**poco** [pó:ko]　**1.** 形 〖男複 *-chi*, 女複 *-che*〗 少ない, わずかの.

| | |
|---|---|
| Ho *poco* denaro. | 私は少ししかお金がありません. |
| È un uomo di *poche* parole. | 彼は口数の少ない人だ. |
| **fra poco** | 間もなく. |
| Il treno arriverà *fra poco*. | 間もなく列車は到着するだろう. |

**un po'(poco)di** 〖肯定的〗少しの, わずかの.
Prenda *un po' di* frutta! くだものを少しお取りください.

**2.** 副 少ししか…でない, 余り…でない.
Ha mangiato *poco*. 彼は少ししか食べなかった.
Lui sta *poco* bene. 彼は余り元気ではない.
**un po'(un poco)** 〖肯定的〗少し.
Parla italiano *un po'(un poco)*. 彼はイタリア語を少し話す.
**a poco a poco** 少しずつ, 次第に.
Il malato migliorerà *a poco a poco*. 病人は少しずつよくなるでしょう.

**poesia** [poezí:a] 女 詩.
Chi ha composto questa *poesia*? この詩はだれが書いたのですか.
**poeta(-essa)** [poé:ta, -éssa] 男（女）〖男複 -i〗詩人.
È un celebre *poeta* italiano. 彼は有名なイタリアの詩人です.
**poi** [pó:i] 副 それから, 次に.
Vada avanti, e *poi* giri a sinistra. もう少し先へ行って, それから左に曲りなさい.
**poiché** [poiké] 接 …だから.
*Poiché* sono stanco, mi riposo. 私は疲れているので休みます.
**polemica** [polé:mika] 女〖複 -che〗論争.
È cominciata una *polemica* tra i due critici. 2人の評論家の間で論争が始まった.
**politica** [polí:tika] 女〖複 -che〗政治; 政策.
Il popolo desidera una *politica* onesta. 国民は正しい政治を望んでいる.
**politico** [polí:tiko] 
**1.** 形〖男複 -ci, 女複 -che〗政治の, 政治的な.
Quel paese attraversa una crisi *politica*. その国は政治的危機に陥っている.
**2.** 男 政治家.
È un grande *politico*. 彼は偉大な政治家である.
**polizia** [polittsí:a] 女〖集合的〗警察, 警察官.
Lui è ricercato dalla *polizia*. 彼は警察に捜査されている.
Suo padre è agente di *polizia*. 彼の父は警察官だ.
**poltrona** [poltró:na] 女 ソファー, ひじかけ椅子.
Leggeva il giornale seduto in *poltrona*. 彼はソファーに座って新聞を読んでいた.
**polvere** [pólvere] 女 ほこり.
La stanza è piena di *polvere*. 部屋はほこりだらけだ.
**ponte** [pónte] 男 橋.

C'è un lungo *ponte* sul fiume. 川に長い橋がかかっている.

**popolare** [popolá:re] 形 **1.** 民衆の；庶民的な. **2.** 人気のある.

Il presidente si è guadagnato il favore *popolare*. 大統領は民衆の人気を獲得した.

Qual è l'attrice più *popolare*? 一番人気のある女優はだれですか.

**popolazione** [popolattsjó:ne] 女 人口.

La *popolazione* di questa città è di ottocentocinquantamila. この都市の人口は85万です.

**popolo** [pó:polo] 男 国民；民衆, 庶民.

La vita del *popolo* è migliorata. 国民の生活は向上した.

**porre** [pórre] 他 置く.

*Hanno posto* la tavola al centro della camera. 彼らはテーブルを部屋の真中に置いた.

**porta** [pórta] 女 **1.** 戸, ドア. **2.** 門.

Apri(Chiudi) la *porta*! ドアを開け(閉め)なさい.

**portare** [portá:re] 他 **1.** 持って行く(来る), 運ぶ. **2.** 身につけている, 着ている, かぶっている.

*Porta*mi il giornale d'oggi! 私に今日の新聞をもってきてください.

Lo zio mi *ha portato* al parco. 叔父がぼくを公園へ連れて行ってくれた.

*Porta* un sacco sulle spalle. 彼は袋を背中にかついでいる.

*Porta* sempre un vestito grigio e scarpe nere. 彼はいつもグレーの服を着て, 黒い靴をはいている.

**porto** [pórto] 男 港.

La nave è uscita dal *porto*. 船が港を出た.

**posare** [posá:re] 他 置く.

*Ha posato* il libro aperto sul tavolo. 彼は開いた本を机の上に置いた.

**positivo** [pozití:vo] 形 実証的な, (具体的な)事実に基づく.

Dobbiamo seguire un metodo *positivo*. 我々は実証的な方法に従わなければならない.

**posizione** [pozittsjó:ne] 女 **1.** 位置. **2.** 地位, 身分.

La sua casa si trova in un' ottima *posizione*. 彼の家はとてもよい位置にある.

Mio padre occupa una *posizione* importante nella sua società. 私の父は会社で重要な地位についています.

**possedere** [possedé:re]　　他 所有する.
　*Possiede* grandi ricchezze.　　彼は莫大な富を所有している.
**possesso** [possésso]　　男 所有.
　Ha preso *possesso* di quel terreno.　　彼はあの土地を手に入れた.
**possibile** [possí:bile]　　形 可能な, なし得る; ありうる.
　Tutto è *possibile* per chi ha buona volontà.　　やる気がある人にとっては何でも可能である.
　È *possibile* partire oggi?　　今日出発することができますか.
　**È possibile che＋接続法**　　…することが可能である;…するかもしれない.
　*È possibile che* il mio amico venga a trovarci oggi.　　友人が今日ぼくたちに会いに来るかもしれない.
**possibilità** [possibilitá]　　女 可能性.
　C'è una grande *possibilità* che egli perda la partita.　　彼が試合に負ける可能性は大きい.
**posta** [pósta]　　女 1. 郵便; 郵便物. 2. 郵便局（＝ufficio postale）.
　Te lo spedisco per *posta*.　　君にそれを郵送します.
　Stamattina non c'è *posta*.　　今朝は郵便が来ていません.
　C'è una *posta* qui vicino?　　この近くに郵便局がありますか.
**posto** [pósto]　　男 1. 場所. 2. 席. 3. 地位.
　La polizia s'è recata sul *posto* per le indagini.　　警官は捜査のため現場へおもむいた.
　Non c'è più *posto* sul treno.　　列車にもう座席はありません.
　Ha trovato un buon *posto* di lavoro.　　彼はよい職業を見つけた.
**potente** [poténte]　　形 強力な.
　Il nostro esercito combatte contro un nemico molto *potente*.　　わが軍は非常に強力な敵と戦う.
**potenza** [poténtsa]　　女 力; 力強いこと.
　La *potenza* della nazione è aumentata.　　国力が増大した.
**potere**[1] [poté:re]　　補動（＋不定詞）〖助〗原則として次に来る動詞による〗 1. …することができる.
　Non *posso* accettare la sua proposta.　　私はあなたの申し出を受け入れることができません.
　*Ho potuto* finire il lavoro.　　私は仕事を終えることができた.
　Non *è potuto* tornare.　　彼は帰ることができなかった.
　　　　2. …してもよろしい.

**potere**[2]

*Posso* entrare? 入ってもよろしいですか.

**3.** 可能性がある, …かもしれない.

*Può* anche essere vero. 本当であるかもしれない.
Lui *potrebbe* averlo visto. 彼はそれを見たかもしれない.
**può darsi che**＋接続法 おそらく…だろう.
*Può darsi che* abbia mentito. おそらく彼はうそを言ったのだろう.

**potere**[2] [poté:re] 男 力; 能力; 権力.
Questo non è in mio *potere*. これは私のできることではない.
Il re aveva un *potere* assoluto. 王は絶対的な権力を握っていた.

**povero** [pó:vero] I. 形 1.〖名詞の後に来る〗貧乏な. 2.〖名詞の前に来る〗かわいそうな.

Fate la carità alla gente *povera*! 貧しい人々に恵んであげなさい.
Quest'anno il raccolto è *povero*. 今年は収穫が乏しい.
La *povera* ragazza piangeva. 哀れな少女は泣いていた.
*Povero* me! 弱ったな.

II. 男〖女 -a〗貧乏人.

Dobbiamo aiutare i *poveri*. 我々は貧しい人々を助けなければならない.

**pranzo** [prándzo] 男 正餐 (一日のうちで主要な食事, 特に昼食).

Il *pranzo* è pronto. Venite a tavola. お昼の支度ができました. テーブルにつきなさい.

**pratica** [prá:tika] 女〖複 -*che*〗実行; 経験; 実際.

Vale più la *pratica* della grammatica. 文法よりも実際にことばを使用することの方が効果がある (理論より実践).

Mettiamo in *pratica* questo metodo! この方法を実行してみよう.
Hai molta *pratica* in questo campo? 君はこの分野で多くの経験をつんだかね.

**pratico** [prá:tiko] 形〖男複 -*ci*; 女複 -*che*〗 1. 実用的な, 実際的な. 2. 経験を積んだ; 精通している.

Imparano l'italiano *pratico*. 彼らは実用的なイタリア語を学んでいる.
Lui è *pratico* del mestiere. 彼は仕事に熟練している.
Lei è *pratico* di questa città? あなたはこの街をよくご存知ですか.

**prato** [prá:to]
　Ci sono molti buoi sul *prato*.
　I bambini giocano sul *prato*.

**precedere** [pretʃé:dere]
　Si è fermata all'improvviso la macchina che mi *precedeva*.

**precipitare** [pretʃipitá:re]
　È *precipitato* dal tetto.
　La famiglia *precipitò* nella miseria.

**preciso** [pretʃí:zo]
　Quest'orologio è *preciso*.

**pred*i*ca** [pré:dika]
　Le sue *prediche* mi fanno dormire.

**preferire** [preferí:re]
　*Preferisci* il vino rosso o bianco?

　**preferire A a B**
　I giovani *preferiscono* la città *alla* campagna.

**pregare** [pregá:re]
　**pregare ～ di＋不定詞; che＋接続法**
　Ho *pregato* Rita di aiutarmi.

　La *prego* di accettare l'invito.

　*Pregherò* Dio che vi protegga.

**preghiera** [pregjέ:ra]
　Il prete recita una *preghiera*.
　La sua *preghiera* è stata accolta.

**prego** [pré:go]

　S'accomodi, *prego*!
　Grazie!—*Prego*!

**pr*e*mio** [pré:mjo]
　Quello scrittore ha vinto il *premio* Akutagawa.

男 牧草地, 草原.
　牧草地にたくさん牛がいる.
　子供たちが草原で遊ぶ.
他 先行する, 先に行く.
　私の先を行く車が急に止まった.

自 〖助 essere〗（まっ逆さまに）落ちる.
　彼は屋根からまっ逆さまに落ちた.
　家族は貧困に陥った.

形 正確な.
　この時計は正確です.
女 〖複 *-che*〗説教.
　彼の説教を聞くと私は眠くなる.

他 …のほうを好む.
　君は赤ワインがいいかい，それとも白ワインがいいかい.

　B よりも A を好む.
　若い人は田舎よりも都会を好む.

他 1. 願う, 頼む.　2. 祈る.
　～に…することを頼む.

　私はリータに手伝ってくれるよう頼んだ.
　招待に応じていただけますようお願いいたします.
　神様が君たちを守ってくださるよう私はお祈りしましょう.

女 1. 祈り.　2. 頼み, 願い.
　司祭が祈りを唱える.
　彼の願いがかなえられた.
間 〖pregare の直・現・1・単〗どうぞ; どういたしまして.
　どうぞ, お掛けください.
　有難う.—どういたしまして.
男 〖複 *-mi*〗賞, ほうび.
　その作家は芥川賞をもらった.

**prendere** [préndere] 他 取る; つかまえる; (食べ物・飲み物を) とる, (乗り物に) 乗る. 〖そのほかいろいろな熟語を作り, きわめて多義〗

*Prendi* la penna e scrivi! ペンをとって書きなさい.
L'*ho preso* per il braccio. 私は彼の腕をつかまえた.
La polizia lo *prese* sul fatto. 警察官は彼を現行犯で捕えた.
Vuol *prendere* un caffè? コーヒーをお飲みになりますか.
*Prendiamo* il treno delle sette. 私たちは7時の列車に乗ります.
Mi *prendono* spesso per cinese. 私はよく中国人と間違えられる.
Il nonno *prende* il sole. おじいさんは日光浴をする.

**preoccupare** [preokkupáːre] 他 心配させる.
Questa notizia la *preoccupa*. この知らせは彼女を心配させる.

**preoccuparsi** [preokkupársi] 再 (per, di) …を心配する.
*Mi preoccupo* molto per la (della) salute di mia madre. 私は母の健康がとても心配です.
Non *preoccuparti* per me! ぼくのことは心配するなよ.

**preoccupazione** [preokkupattsjóːne] 女 心配.
Quest'avvenimento mi dà una certa *preoccupazione*. この出来事は私にちょっと気がかりだ.

**preparare** [preparáːre] 他 準備する, 用意する.
La madre sta *preparando* il pranzo in cucina. 母親は台所で昼食の準備をしているところです.

**prepararsi** [preparársi] 再 (a, per) …に備える, …の準備をする.
*Mi preparo* all'esame. 私は試験に備えて勉強する.
*Preparatevi* per il viaggio! 君たち旅行の支度をしなさい.

**preparazione** [preparattsjóːne] 女 準備, 用意.
La ristampa di questo libro è in *preparazione*. この本の重版が準備中です.

**presentare** [prezentáːre] 他 1. 差し出す, 提出する. 2. 紹介する.
Dovete *presentare* la domanda entro questo mese. 今月中に願書を提出しなければなりません.
Ti *presento* mio cugino. 君にぼくのいとこを紹介しよう.

**presentarsi** [prezentársi] 再 現れる, 出頭する.
Chiamati dal professore *si sono presentati* tutti davanti a lui. 教授に呼び出されて, みな彼の前に現れた.

**presente** [prezénte] 形 1. 居合わせている, 出席している. 2. 現在の.

Io non ero *presente* al fatto.
全部の学生が出席している.
Tutti gli studenti sono *presenti*.
現在の幸せは長く続かないだろう.
La *presente* felicità non durerà tanto.

**presenza** [prezéntsa]
女 (ある場所に)居ること.
Non lo dica in sua *presenza*!
彼の居るところでそれを言わないように.

**presidente** [presidénte]
男 女 〖女 は -essa も用いる〗会長, 社長, 議長; 大統領.
Lui è stato eletto *Presidente* della Camera dei Deputati.
彼は衆議院議長に選ばれた.
Il *Presidente* della Repubblica Italiana è in visita ufficiale in Giappone.
イタリア共和国大統領は日本を公式訪問中である.

**pressione** [pressjó:ne]
女 圧迫; 迫力.
Ho la *pressione* alta (bassa).
私は血圧が高い(低い).
Gli operai fanno *pressione* sul direttore perché vengano accettate le richieste.
労働者は要求が受け入れられるよう社長に迫る.

**presso** [présso]
I. 副 〖vicino より文学的〗近くに.
Qui *presso* c'è una piazza.
この近くに広場がある.
**presso a poco**
およそ, ほとんど.
Pesa *presso a poco* 50 chili.
およそ 50 キロの重さがある.
II. 前 1. …の近くに. 2. …において, …の所で(に).
Ho una villa *presso* il lago.
私は湖の近くに別荘をもっている.
Abito *presso* mio zio.
私は叔父の所に住んでいる.

**prestare** [prestá:re]
他 貸す.
Gli *ho prestato* un libro.
私は彼に本を貸した.
*Presta* orecchio alle mie parole!
ぼくの言うことを聞いてくれ.

**presto** [présto]
副 早く, 急いで, 直ちに.
Alzati *presto* la mattina!
朝早く起きなさい.
Fa' *presto*!
早くしなさい.
**al (il) più presto possibile**
できるだけ早く.
Dobbiamo arrivarci *al più presto possibile*.
私たちはできるだけ早くそこに到着しなければならない.

**prete** [pré:te]
男 (カトリックの) 司祭.
Si è fatto *prete*.
彼は司祭になった.

**pretendere** [preténdere]
他 1. 主張する, 言い張る. 2. 要求する.

*Pretende* di essere innocente.
*Pretendi* troppe cose da me.

## prevedere [prevedé:re]
Si *prevede* bel tempo.
Il suo arrivo è *previsto* per domani.

## prezioso [prettsjó:so]
Avete perduto del tempo *prezioso* in inutili discussioni.

## prezzo [préttso]
Il *prezzo* è aumentato.

## prigione [pridʒó:ne]
Lui è stato messo in *prigione*.

## prima [prí:ma]
*Prima* non parlava bene l'italiano.
Dovevo pensarci *prima*.

**il giorno prima**
Diceva che aveva visto Carlo *il giorno prima*.

**prima di**
Arriverò *prima di* te.
Lo finisca *prima di* mezzogiorno!
Lavatevi i denti *prima di* andare a letto!

**prima che＋接続法**
Vogliamo arrivare a casa *prima che* cominci a piovere.

## principale [printʃipá:le]
Quali sono i prodotti *principali* di questa regione?

## principe(-essa) [príntʃipe, -éssa]
Vive come un *principe*.

## principio [printʃí:pjo]

Qui c'è molta neve anche al *principio* della primavera.
il *principio* di Archimede

## privato [privá:to]

彼は無罪を主張する.
君は私から余りにも多くのことを要求する.

他 予知する, 予測する.
よい天気が予測される.
彼の到着は明日に予定されている.

形 貴重な; 大切な.
君たちは無益な議論をして貴重な時間を失った.

男 値段, 価格.
値段が上った.

女 刑務所, 監獄.
彼は刑務所に入れられた.

副 前に, 初めに, 以前に.
以前彼はイタリア語を上手に話せなかった.
私は初めにそれを考えるべきだった.

〖形容詞的用法〗前の日に.
彼は前日カルロに会ったと言っていた.

〖前置詞句〗…の前に, より先に.
ぼくは君よりも先に着くだろう.
正午前にそれを終えてください.
君たち寝る前に歯をみがきなさい.

…する前に.
私たちは雨が降り始める前に家に帰りたいのです.

形 主な, 主要な.
この地方の主な産物は何ですか.

男 (女) 1. 王子(王女). 2. 君主(妃).
彼は君主のような生活をしている.

男 〖複 -pi〗 1. 初め, 最初. 2. 原理, 原則.
ここでは春の初めにもたくさん雪が積っている.
アルキメデスの原理.

形 私的な; 私有の.

Non puoi intervenire nelle sue faccende *private*. / 君は彼の私的な用事に干渉することはできない.

Mia figlia frequenta una scuola *privata*. / 私の娘はある私立学校に通っています.

**privo** [prí:vo] 形 (di) …を欠いた, …のない.

È un ragazzo *privo* di giudizio. / 分別のない少年だ.

**probabile** [probá:bile] 形 ありそうな, 本当らしい.

È *probabile* che non venga. / おそらく彼はやって来ないだろう.

**probabilmente** [probabilménte] 副 恐らく, 多分.

Domani *probabilmente* farà bel tempo. / 明日は恐らく天気がよいだろう.

**problema** [problé:ma] 男 〖複 -*mi*〗問題.

Non sono capace di risolvere questo *problema*. / 私はこの問題を解くことができない.

**procedere** [protʃé:dere] 自 〖助 essere〗 1. 進む. 2. (仕事などが)はかどる.

L'automobile *procedeva* lentamente. / 自動車はゆっくりと進んで行った.

Il lavoro non *procede* bene. / 仕事がうまくはかどらない.

**processo** [protʃésso] 男 1. 過程, 経過. 2. 訴訟, 裁判.

Come è il *processo* della sua malattia? / 彼の病気の経過はいかがですか.

Lei potrà vincere il *processo* contro quell'uomo. / あなたはあの男との訴訟に勝つことができるでしょう.

**proclamare** [proklamá:re] 他 1. 宣言する. 2. 公表する, 公布する.

La Repubblica Italiana è stata *proclamata* nel 1946. / イタリアの共和制は 1946 年に宣言された.

Hanno *proclamato* i risultati dell'elezione. / 選挙の結果が公表された.

**procurare** [prokurá:re] 他 手に入れさせる.

Mi *ha procurato* un biglietto per il concerto. / 彼は私に音楽会の入場券を手にいれてくれた.

**procurare di**+不定詞, **che**+接続法 …するよう努める.

*Procura* di arrivare in tempo! / 時間内に着くようにしなさい.

I genitori *procurano che* i figli si mantengano sempre in salute. / 両親は子供たちが常に健康であるように配慮する.

**prodotto** [prodótto] 男 生産物, 製品.

**produrre**

I *prodotti* di questa fabbrica vengono esportati.
この工場の製品は輸出される.

**produrre** [prodúrre] 他 製造(生産)する; 産出する.
Si *producono* macchine agricole in questa fabbrica.
この工場では農業機械が製造される.
Questa terra *produce* molto grano.
この土地は小麦をたくさん産出する.

**produzione** [produttsjó:ne] 女 生産; 製造.
Questa regione è adatta per la *produzione* di vino.
この地方はワインの生産に適している.

**professione** [professjó:ne] 女 職業.
Fa il pittore di *professione*.
彼は画家を職業としている.

**professore(-essa)** [professó:re, -éssa] 男 (女)教授; 先生(中学校以上の).
Lui (Lei) è il nostro *professore* (la nostra *professoressa*) d'italiano.
あの人が私たちのイタリア語の先生です.

**profondo** [profóndo] 形 深い.
Questo lago è *profondo*.
この湖は深い.
È caduto in un sonno *profondo*.
彼は深い眠りにおちた.

**profumo** [profú:mo] 男 1. 芳香. 2. 香水.
I fiori mandavano *profumo*.
花がよい香りを放っていた.
Si mette un po' di *profumo*.
彼女は少し香水をつける.

**progetto** [prodʒétto] 男 計画, 企画; 設計.
È in *progetto* la costruzione di un nuovo palazzo.
新しいビルの建設が計画されている.

**programma** [prográmma] 男 〖複 -mi〗 1. プログラム; 番組. 2. 予定, 計画.
Hai visto il *programma* del concerto?
君は演奏会のプログラムを見ましたか.
Che *programmi* ci sono alla televisione stasera?
今晩テレビではどんな番組がありますか.
Ho in *programma* un viaggio.
私は旅行を計画しています.

**progresso** [progrésso] 男 進歩.
La scienza ha fatto rapidi *progressi*.
科学は急速な進歩を遂げた.

**proibire** [proibí:re] 他 禁止する.
I genitori *proibiscono* ai loro figli di uscire.
両親は息子たちに外出を禁止する.

**promessa** [proméssa] 女 約束.
Devi mantenere la *promessa*.
約束を守らなければならないよ.

**promettere** [prométtere]
Ti *prometto* di farlo.
Mi *ha promesso* che sarebbe venuta alle tre.

他 約束する.
私はそれをすることを君に約束する.
彼女は3時に来るとぼくに約束した.

**pronto** [prónto]

La cena è *pronta*.
*Pronto*, è casa Rossi?

形 1. 準備のできた. 2.(電話の)もしもし.
夕食の準備ができました.
もしもし, ロッシさんのお宅ですか.

**pronunziare** [pronuntsjá:re]

Lei *pronunzia* bene il francese.

*Ha pronunziato* alcune parole, ma non le ho capite.

他《または pronunciare》発音する.
あなたはフランス語の発音が上手です.
彼はいくつかの言葉を発したが私はそれがわからなかった.

**proporre** [propórre]
Ho *proposto* questo programma.

他 提案する.
私はこの計画を提案した.

**proposito** [propó:zito]
Ho *proposito* di cambiare vita.
**di proposito**
Si è messo a studiare di *proposito*.

**a proposito**
*A proposito*, come hai passato le vacanze?

**a(in) proposito di**
*A proposito di* questo problema, parliamo più tardi.

男 1. 決意, 覚悟 2. 主題.
私は生活を変える決心をした.
本気で, まじめに.
彼はまじめに勉強し始めた.

ところで.
ところで, 君は休暇をどのように過したの.

…について.
この問題については, また後で話しましょう.

**proposta** [propósta]
Non posso accettare la Sua *proposta*.

女 申し出; 提案.
私はあなたの申し出(提案)を受け入れることはできません.

**proprietà** [proprjetá]
Quell'appartamento è di mia *proprietà*.

女 所有.
あのアパートは私の所有物です.

**proprieta*rio*(*-ria*)** [proprjetá:-rjo, -rja]
Chi è *proprietario* di questo terreno?

男 (女)《男複 *-ri*》所有者.
この土地の所有者はだれですか.

**prop*rio*** [pró:prjo]

L'ho visto con i miei *propri*

1. 形《男複 *-ri*》 1.《3人称以外は所有形容詞を伴うことが多い》自身の. 2. 固有の.
ぼく自身の目でそれを見ました.

**proseguire**

occhi.
Ognuno è andato a casa *propria*.
L'ha fatto con il suo *proprio* metodo.

Questo è *proprio* ciò che cercavo.
È *proprio* buona questa cucina!

**proseguire** [prosegwí:re]
Ti prego di *proseguire* il lavoro.

**prossimo** [próssimo]

Ci andrò la *prossima* settimana (il mese *prossimo*・l'anno *prossimo*).
Scenda alla *prossima* stazione!
Il Natale è ormai *prossimo*.

**proteggere** [protéddʒere]
Le montagne *proteggono* la città dai venti del nord.

**protesta** [protésta]
Abbiamo firmato la lettera di *protesta* al governo.

**protestare** [protestá:re]
*Protestiamo* contro gli esperimenti nucleari.

**prova** [pró:va]

Faccio un giro di *prova* con quest'automobile.
Mettiamo alla *prova* la sua forza fisica!
Questa è la *prova* del suo delitto.

**provare** [prová:re]

Vorrei *provare* questo vestito.
*Ho provato* una grande gioia nel rivedere il mio amico.
Loro *hanno provato* la mia inno-

各自自分の家に帰って行った.
彼は彼独特の方法でそれをした.

II. 副 まさに, 本当に.
これはまさに私が捜していたものです.
この料理は本当においしい.
他 継続する.
仕事を続けるよう君にお願いする.
形 1. 次の, 今度の. 2. 非常に近い.
私は来週(来月・来年)そこに行きます.

次の駅でお降りください.
もうすぐクリスマスだ.
他 守る; 保護する.
山がその町を北風から守っている.

女 抗議.
我々は政府に対する抗議文に署名した.

自〖助 avere〗抗議する.
我々は核実験に抗議する.

女 1. 試み; 試験. 2. 証明, 証拠.
この自動車の試運転をしてみよう.
彼の体力を試してみよう.

これが彼の犯罪の証拠である.

他 1. 試みる. 2. 経験する; (喜び・悲しみなどを)感じる, 味わう. 3. 証明する.
この服を試着してみたいのです.
私は友人に再び会ってとてもうれしかった.
彼らは私の無実を証明してくれ

**provenire** [proveníːre]

Sono notizie che *provengono* da fonti sicure.

Il treno *proveniente* (che *proviene*) da Venezia arriva alle 12. 30.

自〖助 essere〗(da から)来る; 由来する.

確かな筋からの情報だ.

ヴェネツィア発の列車は 12 時 30 分に到着する.

**provin*cia*** [províntʃa]

La Basilicata è una regione piccola, costituita da due sole *province*: Potenza e Matera.

女〖複 -ce または -cie〗県(行政区画).

バジリカータは小さな州で、ポテンツァとマテーラのわずか2つの県から成る.

**provocare** [provokáːre]

Ciò che disse *provocò* la simpatia di tutti.

他 引き起こす, 誘発する.

彼が言ったことはみんなの共感を呼んだ.

**provvedere** [provvedéːre]

*Hanno provveduto* (*provvisto*) il riscaldamento per l'inverno.

**provvedere ~ di**...(...**a** ~)

Li *provveda di* cibo!

*Provvedo* perché tutti possano essere contenti.

Il padre *provvede* alle necessità della famiglia.

1. 他 備える; 用意する; 供給する.

彼らは冬のために暖房を備えつけた(準備した).

~に…を備える; 供給する.

彼らに食物を与えなさい.

2. 自〖助 avere〗(a) …に備える; (a) …の必要を満たす.

みんなが満足できるよう私がなんとかいたします.

父親が家族の必要なものを備える.

**provvedimento** [provvedimén to]

Hai preso un *provvedimento* adatto per quella situazione.

男 措置, 方策.

君はその事態に適した措置を講じた.

**pubblicare** [pubblikáːre]

Il risultato delle indagini *è stato pubblicato*.

Il mio libro *sarà pubblicato* dalla Hakusuisha.

他 1. 公表する. 2. 出版する.

調査の結果が公表された.

私の書物は白水社から出版されるでしょう.

**pubblico** [púbbliko]

La polizia provvede alla *pubblica* sicurezza.

1. 形〖男複 -ci, 女複 -che〗公の, 公共の.

警察官は公の安全をはかる.

Ha parlato davanti al *pubblico*. 彼は公衆の前で演説した.

**pugno** [púɲɲo] 男 こぶし, げんこつ.
Stringe i *pugni*. 彼はこぶしを握りしめる.
Gli ho dato un *pugno*. ぼくは彼にげんこつをくらわせた.

**pulire** [pulí:re] 他 きれいにする; 掃除する.
Bisogna *pulire* la stanza. 部屋を掃除する必要がある.
Mi *pulisco* i denti. 私は歯を磨く.

**punta** [púnta] 女 先端, 先.
Sta in *punta* di piedi. 彼はつま先で立っている.

**punto** [púnto] 男 点.
Ci sono dodici centimetri tra questi due *punti*. この二つの点の間は 12 センチあります.

**purché** [purké] 接 (+接続法) …という条件で, …しさえすれば.
Ti dirò tutto *purché* mi prometta di tacere. 君が口外さえしなければ, ぼくは全部君に言うだろう.

**pure** [pú:re]
**1.** 接 やはり, それでもなお.
Il compito è difficile, *pure* devi compierlo. 任務は困難だが, それでも君はそれを果たさなければならない.
**2.** 副 …もまた, やはり.
L'ha detto *pure* a me. 彼はそれをぼくにも言った.
Entri *pure*! どうぞお入りください.

**puro** [pú:ro] 形 純粋な.
L'aria è *pura* in campagna. 田舎では空気が澄んでいる.

# Q

**qua** [kwa] 副 ここに(で), こちらに(で).
Vieni *qua*! こちらに来なさい.
Guarda sempre *qua* e là. 彼はいつもあちこち見回す.

**quaderno** [kwadérno] 男 ノート, 帳面.
Scrivo delle parole italiane sul *quaderno*. 私はノートにイタリア語の単語を書く.

**quadro** [kwá:dro] 男 絵.
Chi ha dipinto questo *quadro*? この絵はだれが描いたのですか.

**qualche** [kwálke] 形 〖単数形で用いる〗 **1.** いくつかの, いくらかの. **2.** ある.
Fra *qualche* giorno verrò a tro- 数日後に君に会いに行こう.

varti.
L'ho visto in *qualche* luogo.

私はどこかで彼に会ったことがある.

Conosci *qualche* persona che possa aiutarmi?

だれか私の手伝いをしてくれる人を知らないかい.

**qualcosa** [kwalkó:sa]

代【男性・単数として取り扱う】あるもの; あること.

Hai bisogno di *qualcosa*?
Avete *qualcosa* da domandare?

君は何かが必要かね.
君たちは何か質問がありますか.

**qualcuno**(*-a*) [kwalkú:no, -a]

代【単数形で用いる】1. あるいく人かの人; あるいくつかの物. 2. ある人.

Solo *qualcuno* riuscì ad arrivarci.

いく人かの人だけがそこに到着することができた.

Ha letto *qualcuno* di questi libri.

彼はこれらの本のうち何冊かを読んだ.

Stai aspettando *qualcuno*?

君はだれかを待っているのかい.

**quale**[1] [kwá:le]

1. 形【疑問形容詞; 単数形は**qual**となることがある】どの; どのような; 何の.

*Quali* fiori ti piacciono?
Per *quale* motivo hai cominciato a studiare l'italiano?

君はどんな花が好きですか.
君はどんな動機でイタリア語を勉強し始めたのですか.

2. 代【疑問代名詞; 母音で始まる essere の変化形の前では**qual**】どれ; どの人; なに.

*Qual* è la tua macchina?
*Quale* preferisci, questo o quello?

どれが君の車ですか.
君はこれとあれとどちらが好きですか.

**quale**[2] [kwá:le]

代【関係代名詞, 先行詞の性・数に一致した形をとり, 定冠詞を伴う. che や cui ほどひんぱんには用いられない】

Ecco il libro, del *quale* ti ho parlato ieri.

ほらここに昨日私が君に話をした本があるよ.

Ho conosciuto gli studenti dell'università ai *quali* Lei insegna l'italiano.

あなたがイタリア語を教えている大学生と知り合いになりました.

Lui è il fratello di Anna la *quale* tu ami.

彼は君が愛しているアンナの兄さんだよ.

**qualità** [kwalitá]

女 質.

**qualsiasi**

È un prodotto di buona *qualità*. 良質の製品です.

**qualsiasi** [kwalsíasi] 形〖=qualsisia; 単数形で用いる〗どんな…でも.

*Qualsiasi* persona potrebbe farlo. どんな人でもそれをすることができるだろう.

**qualunque** [kwalúŋkwe] 形〖単数形で用いる〗どんな…でも.

Puoi telefonarmi a *qualunque* ora. 君は何時でも私に電話してもよろしい.

**qualunque**…+接続法 たとえどんな…が…しようとも.

*Qualunque* cosa mi dica, non ti ascolto. たとえ君がどんなことを言おうとも, 私は耳を傾けない.

**quando** [kwándo] 1. 副〖疑問副詞〗いつ.

*Quando* l'hai incontrata? いつ君は彼女に会ったの.
Non so *quando* verrà lui. 私は彼がいつ来るのか知らない.
Da *quando* studi l'italiano? 君はいつからイタリア語を勉強していますか.

2. 接 …するとき.

*Quando* siamo usciti dall'ufficio pioveva. 私たちが事務所を出たとき. 雨が降っていた.

3.〖関係副詞〗

Verrà il giorno *quando* te ne pentirai. 君がそれを後悔する日がやって来るだろう.

**quantità** [kwantitá] 女 量.

La qualità è più importante della *quantità*. 質は量に勝る.

**quanto** [kwánto] 1. 形〖数・量の疑問形容詞〗いくつの; どのくらいの.

*Quanti* fratelli hai?—Ne ho due. 君は何人兄弟がありますか.—2人あります.

*Quanta* carne desidera? どれくらい肉がお入り用ですか.
Con *quanti* amici parti? 君は何人の友だちといっしょに出発しますか.

*Quanta* gente! 何とたくさんの人がいることだろう.

**tanto**…**quanto** ~ ~と同じくらい…である.

Gina è [tanto] bella *quanto* Franca. ジーナはフランカと同じように美しい.

Ci sono tante donne *quanti* uomini. 男性と同じ数の女性がいる.

Ha bevuto tanto vino *quanto* me. 彼は私と同じくらいワインを飲んだ.

**quello²**

*Quanto* costa? (値段が)いくらですか.
*Quanto* è forte quel ragazzo! あの少年は何と強いことだろう.
*Quanti* di voi sono andati alla gita? 君たちのうち何人が遠足に行ったのですか.
*Quanti* ne abbiamo oggi?—Oggi ne abbiamo quindici. 今日は何日ですか.—今日は15日です.

**3.** 代 〖関係代名詞〗…するところのもの〖すべて〗.

Fece *quanto* gli era stato assegnato. 彼は割り当てられたことをすべてやった.

**quartiere** [kwartjɛːre] 男 地区; 界わい.
Vivono nei *quartieri* alti(bassi; popolari). 彼らは山の手(下町)に住んでいる.

**quarto** [kwárto] 男 4分の1; 15分.
Mi dia un *quarto* di vino! ワイン4分の1リットルください.
Sono le cinque e un *quarto*. 今5時15分です.

**quasi** [kwáːzi] 副 ほとんど.
Abbiamo *quasi* finito il lavoro. 我々はほとんど仕事を終えた.

**quello¹** [kwéllo] 形 〖s+子音やz以外の子音の前では 男単 **quel**, 男複 **quei**. s+子音やzの前では 男単 **quello**, 男複 **quegli**. 母音の前で 男単 **quell'**, 男複 **quegli**. 子音の前で 女単 **quella**, 女複 **quelle**. 母音の前で 女単 **quell'**, 女複 **quelle**.〗 あの; その.

*quel* fiore, *quei* fiori あの花, あれらの花.
*quello* studente, *quegli* studenti あの学生, あの学生たち.
*quell'*albero, *quegli* alberi あの木, あれらの木.
*quell'*italiano, *quegl'*italiani あのイタリア人, あのイタリア人たち.
*quella* casa, *quelle* case あの家, あの家々.
*quell'*università, *quelle* università あの大学, あれらの大学.

**quello²** [kwéllo] 代 あれ; それ. 〖男単 **quello**, 男複 **quelli**, 女単 **quella**, 女複 **quelle**〗

La mia giacca è questa, la tua è *quella*. 私の上着はこれ, 君のはあれだ.
Non capisco *quello* che dici. 君の言うことがわからない.

**questione** [kwestjóːne]    女 問題.
Discutono una *questione* importante.
彼らはある重要な問題を議論している.

**questo** [kwésto]    **1.** 形 この. **2.** 代 これ. 〖男単 questo, 男複 questi, 女単 questa, 女複 queste〗

*Questa* casa è stata costruita recentemente.
この家は最近建てられた.

*Questo* è il mio dizionario.
これは私の辞典です.

Ha fatto molto caldo *questa* estate.
今年の夏はとても暑かった.

**questo(-a)…, quello(-a)**
後者は…, 前者は….

Gianni e Sandro sono studenti dell'università; *questo* studia legge e *quello* medicina.
ジャンニとサンドロはこの大学の学生ですが, 後者は法律を, 前者は医学を学んでいます.

**qui** [kwi]    副 ここに(で).
Vieni *qui*!
こちらに来たまえ.
Abito *qui* vicino.
私はこの近くに住んでいます.

**quindi** [kwíndi]    **1.** 副 それから, 次に. **2.** 接 それだから.

Mi ha detto così, *quindi* se n'è andato.
こう言って, それから彼は行ってしまった.

Mi fa male la testa, *quindi* non vado in ufficio.
私は頭が痛い. だから事務所には行けません.

**quotidiano** [kwotidjáːno]    **1.** 形 毎日の. **2.** 男 日刊紙.

Non ci manca il pane *quotidiano*.
我々には日々の糧が不足することはありません.

Di solito, quale *quotidiano* leggi?
ふだん君はどの日刊紙を読みますか.

# R

**rabbia** [rábbja]    女 激怒, 怒り.
È fuori di sé dalla *rabbia*.
彼は怒りに我を忘れている.

**raccogliere** [rakkóʎʎere]    他 **1.** 集める; 収集する. **2.** 収穫する, 取り入れる.

Il professore *raccoglie* documenti antichi per le ricerche.
教授は研究のため古い文献を集める.

I contadini *raccolgono* l'uva.
農夫がぶどうを収穫する.

**raccolta** [rakkólta]　　　　　　　　　囡 **1.** 集めること. **2.** 収穫.
　Fa la *raccolta* di canti popolari.　　彼は民謡を集めている.
　Si fa la *raccolta* del grano.　　　　小麦の取り入れが行なわれる.
**raccomandare** [rakkomandá:-　　　他 **1.** 依頼する; ゆだねる. **2.**
re]　　　　　　　　　　　　　　　　推薦する.
　È un ragazzo molto serio. Glie-　　彼はとてもまじめな少年です. 彼を
　lo *raccomando*.　　　　　　　　　よろしくお願いします.
　A quel ristorante si mangia　　　あのレストランは料理がとてもおい
　molto bene. Ve lo *racco-*　　　　しい. あなた方にお薦めします.
　*mando*.
**raccontare** [rakkontá:re]　　　　　他 語る, 物語る.
　*Racconta*mi quello che hai visto　君が見たことやしたことをぼくに話
　e fatto!　　　　　　　　　　　　してくれ.
**racconto** [rakkónto]　　　　　　　　男 物語, 話.
　Ho ascoltato un *racconto* delle　　私は彼の恋愛事件の話に耳を傾
　sue avventure.　　　　　　　　　　けた.
**radice** [radí:tʃe]　　　　　　　　　囡 根.
　Le *radici* di questo albero sono　この木の根は深い.
　profonde.
　Ha messo *radici* in America.　　　彼はアメリカに定住した.
**radio** [rá:djo]　　　　　　　　　　囡 〖単複同形, ＝radiofonia〗
　　　　　　　　　　　　　　　　　　ラジオ.
　Ascoltiamo il concerto alla *ra-*　ラジオでコンサートを聞きましょう.
　*dio*!
**ragazzo** (*-a*) [ragáttso, -a]　　　男 (囡) 少年(少女).
　Questi *ragazzi* frequentano la　この少年たちは中学校に通ってい
　scuola media.　　　　　　　　　　る.
**raggio** [ráddʒo]　　　　　　　　　男 〖複 *-gi*〗光線.
　I *raggi* del sole sono molto forti.　太陽の光線がとてもきつい.
**raggiungere** [raddʒúndʒere]　　　他 **1.** 追い着く. **2.** 達する.
　Ho *raggiunto* il gruppo che era　私は先に出発したグループに追い
　partito prima.　　　　　　　　　　着いた.
　Devi *raggiungere* lo scopo.　　　君は目的を達成しなければなりま
　　　　　　　　　　　　　　　　　　せん.
**ragione** [radʒó:ne]　　　　　　　　囡 **1.** 理性; 道理; 分別. **2.**
　　　　　　　　　　　　　　　　　　理由.
　Non perdere la *ragione*!　　　　　理性を失うなよ.
　Dobbiamo comportarci seguen-　我々は理性に従って行動しなけれ
　do la *ragione*.　　　　　　　　　ばならない.
　Questa è la *ragione* per cui non　これが私がそれをすることができなか
　l'ho potuto fare.　　　　　　　　った理由です.

avere ragione 正しい，もっともである．
Ascoltando la sua spiegazione, ho capito che *aveva ragione*. 彼の言い分を聞いていると，彼の言うことが正しいとわかった．

**ramo** [rá:mo] 男 枝．
Ci sono degli uccelli sui *rami*. 枝の上に数羽の小鳥がいる．

**rapidamente** [rapidaménte] 副 速く．
Il ladro è fuggito *rapidamente*. 強盗は急いで逃げて行った．

**rapido** [rá:pido] 形 速い．
La scienza fa *rapidi* progressi. 科学は急速な進歩をとげる．

**rapporto** [rappórto] 男 1. 報告． 2. 関係．
Devo fare un *rapporto* sul mio lavoro. 私の仕事について報告しなければならない．
Non c'è nessun *rapporto* fra i due fenomeni. その二つの現象の間には何らの関係もない．

**rappresentare** [rapprezentá:re] 他 1. 表現する． 2. 上演する． 3. 代表する，代理をする．
Non capisco che cosa *rappresenta* questa opera. この作品が何を表現しているか私にはわからない．
Si *è rappresentata* la commedia di Goldoni. ゴルドーニの喜劇が上演された．

**raro** [rá:ro] 形 まれな，珍しい．
Ho visto un uccello molto *raro*. 私はとても珍しい小鳥を見た．

**rassegnarsi** [rasseɲɲársi] 再 (a) …にあまんじる，忍従する；あきらめる．
Si *rassegna* alla cattiva sorte. 彼は悪運にあまんじる．
Non riesco a fare di più. Devo *rassegnarmi*. 私はもうこれ以上のことをすることができない．あきらめねばならない．

**razza** [ráttsa] 女 人種；品種．
I giapponesi sono di *razza* gialla. 日本人は黄色人種である．
Questo cavallo è di pura *razza*. この馬は純血種である．

**re** [re] 男 王．
C'era una volta un *re* che aveva due figlie. かつて二人の娘のある王様がおりました．

**reale** [reá:le] 形 現実の，事実の．
Non era un sogno, ma un fatto *reale*. それは夢ではなく，現実の出来事であった．

**realizzare** [realiddzá:re] 他 実現する．
Non è facile *realizzare* il progetto. その計画を実現するのは容易でない．

**realtà** [realtá]
  Non confondere il sogno con la *realtà*.
  女 現実.
  夢と現実を混同するな.

**reazione** [reattsjó:ne]
  女 **1.** 反動. **2.** 反応.
  Il nostro partito combatte la *reazione*.
  我が党は反動派と闘う.
  Lui si preoccupa della *reazione* dell'opinione pubblica.
  彼は世論の反応を気にしている.

**recare** [reká:re]
  他 持って行く.
  Che cosa le *rechiamo* in dono?
  どんな贈り物を彼女に持って行こうか.

**recarsi** [rekársi]
  再 おもむく, 行く.
  Tutti *si sono recati* insieme in città.
  みんなでいっしょに街へ行った.

**recente** [retʃénte]
  形 最近の.
  Hai avuto qualche notizia *recente* della sua famiglia?
  君は彼の家族について何か最近の消息を聞いたかい.

**recentemente** [retʃentemén-te]
  副 近ごろ, 最近.
  *Recentemente* ho ricevuto una lettera da lei.
  最近私は彼女から一通の手紙を受け取った.

**recitare** [retʃitá:re]
  他 **1.** 暗唱する. **2.** (芝居などで役を) 演じる.
  *Ha recitato* una poesia davanti a noi.
  彼は私たちの前で詩を暗唱した.
  Quest'attore *recita* la parte di Otello.
  この俳優はオセロの役を演じる.

**regalare** [regalá:re]
  他 贈る.
  Questo orologio me l'*ha regalato* mio zio.
  この時計は叔父が私にくださったのです.

**reggere** [réddʒere]
  他 支える.
  Non *reggo* più questo peso.
  ぼくはもうこれ以上この重量を支えることができない.

**regina** [redʒí:na]
  女 女王.
  la *regina* Elisabetta d'Inghilterra
  英国のエリザベス女王.

**regione** [redʒó:ne]
  女 (行政上の) 地方, 州; 地域.
  L'Italia ha venti *regioni*.
  イタリアには 20 の地方がある.
  In questa *regione* non ci sono grandi città.
  この地方には大きな都市はない.

**regno** [réɲɲo]
  男 王国.

Quel *regno* fu dominato da un sovrano molto potente.
その王国はきわめて権勢のある君主に支配された.

**regola** [ré:gola] 囡 規則.
Dovete rispettare le *regole*.
君たちは規則を守らなければなりません.

**regolare** [regolá:re] 形 規則正しい.
Oggi abbiamo imparato i verbi *regolari*.
今日ぼくたちは規則動詞を習った.

**relativo** [relatí:vo] 形 1. 関係のある. 2. 相対的な.
La tua risposta non è *relativa* alla mia domanda.
君の返答はぼくの質問に関係がない.
La bellezza è *relativa*.
美とは相対的なものである.

**relazione** [relattsjó:ne] 囡 1. 関係. 2. 報告〔書〕.
Le *relazioni* fra i due paesi stanno migliorando.
両国の関係は改善されつつある.
Ho presentato al professore una *relazione* sulle mie ricerche.
ぼくは教授に研究報告書を提出した.

**religione** [relidʒó:ne] 囡 宗教.
Lei che ne pensa della *religione*?
あなたは宗教についてどう考えますか.

**religioso** [relidʒó:so] 形 1. 宗教の. 2. 信心深い.
Questa scuola fu fondata da un ordine *religioso*.
この学校はある宗教団体により設立された.
È un uomo molto *religioso*.
彼は非常に信仰心の厚い人だ.

**rendere** [réndere] 他 1. 返す. 2. …にする.
Gli *hai reso* i soldi?
君は彼にお金を返したか.
La brutta notizia la *rese* triste.
悪い知らせが彼女を悲しませた.

**repubblica** [repúbblika] 囡 〖覆 -che〗共和国.
L'Italia è una *repubblica*.
イタリアは共和国である.

**resistere** [resístere] 自 〖助 avere〗1. (a) …に抵抗する. 2. …に耐える.
Il popolo *resiste* alle pressioni politiche.
民衆が政治的抑圧に抵抗する.
Non può *resistere* al freddo.
彼は寒さに耐えられない.

**respingere** [respíndʒere] 他 1. 追い返す. 2. 拒絶する.
La polizia *ha respinto* i dimostranti dalla piazza.
警官はデモ隊を広場から追い出した.
Il padrone *respingerà* la tua domanda.
主人は君の要求を拒否するだろう.

**respirare** [respirá:re] 1. 自 〖助 avere〗呼吸する.
Non ci lascia neanche il tempo
息つく暇も与えてくれない.

di *respirare*.

Si *respira* l'aria pura in campagna.

**respiro** [respíːro]
Ha tirato un *respiro* profondo.

**responsabile** [responsáːbile]
Lui è *responsabile* almeno in parte dell'avvenimento.

**responsabilità** [responsabilitá]
Io assumo la *responsabilità* dell'accaduto.

**restare** [restáːre]


Resterà qui per un mese.
Mi *restano* solo cinque euro.

*Resta* seduto per ore.

**restituire** [restituíːre]
Mi *restituisca* il denaro che Le ho prestato!

**resto** [résto]
Finiamo presto il *resto* del lavoro!

**rete** [réːte]
Hanno preso molti pesci con la *rete*.

**retta** [rétta]
**dare retta a**
*Dategli retta*! Sta parlando.

**ricchezza** [rikkéttsa]
La *ricchezza* non ci rende felici.

Possiede grandi *ricchezze*.
**ricco** [ríkko]

È cresciuta in una famiglia molto *ricca*.

2. 他 吸う.
田舎ではきれいな空気が吸える.

男 呼吸.
彼は深呼吸をした.
形 (di) …の責任がある.
彼は少なくともいくらかはその事件に責任がある.

女 責任.

私がその事件の責任を負う.

自 〚助 essere〛 1. とどまる. 2. 残る. 3. (ある状態の)ままである.
彼はここに1か月とどまるだろう.
私にはわずか5ユーロしか残っていない.
彼は数時間座ったままでいる.
他 返す;戻す.
あなたにお貸ししたお金を私に返してください.
男 残り,余り,おつり.
残りの仕事を早く片付けよう.
女 網.
彼らは網でたくさんの魚を取った.

女 〚成句に用いる〛
…に耳を傾ける.
君たちは彼の言うことを聞きなさい. 話をしているんだから.
女 富,豊かさ.
裕福さが我々を幸せにするのではない.
彼は莫大な財産をもっている.
形 〚男複 -chi, 女複 -che〛 金持ちの; (di) …に富んだ.
彼女はとても金持ちの家庭に育った.

Firenze è *ricca* di opere d'arte.  
フィレンツェには芸術作品が豊富にある.

**ricerca** [ritʃérka]  
女〖複〗 *-che* 1. 探索. 2. 研究, 調査.

La polizia è alla *ricerca* del ladro.  
警察は窃盗犯人を捜索中である.

Qual è il tema delle Sue *ricerche*?  
あなたの研究のテーマは何ですか.

**ricercare** [ritʃerká:re]  
他 1. 探索する. 2. 研究する;調査する.

Sto *ricercando* la macchina rubata.  
私は盗まれた車を探しているところです.

Si *ricercano* le cause dell'incidente.  
事故の原因が調査されている.

**ricevere** [ritʃé:vere]  
他 受け取る; 受け入れる.

*Ho ricevuto* una lettera da lei.  
私は彼女から手紙をもらった.

Tutta la famiglia mi *ha ricevuto* a braccia aperte.  
家族全部が両手を広げて私を迎えてくれました.

**richiamare** [rikjamá:re]  
他 再び呼ぶ; 呼び戻す.

*L'ho richiamato*, perché non mi aveva risposto.  
返事がなかったので, ぼくは再び彼を呼んだ.

Questa canzone mi *richiama* alla mente i tempi passati.  
このカンツォーネは私に昔を思い出させる.

**richiedere** [rikjé:dere]  
他 1. 再び要求する; 強く要求する. 2. 尋ねる.

Il mio amico mi *richiede* un aiuto finanziario.  
友人がぼくに資金の援助をしきりに要求する.

Gli *ho* chiesto e *richiesto* la sua opinione, ma non mi ha risposto.  
私は彼に何度も意見を聞いたが,彼は返事をしてくれなかった.

**richiesta** [rikjésta]  
女 頼み, 要求.

Accetta la nostra *richiesta*.  
彼は我々の要求を受け入れる.

**ricominciare** [rikomintʃá:re]  
1. 他 再び始める.

Dopo cinque minuti di riposo, *hanno ricominciato* a lavorare.  
彼らは5分間休息した後, 再び働き始めた.

2. 自〖助 essere〗 再び始まる.

Fra poco *ricomincerà* lo spettacolo.  
間もなく再び上演が始まります.

**riconoscere** [rikonóʃʃere]  
他 認める.

*Riconosce* che il torto era suo.  
彼は誤りが自分のものであることを認める.

Anche se non l'avevo visto da molti anni, l'*ho riconosciuto* subito.

何年も前から彼に会っていなかったけれども、すぐに彼であることがわかった.

**ricordare** [rikordá:re]

他 **1.** 思い出す; 覚えている. **2.** 思い出させる.

Non *ricordo* il suo indirizzo.

私は彼の住所を覚えていない.

La sua faccia mi *ha ricordato* quella di un amico morto.

彼の顔が私に死んだ友人を思い出させた.

**ricordarsi** [rikordársi]

再 〘di を伴うことが多い〙…を思い出す; …を覚えている.

*Ti ricordi* di me?

君はぼくのことを覚えているかい.

Non riesco *ricordarmi* il suo nome.

私は彼の名前を思い出すことができない.

*Mi sono ricordato* di averla incontrata.

ぼくは彼女に出会ったことを思い出した.

Non *si ricorda* che le ho presentato quel signore.

彼女は私があの方を紹介したことを覚えていない.

**ricordo** [rikórdo]

男 記憶, 思い出.

Il vecchio ci ha raccontato i suoi *ricordi* di guerra.

老人は戦争の思い出をぼくらに話してくれた.

**ricorrere** [rikórrere]

自 〘助 essere〙 **1.** (a) …に助けを求める; 頼る. **2.** 訴える.

Lo studente *è ricorso* al professore per un consiglio.

その学生は教授に助言を求めた.

Per risolvere il caso, *ricorrono* al tribunale.

その事件を解決するために、彼らは裁判に訴える.

**ridere** [rí:dere]

自 〘助 avere〙 笑う.

*Ride* spesso di niente.

彼はよく何でもないことで笑う.

**ridicolo** [ridí:kolo]

形 おかしい, こっけいな.

Dici spesso cose *ridicole*.

君はよくこっけいなことを言う.

**ridurre** [ridúrre]

他 **1.** 縮小させる; 減らす. **2.** (ある状態に) する.

Si devono *ridurre* al minimo le spese di produzione.

生産費を最小限に少なくすべきである.

La guerra *ha ridotto* il popolo alla miseria.

戦争が国民を悲惨な状態にした.

**riempire** [riempí:re]

他 満たす, いっぱいにする.

*Riempia* la bottiglia di vino.

ボトルにワインをいっぱい入れてください.

**rientrare** [rientrá:re]

自 〘助 essere〙 再び入る; 戻る, 帰る.

Il direttore che era uscito *è rientrato* in ufficio.
外出していた支配人は事務所へ戻った.

Ieri notte *sono rientrato* a casa molto tardi.
昨夜私はとても遅く家に帰った.

**riferire** [riferí:re]  他 報告する; 伝える.

Mi *riferisca* tutto ciò che ha visto!
見たことすべてを私に報告してください.

**riferirsi** [riferírsi]  再 1.(a) …に言及する. 2.(a) …に関連する, かかわる.

*Mi riferirò* a un problema che vi interessa.
私は君たちに興味のある問題について述べましょう.

A quale nome *si riferisce* questo aggettivo?
この形容詞はどの名詞に係りますか.

**rifiutare** [rifjutá:re]  他 拒否する, 断わる.

Maria *ha rifiutato* la proposta di matrimonio di Carlo.
マリーアはカルロの結婚の申し込みを断わった.

**riflesso** [rifléssso]  男 反射; 反映.

Il *riflesso* del sole è molto intenso.
太陽の反射が強烈だ.

**riflettere** [rifléttere]  1. 他 〖過分 riflesso〗 反射する; 反映する.

L'acqua *rifletteva* la luce della luna.
水が月の光を反射していた.

I sentimenti *sono riflessi* (*si riflettono*) negli occhi.
感情は目に映し出される.

2. 自 〖助 avere, 過分 riflettuto〗 (su) …を反省する; 熟考する.

Non *hai riflettuto* bene su quello che avevi fatto.
君はやったことをよく反省していない.

**rigido** [rí:dʒido]  形 1. 硬い. 2. 厳しい.

Ho le gambe *rigide*.
ぼくの脚は硬直している.

In questo paese l'inverno è *rigido*.
この国では冬は寒さが厳しい.

**riguardare** [rigwardá:re]  他 1. 関係する. 2. よく見る; 注意する.

Questo fatto non mi *riguarda*.
この事実は私に関係がない.

*Riguardando*lo, ho capito che non è molto vecchio.
よく見ると, 彼はそんなに年をとっていないことがわかった.

**per quanto riguarda**  …に関しては, …に関する限り.

*Per quanto riguarda* quel caso, ci
その件に関しては, 私にまかせてく

**riguardarsi** [rigwardársi]

*Riguardati*, perché fa molto freddo.
*Riguardiamoci* dai pericoli!

**riguardo** [rigwárdo]

Questo è uno strumento da trattare con *riguardo*.
Non mancare di *riguardo* agli ospiti!
In questo *riguardo* non c'è nessun problema.

**rilevare** [rilevá:re]
Ha *rilevato* alcuni difetti dell'opera.

**rilievo** [riljé:vo]

Questa zona è ricca di *rilievi*.
È una cosa di scarso *rilievo*.

**rimanere** [rimané:re]

*Rimango* qui ancora.
*Siamo rimasti* ad aspettarlo tutto il pomeriggio.

**rimettere** [riméttere]
*Rimetti* il libro al suo posto!

**ringraziare** [ringrattsjá:re]
ringraziare...di (per) ~
La *ringrazio della* lettera.
*Ringrazio* il signore *per* avermi indicato la strada.

**rinnovare** [rinnová:re]

Ho *rinnovato* i mobili della mia stanza.
Ho fatto *rinnovare* il mio passaporto.

**rinunziare** [rinuntsjá:re]

ださい.
再（自分の体・健康に）注意する；（自分を）守る.
とても寒いから、健康に気をつけなさい.
危険から身を守ろう.
男 1. 注意, 用心. 2. 尊敬. 3. 関係.
これは注意して取り扱わねばならない器具です.
お客さんたちに失礼なことをしてはいけません.
この点に関しては何ら問題はありません.
他 あばく, 明らかにする.
彼はその作品のいくつかの欠陥を指摘した.
男 1. 突出, 突起. 2. 浮き彫り. 3. 際立つこと；重要性.
この地帯は起伏が多い.
余り重要ではないことだ.
自 〖助 essere〗 1. とどまる, 残る. 2. …のままでいる.
私はもっとここに残ります.
ぼくらは午後中ずっと彼を待っていた.
他 元の所へ置く, 戻す.
本を元あった場所へ返しなさい.
他 感謝する, 礼をいう.
…に～のお礼をいう.
お手紙有難うございました.
私はその紳士に道を教えてもらったお礼を言う.
他 1. 新しくする；取り換える. 2. 更新する.
私は自分の部屋の家具を新しいのに取り換えた.
私はパスポートを更新してもらった.
自 〖助 avere〗 (a) …を放棄する；あきらめる.

*Rinunziarono* al loro progetto.  
彼らは計画を断念した.

**riparare** [ripará:re]  
他 **1.** 修理する; 直す.  **2.** 守る, 防ぐ.

Ho fatto *riparare* la macchina.  
私は車を修理してもらった.

La città *è riparata* dai venti del nord dalle montagne.  
その都市は山によって北風を防いでいる.

**ripararsi** [riparársi]  
再 身を守る, 避ける.

*Ci ripariamo* dalla pioggia sotto un albero.  
私たちは木の下で雨宿りをする.

**ripetere** [ripé:tere]  
他 繰り返す.

Spero che tu non *ripeta* gli errori.  
私は君が誤りを繰り返さないよう望んでいる.

**riportare** [riportá:re]  
他 (元の所へ)再び持って行く(来る).

Lui non mi *ha riportato* ancora quello che gli avevo prestato.  
彼は私が貸した物をまだ持って来てくれない.

**riposare** [riposá:re]  
自 〖助 avere〗休息する.

Siamo stanchi. *Riposiamo* un po'!  
私たちは疲れている. 少し休息しよう.

**riposo** [ripó:so]  
男 休息.

Dopo un po' di *riposo* ricominciamo a lavorare!  
少し休んだらまた仕事を始めましょう.

**riprendere** [ripréndere]  
他 **1.** 再び取る. **2.** 再び始める.

Posò la penna, fumò una sigaretta e poi *riprese* la penna.  
彼はペンを置き, 煙草を一本吸ってから再びペンを取った.

Dopo cinque minuti *riprendiamo* il cammino.  
5分後に再び歩き始めましょう.

**risalire** [risalí:re]  
自 〖助 essere〗再び上る.

Piovve tanto e *risalì* il livello dell'acqua.  
雨がたくさん降って, 水位が再び上った.

**riscaldamento** [riskaldaménto]  
男 暖房.

Accendi il *riscaldamento*!  
暖房をつけてください.

**rischiare** [riskjá:re]  
**1.** 他 危くする.

Non *rischiare* la vita per una cosa simile!  
そんなことで命を危険にさらすな.

**2.** 自 〖助 avere〗(di＋不定詞)危く…するところだ.

*Ho rischiato* di cadere.  
私は危く倒れるところだった.

**riserva** [risérva]  
女 取って置き, 予備; 貯蔵.

Non abbiamo più *riserva* di riso.  
私たちはもう米の蓄えがない.

**riservare** [riservá:re]

Riserviamo questo vino per la prossima festa!
Questo posto è riservato.

**riso** [rí:so]

Come si mangia il riso in Italia?

**risolvere** [risólvere]

È difficile risolvere questo problema.

**risparmiare** [risparmjá:re]

Dovete risparmiare la luce!
Risparmio un po' di soldi ogni mese.

**rispettare** [rispettá:re]

Rispettiamo gli anziani!
Le regole vanno rispettate.

**rispetto** [rispétto]

È una persona degna di rispetto.

**rispondere** [rispóndere]

Non ho potuto rispondere alla domanda del professore.
Lei non ha ancora risposto alla mia lettera.

**risposta** [rispósta]

Aspetto la tua risposta.

**ristorante** [ristoránte]

Mangiamo al ristorante stasera!

**risultare** [risultá:re]

Dalla guerra non risulta mai un vantaggio.
Dalle indagini è risultato che ciò non è vero.

**risultato** [risultá:to]

Il risultato del suo tentativo è buono.

**ritardo** [ritárdo]

他 **1.** とって置く；保存する． **2.** （座席などを）予約する．
このワインを次のパーティーのためにとっておこう．
この座席は予約ずみだ．
男 米；ライス．
イタリアでは米をどのようにして食べますか．
他 解決する；解く．
この問題を解くことはむずかしい．
他 節約する；貯蓄する．
明りを節約しなければならない．
私は毎月少しずつ貯金する．

他 **1.** 尊敬する；尊重する． **2.** （規則などを）守る．
老人を敬いましょう．
規則は守られなければならない．
男 尊敬；尊重．
彼は尊敬に価する人物だ．
自 〘助 avere〙答える；返事をする．
ぼくは先生の質問に答えられなかった．
彼女はまだぼくの手紙に返事をくれない．
女 答え，返事．
君の返事を待っているよ．
男 レストラン．
今晩レストランで食事をしよう．
自 〘助 essere〙**1.** 起こる，生じる． **2.** 判明する．
戦争からは決して利益は生じない．
調査の結果それが本当じゃないことがわかった．
男 結果．
彼の試みの結果は良好である．
男 遅刻，遅延．

Il treno è in *ritardo* di venti minuti. 列車は20分遅れている.

**ritenere** [ritené:re] 　　他 判断する.
Lo *ritengo* molto bravo. 私は彼をとても優秀だと思う.
*Ritieni* che sia opportuno partire? 出発するのによい時だと君は判断するか.

**ritirare** [ritirá:re] 　　他 1. 引っ込める. 2. 引き出す.
Ha teso la mano, ma l'ha *ritirata* subito. 彼は手を差し出したが, すぐ引っ込めた.

**ritirarsi** [ritirársi] 　　再 退く.
*Mi sono ritirato* dall'impresa. 私は企業から身を引いた.

**ritmo** [rítmo] 　　男 リズム; 韻律.
È una musica dal *ritmo* allegro. 軽快なリズムの音楽だ.

**ritornare** [ritorná:re] 　　自〘助 essere〙帰る, 戻る.
Giovanna *è ritornata* da scuola. ジョヴァンナが学校から帰った.
*Ritorniamo* all'argomento di prima. 我々は元の議題へ戻りましょう.

**ritorno** [ritórno] 　　男 帰ること, 戻ること.
Al *ritorno* dall'università siamo andati al cinema. 大学からの帰りにぼくたちは映画に行った.

**ritratto** [ritrátto] 　　男 肖像.
È appeso alla parete il *ritratto* del nonno. おじいさんの肖像画が壁に掛けてある.

**ritrovare** [ritrová:re] 　　他 再び見つける;(なくした物を)見いだす.
*Hai ritrovato* la chiave? かぎが見つかったかい.

**riunione** [riunjó:ne] 　　女 会合, 集合.
Ho partecipato a una *riunione*. 私はある集会に参加した.

**riunire** [riuní:re] 　　他 集める, いっしょにする.
Il capitano *ha riunito* tutti i soldati. 隊長は兵士を全部集めた.

**riunirsi** [riunírsi] 　　再 集まる.
*Si riuniscono* in casa di Luigi. 彼らはルイージの家に集まる.

**riuscire** [riuʃʃí:re] 　　自〘助 essere〙成功する.
L'esperimento *è riuscito*. 実験は成功した.
**riuscire a＋不定詞** …することに成功する.
Non *sono riuscito a* capire questa frase italiana. 私はこのイタリア語の文を理解することができなかった.

**riva** [rí:va] 　　女 岸.
Siamo andati in barca lungo la *riva* del fiume. われわれは河岸に沿ってボートに乗って行った.

**rivedere** [rivedé:re]
L'*ho rivisto* dopo dieci anni.
他 再び見る; 再び会う.
私は10年ぶりに彼に再会した.

**rivedersi** [rivedérsi]
*Si sono rivisti* dopo tre anni.
A *rivederci*! (Arrivederci!)
再 〖相互再帰動詞〗再び会う.
彼らは3年ぶりに再会した.
さようなら.

**rivelare** [rivelá:re]
Questo è un segreto. Non *rivelarlo* a nessuno!
I suoi occhi *rivelano* la sua ansia.
他 暴露する, 漏らす.
秘密だぞ. だれにも漏らすなよ.
彼の目は不安を示している.

**rivista** [rivísta]
Ha scritto un articolo su questa *rivista*.
女 雑誌.
彼はこの雑誌に記事を書いた.

**rivolgere** [rivóldʒere]
*Rivolse* lo sguardo verso la signorina.
他 向ける.
彼はお嬢さんの方へ目を向けた.

**rivolgersi** [rivóldʒersi]
*Rivolgiti* verso di me!
再 向く; 振り返る.
私の方に向きなさい.

**rivoluzione** [rivoluttsjó:ne]
Nel 1789 scoppiò la *Rivoluzione* francese.
女 革命.
1789年にフランス革命が起こった.

**roba** [ró:ba]
Questa è *roba* mia. Non la portare via!
女 物.
これはぼくの物だ. もって行くなよ.

**robusto** [robústo]
È un ragazzo molto *robusto*.
形 丈夫な, 頑丈な.
とても丈夫な少年だ.

**romanzo** [romándzo]
Quel *romanzo* ha avuto successo.
男 小説.
あの小説は好評だった.

**rompere** [rómpere]
Fa' attenzione a non *rompere* i bicchieri!
他 こわす, 破壊する.
グラスを割らないよう気をつけなさい.

**rosa** [ró:za]
Guarda che bella *rosa*!
女 ばら, ばらの花.
見てごらん, 何ときれいなばらでしょう.

**rosso** [rósso]
Come si chiama quel fiore *rosso*?
1. 形 赤い.  2. 男 赤色.
あの赤い花は何という名ですか.

**rovesciare** [roveʃʃá:re]
Il bambino *ha rovesciato* il bicchiere del latte.
他 ひっくり返す.
赤ん坊がミルクの入ったコップをひっくり返した.

**rovinare**

La situazione *sarà rovesciata*. 形勢が逆転するだろう.

**rovinare** [rovináːre] 他 破壊する, こわす; だめにする.
La troppa neve *ha rovinato* il tetto. 余り雪がつもり過ぎて屋根がこわれた.
Il fumo *rovina* la salute. 喫煙は健康を害する.

**rubare** [rubáːre] 他 (a から) 盗む.
*Ha rubato* la borsa alla signora. 彼は婦人からバッグを盗んだ.

**rumore** [rumóːre] 男 騒音, 雑音.
I *rumori* della strada ci danno fastidio. 私たちは道路の騒音に悩まされる.

**ruota** [rwɔ́ːta] 女 車輪.
Bisogna cambiare una *ruota* a quest'automobile. この自動車の車輪を換える必要がある.

# S

**sacco** [sákko] 男 〖複 -chi〗 袋.
Questo *sacco* è pesante. Che cosa c'è dentro? この袋は重い. 何が入っているのですか.

**sacerdote** [satʃerdɔ́ːte] 男 司祭.
Il *sacerdote* celebra la messa. 司祭がミサをとり行なう.

**sacrificio** [sakrifíːtʃo] 男 〖複 -ci〗 犠牲.
Ha fatto un grande *sacrificio* per la patria. 彼は祖国のために大きな犠牲を払った.

**sacro** [sáːkro] 形 神聖な.
Leggeva i libri *sacri* ad alta voce. 彼は声を出して聖書を読んでいた.

**sala** [sáːla] 女 広間; ホール.
Dov'è la *sala* d'aspetto? 待合室はどこですか.

**sale** [sáːle] 男 塩.
Metti ancora un po' di *sale*! もう少し塩を入れなさい.

**salire** [salíːre] 自 〖助 essere〗 登る, 上がる.
Siamo *saliti* sulla collina. 私たちは丘の上に登った.
La pressione del sangue *è salita*. 血圧が上がった.

**salotto** [salɔ́tto] 男 応接間, 客間.
Guardiamo la televisione in *salotto*! 応接間でテレビを見ましょう.

**saltare** [saltáːre] 1. 自 〖助 avere, ただし出発点や到着点が示されるときや比喩

*Saltava* di gioia.
彼は喜んで跳びはねていた.
Il gatto *è saltato* sulla tavola.
猫がテーブルの上に跳び上がった.
**2.** 他 跳び越す.
Il cavallo *ha saltato* il muro.
馬は塀を飛び越えた.
Nel leggere *ha saltato* una parola.
読んでいて彼は1語とばしてしまった.
**salto** [sálto] 男 跳ぶこと.
Lui è campione di *salto* in alto.
彼は走り高跳びの優勝者だ.
**salutare** [salutá:re] 他 挨拶する.
*Salutiamo* il nostro ospite!
お客様に挨拶しましょう.
**salute** [salú:te] 女 健康.
La nonna sta in buona *salute*.
おばあさんはとても健康です.
**saluto** [salú:to] 男 挨拶.
Tanti *saluti* a tuo padre!
君のお父様によろしく.
**salvare** [salvá:re] 他 救う.
Tu mi *hai salvato* dal pericolo.
君は私を危険から救った.
**sangue** [sángwe] 男 血液.
Gli usciva *sangue* dal naso.
彼は鼻血を出していた.
**sano** [sá:no] 形 健康な; 健全な.
È un giovane *sano* e robusto.
彼は健康で丈夫な青年だ.
**santo** [sánto] **1.** 形 『s+子音, z 以外の子音で始まる男性・単数形の前では **san**, 母音で始まる男・女性・単数形の前では **sant'**』神聖な, 聖なる. **2.** 男 聖人, 聖者.

*San* Francesco
聖フランチェスコ.
*Santo* Stefano
聖ステーファノ.
*Sant'* Antonio
聖アントーニオ.
*Santa* Maria
聖母マリーア.
Conduce una vita di *santo*.
彼は敬虔な生活を送っている.
**sapere** [sapé:re] 他 知っている; 知る.
*Sai* dove abita lui?
君は彼がどこに住んでいるか知っているかい.
*Seppe* la notizia dai giornali.
彼は新聞でその情報を知った.
**sapere** +不定詞 …することができる.
*Sai* guidare la macchina?
君は車の運転ができますか.
**sapore** [sapó:re] 男 味.
Questa cucina ha un *sapore*
この料理はとても味がよい.

molto buono.
**sasso** [sásso] 男 1. 石. 2. 岩.
Non tirare *sassi* al cane! 犬に石を投げるな.
Hanno scavato il *sasso*. 彼らはその岩に穴をうがった.
**sbagliare** [zbaʎʎá:re] 他 間違える, 誤る.
Ho *sbagliato* strada. 私は道を間違えた.
**sbagliarsi** [zbaʎʎársi] 再 間違える.
*Ti sbagli* spesso a pronunciare questa parola. 君はこの語の発音をしばしば間違える.
**sba*glio*** [zbáʎʎo] 男 〖複 *-gli*〗 間違い, 誤り.
I tuoi esercizi sono pieni di *sbagli*. 君の練習問題の解答は間違いだらけだ.
**scala** [ská:la] 女 階段; 梯子.
Salite questa *scala* per andare al piano di sopra. 上の階へ行くためにはこの階段を上りなさい.
**scambiare** [skambjá:re] 他 交換する; 取り換える.
Vorrei *scambiare* il mio libro con il Suo. 私の本をあなたの本と取り替えていただきたいのです.
**scam*bio*** [skámbjo] 男 〖複 *-bi*〗 交換; 交流.
Fanno uno *scambio* di opinioni. 彼らは意見の交換をする.
È stato concluso l'accordo di *scambio* culturale. 文化交流協定が締結された.
**scappare** [skappá:re] 自 〖助 essere〗 逃げる.
Appena vide la polizia, *scappò*. 警察官を見るや否や彼は逃げた.
**scarpa** [skárpa] 女 靴.
Lei si è messa le *scarpe* rosse. 彼女は赤い靴をはいた.
**scarso** [skárso] 形 少ない, 乏しい.
Un dizionario *scarso* di esempi non è molto utile. 用例の乏しい辞典は余り役に立たない.
**scatola** [ská:tola] 女 箱, ケース; 缶.
Ci sono penne in questa *scatola*. この箱の中にペンが入っている.
Mi dia una *scatola* di carne! 肉の缶詰を1つください.
**scavare** [skavá:re] 他 掘る; (穴を) 開ける.
*Scavano* il terreno per piantare un albero. 彼らは木を植えるために地面を掘る.
**scegliere** [ʃéʎʎere] 他 選ぶ, 選択する.
*Scegli* ciò che ti piace! 君の好きなものを選びなさい.
**scelta** [ʃélta] 女 選択.
È stata una brutta *scelta*. 選択がまずかった.
**scena** [ʃé:na] 女 1. 舞台. 2. 場面, シーン.
La commedia andrà in *scena* fra その喜劇は1週間後に上演され

una settimana.
Abbiamo assistito ad una *scena* terribile.
我々は恐ろしい情景を目撃した.

**scendere** [ʃéndere]
*Scendiamo* dal treno!
La febbre *è scesa*.
自《助 essere》降りる; 下がる.
電車を降りましょう.
熱が下がった.

**scherzare** [skertsá:re]
Gli piace *scherzare*.
自《助 avere》冗談を言う.
彼は冗談を言うのが好きだ.

**scherzo** [skértso]
L'ho detto per *scherzo*.
男 冗談.
冗談に言ったんだよ.

**schiacciare** [skjattʃá:re]
Ho *schiacciato* qualcosa sotto i piedi.
他 押しつぶす, 強く押す.
私は何かを足で踏みつぶした.

**schiavo(-a)** [skjá:vo, -a]
Non dovete essere *schiavi* di un vizio.
男 (女) 奴隷, とりこ.
悪習のとりこになってはなりません.

**schiena** [skjɛ́:na]
Mi ha voltato la *schiena*.
女 背中.
彼は私に背中を向けて行ってしまった.

**scientifico** [ʃentí:fiko]
Dobbiamo ricorrere a un metodo *scientifico*.
形《男 複 *-ci*, 女 複 *-che*》科学の; 科学的な.
我々は科学的な方法に頼らなければならない.

**scienza** [ʃéntsa]
Il progresso della *scienza* è notevole.
女 科学; 学問.
科学の進歩はめざましい.

**sciocco** [ʃɔ́kko]
Non fate domande *sciocche*!
形《男 複 *-chi*, 女 複 *-che*》愚かな, ばかな.
君たちばかな質問をするなよ.

**sciogliere** [ʃɔ́ʎʎere]
*Scioglie* il nodo della corda.
他 1. 解く; ほどく. 2. 溶かす.
彼は綱の結び目を解く.

**sciogliersi** [ʃɔ́ʎʎersi]
La neve *si è sciolta*.
再 解ける; 溶ける.
雪が溶けた.

**sciopero** [ʃɔ́:pero]
Gli operai entrano in *sciopero*.
男 ストライキ.
労働者はストに突入する.

**scolastico** [skolástiko]
Dobbiamo dare gli esami alla fine dell'anno *scolastico*.
形《男 複 *-ci*, 女 複 *-che*》学校の.
学年の終りに私たちは試験を受けなければならない.

**scomparire** [skomparí:re]
自《助 essere》消える, 見えなくなる, なくなる.

**scoperta**

È *scomparso* ai miei occhi.
彼は私の眼前から消え失せた.

**scoperta** [skopérta]
囡 発見.

La grande *scoperta* non si è fatta per puro caso.
偉大な発見が単なる偶然によりなされたことはない.

**scopo** [skó:po]
男 目的.

Finalmente raggiunse lo *scopo*.
遂に彼は目的を達成した.

**scoppiare** [skoppjá:re]
自〘助 essere〙 1. 爆発する, 破裂する. 2. 勃発(ぼっ)する.

Tutti *sono scoppiati* a ridere.
皆がどっと笑った(爆笑した).

*Scoppiò* la guerra.
戦争が勃発した.

**scoprire** [skoprí:re]
他 1. 覆いを取る. 2. 発見する.

Il sindaco *scopre* la statua.
市長が彫像の除幕を行なう.

Colombo *scoprì* l'America.
コロンブスはアメリカを発見した.

**scorgere** [skórdʒere]
他 見分ける; 気がつく.

*Scorsero* una nave all'orizzonte.
彼らは水平線に1隻の船を見つけた.

**scorrere** [skórrere]
自〘助 essere〙 流れる; 過ぎ去る.

I fiumi *scorrono* verso il mare.
川は海の方へ流れて行く.

Gli anni *scorrono* veloci.
年月が早く過ぎ去る.

**scorso** [skórso]
形〘scorrere の過去分詞〙 過ぎ去った.

L'anno *scorso* sono stato in Italia.
去年私はイタリアに行って来ました.

**scrittore**(*-trice*) [skrittó:re, -trí:tʃe]
男 (囡) 作家.

I romanzi di quello *scrittore* sono molto interessanti.
あの作家の小説はとても面白い.

**scrivere** [skrí:vere]
他 1. 書く. 2. 手紙を書く.

*Scrive* un articolo in italiano.
彼はイタリア語で論説を書く.

*Ho scritto* al mio amico.
私は友人に手紙を書いた.

**scuola** [skwó:la]
囡 学校.

Tutti insieme vanno a *scuola*.
みんないっしょに学校へ行く.

**scuotere** [skwó:tere]
他 揺り動かす.

Il vento *scuoteva* gli alberi.
風が木を揺さぶっていた.

**scuro** [skú:ro]
形 1. 暗い. 2. 黒ずんだ.

Questa stanza è *scura*.
この部屋は暗い.

Non le piace l'abito *scuro*.
彼女は黒っぽい服を好まない.

**scusa** [skú:za]
囡 1. 許し. 2. 弁解; 口実.

Le chiedo *scusa* del fastidio.
ご迷惑をおかけしてすみません.

Non accetto l'invito con la *scusa*
具合がよくないという口実で, 私

che non sto bene.　は招待をことわる.
**scusare** [skuzáːre]　他 許す.
　*Scusate*mi del mio errore!　私の過ちをお許しください.
　*Scusi*, dov'è la stazione?　すみません, 駅はどちらですか.
**se**¹ [se]　接 **1.** もし…ならば. **2.** …かどうか.
　*Se* gli dici la verità, ti perdonerà.　もし君が本当のことを言うならば, 彼は君を許すだろう.
　*Se* facesse bel tempo, uscirei.　天気がよければ, 外出するのだが (天気が悪く, 外出しない).
　Guarda *se* c'è quel libro!　あの本があるかどうか見てくれ.
**se**² [se]　代〘間接目的語としての si は lo, la, li, le, ne の前で se となる〙
　Prese il cappello e *se* lo mise.　彼は帽子をとってそれをかぶった.
**sé** [se]　代〘si の強調形〙**1.**〘再帰代名詞直接目的語; 動詞の後に置かれる〙自分自身を(3人称).
　Loda *sé* stesso.　彼は自慢する.
　　　　　　　　　　　　　　　　　　**2.**〘前置詞と共に用いる〙
　La signora porta sempre con *sé* la borsa.　夫人はいつもバッグをはなさず持っている.
**secco** [sékko]　形〘男 複 *-chi*, 女 複 *-che*〙乾いた; 枯れた.
　L'aria è *secca*.　空気が乾燥している.
　Cadono delle foglie *secche*.　枯葉が落ちる.
**secolo** [séːkolo]　男 世紀.
　Quel poeta visse nel diciannovesimo *secolo*.　その詩人は19世紀の人だ.
**secondo** [sekóndo]　前 **1.** によれば. **2.** に従って.
　*Secondo* me hai torto.　私の考えでは君は間違っている.
　Dovete agire *secondo* la regola.　君たちは規則に従って行動しなければなりません.
**sede** [séːde]　女 **1.** 居所. **2.** 所在地.
　Il Palazzo del Quirinale è la *sede* del Presidente della Repubblica Italiana.　クイリナーレ宮殿はイタリア共和国大統領の官邸だ.
　La *sede* del governo è nella capitale.　政府の所在地は首都にある.
**sedere** [sedéːre]　自〘助 avere〙座る, 腰掛ける.

*Siede* in poltrona.
彼はソファーに腰掛ける.
**sedersi** [sedérsi]
再 座る, 腰掛ける.
*Sedetevi* vicino a me!
諸君私の近くに座りなさい.
**sedia** [sé:dja]
女 いす.
Tutti si alzarono dalla *sedia*.
全員いすから立ち上った.
**segnare** [seɲɲá:re]
他 印をつける.
Il maestro *segna* gli errori con una penna rossa.
先生は赤ペンで誤りをチェックする.
**segno** [séɲɲo]
男 1. 印; 記号. 2. 合図.
Mi porse la mano in *segno* di amicizia.
彼は友情の印に私に手を差しのべた.
Ci fece *segno* di entrare.
彼は私たちに入れと合図をした.
**segretario(-ria)** [segretá:rjo, -rja]
男 (女)〖男 複 -ri〗秘書.
Cercano una *segretaria* che sappia parlare italiano.
イタリア語が話せる秘書を求めている.
**segreto** [segré:to]
1. 形 秘密の. 2. 男 秘密.
Non lo dica! È un *segreto*.
言わないでください. 秘密ですよ.
**seguire** [segwí:re]
他 あとに続く; 従う.
Il cane *segue* il suo padrone.
犬が主人のあとからついて行く.
*Segui* il consiglio del medico!
医者の忠告に従いなさい.
**seguito** [sé:gwito]
男 あとに続くこと; 結果.
Non ricordo più il *seguito* del racconto.
物語の続きを私はもう覚えていない.
**in seguito a**
…の結果, …のために.
È morto *in seguito* all'incidente.
彼は事故のためなくなった.
**sembrare** [sembrá:re]
自〖助 essere〗…のように見える, …のように思われる.
*Sembri* più giovane di lui.
君は彼よりも若く見えます.
Mi *sembrava* di sognare.
夢を見ているようだった.
**sembra che**＋接続法
〖非人称〗…のように見える.
*Sembrava che* tutto andasse bene.
すべてがうまく行くように見えた.
**seme** [sé:me]
男 種.
Si coltiva l'uva senza *semi*.
種なしぶどうが栽培される.
**semplice** [sémplitʃe]
形 1. 簡単な; 単純な. 2. 素朴な, 純朴な. 3.〖名詞の前に置かれる〗単なる.
Non è un problema *semplice* come tu dici.
君が言うほど簡単な問題ではない.
È un uomo *semplice*.
彼は純朴な人だ.

Sono un *semplice* studente.
私はただ一介の学生にすぎない.
**sempre** [sémpre]
副 常に, いつも.
La porta è *sempre* chiusa.
戸はいつも閉っている.
**per sempre**
永久に.
Lasciò il suo paese *per sempre*.
彼は永遠に祖国を離れた.
**sempre più**
ますます.
I prezzi salgono *sempre più*.
物価がますます高くなる.
**senato** [sená:to]
男 上院, 参議院.
Il Presidente ha fatto un discorso in *senato*.
大統領が上院で演説した.
**senatore(-trice)** [senató:re, -trí:tʃe]
男 (女) 上院議員, 参議院議員.
È stato eletto *senatore*.
彼は上院議員に選ばれた.
**seno** [sé:no]
男 胸; ふところ.
La madre stringe la bambina al *seno*.
母親が女の子を胸に抱きしめる.
**sensazione** [sensattsjó:ne]
女 1. 感覚, 感じ. 2. 感銘, 感動; センセイション.
Quella scena mi ha dato una strana *sensazione*.
あの光景は私に奇妙な感じを与えた.
La notizia fece una gran *sensazione*.
そのニュースは一大センセイションをまき起こした.
**sensibile** [sensí:bile]
形 1. 感じられる, 2. 感じやすい, 鋭敏な.
La differenza è così poca che non è *sensibile*.
差異は非常に小さくて感じられない.
È un ragazzo molto *sensibile*.
非常に感受性の強い少年だ.
**senso** [sénso]
男 1. 感覚. 2. 意味. 3. 方向.
Ha il *senso* del bello.
彼は美的感覚をもっている.
Non capisco il vero *senso* della parola.
私はその語の真の意味がわからない.
Questa strada è a *senso* unico.
この道路は一方通行だ.
**sentimento** [sentiménto]
男 感情.
Non poteva nascondere un *sentimento* di gioia.
彼は喜びの感情を隠すことができなかった.
**sentire** [sentí:re]
他 1. 感じる. 2. 聞く.
Si *sente* un buon profumo.
よい香りがする.
*Sentiamo* Gina cantare.
私たちはジーナが歌うのを聞く.
**sentirsi** [sentírsi]
再 自分が…だと感じる.
Stamattina *mi sento* molto bene.
今朝私はとても気分がよい.
**senza** [séntsa]
前 〘次に人称代名詞・指示代

名詞が来る場合は di をつけることが多い）…なしに（で）．

Sono rimasto *senza* soldi. 私は一文なしになってしまった．
Come farò *senza* di te? 君がいなければ，私はどうしよう．
**senza＋不定詞** …しないで，…せずに（不定詞の主語は主節に同じ）．
È partito *senza* salutarmi. 彼は私にあいさつしないで出発した．
**senza che＋接続法** …することなしに，…しないのに，…しなくても（従属節の主語は主節とは違う）．
Lo devi fare *senza che* io te lo dica. 私に言われなくても君はそれをするべきだ．

**separare** [separá:re] 他 分ける，分離する，隔てる．
Le Alpi *separano* l'Italia dagli altri paesi europei. イタリアはアルプス山脈によって他のヨーロッパの国々と分けられている．

**separarsi** [separársi] 再 分かれる，離れる．
Si è *separato* dal gruppo. 彼はそのグループから分かれた．

**seppellire** [seppellí:re] 他 **1.** 埋葬する． **2.** 埋める．
L'abbiamo fatto *seppellire* in questa tomba. 私たちは彼をこの墓地に埋葬してもらった．

**sera** [sé:ra] 女 夕方，晩．
Lavora dalla mattina alla *sera*. 彼は朝から晩まで働く．
Ci arriveremo domani *sera*. 私たちは明晩そこに着くでしょう．
Di *sera* tutti vanno a casa. 夕方になるとみな家に帰ります．

**sereno** [seré:no] 形 晴れた．
Il cielo è *sereno*. 空は晴れている．
Ha un viso *sereno*. 彼は晴れ晴れとした顔付きだ．

**serie** [sé:rje] 女 〖単複同形〗（類似のものの）一続き，一連．
Ha avuto una *serie* di guai. 彼は相次ぐ災難に見舞われた．

**serio** [sé:rjo] 形 〖男 複 *-ri*〗 **1.** まじめな；本気の． **2.** 重大な．
È una persona molto *seria*. 彼は非常にまじめな人物です．
È un problema *serio*. 重大な問題だ．
**sul serio** 本気で，まじめに．
Lo dico *sul serio*. 本気で言ってるんだぜ．

**servire** [serví:re] **I.** 他 **1.** 仕える，奉仕する． **2.** （料理・飲み物を）出す，給仕する．
*Ha servito* il padrone per ven- 彼は20年間主人に仕えた．

t'anni.

In che posso *servir*La, signore? 何をしてさしあげたらよろしいでしょうか、だんな様．

*Servite* a loro prima gli spaghetti! まず彼らにスパゲッティを出してください．

**II.** 自 〖助 essere〗(a) …に役立つ，使われる．

A che cosa *serve* questo? これは何に使われるのですか．

**servirsi** [servírsi] 再 (di) …を使う；利用する．

*Mi servo* di questo dizionario per la traduzione. 私は翻訳のためにこの辞典を使います．

**servizio** [servíttsjo] 男 〖複 -*zi*〗 **1.** 仕えること，奉仕；サービス． **2.** 勤務．

Hanno assunto una donna di *servizio*. 彼らはお手伝いさんを雇った．

Ha prestato *servizio* per trent'anni al comune. 彼は30年間市役所に勤務した．

C'è un *servizio* di autobus a quest'ora? この時間にバスが動いていますか．

**servo(-*a*)** [sérvo, -a] 男 (女) 召使．
Non mi trattare da *servo*! おれを召使のように扱うな．

**seta** [sé:ta] 女 絹．
Lei compra un abito di *seta*. 彼女は絹の洋服を買う．

**settimana** [settimá:na] 女 週，1週間．
Mi fermerò qui una *settimana*. 私はここに1週間滞在する．
Abbiamo lezione d'italiano due volte la *settimana*. 私たちは週2回イタリア語の授業がある．

**severo** [sevé:ro] 形 厳しい．
Il nostro professore è *severo*. 私たちの先生は厳しい．

**sezione** [settsjó:ne] 女 部分，セクション．
Lui è segretario della *sezione* regionale del partito. 彼は党の地方支部の書記である．

**sforzo** [sfɔ́rtso] 男 努力，骨折り．
Abbiamo fatto ogni *sforzo* possibile. 我々はできるだけの努力をした．

**sfruttare** [sfruttá:re] 他 最大限に利用する，使い果たす．
Non deve *sfruttare* così gli operai. そんなに職人たちを酷使してはいけません．

**sfuggire** [sfuddʒí:re] 自 〖助 essere〗(a) …から逃れる，免れる，避ける．

Per fortuna *sfuggì* alla morte. 運よく彼は死を免れた.

**sguardo** [zgwárdo] 男 視線, まなざし.
　Lei mi ha dato uno *sguardo*. 彼女は私に視線を向けた.

**si** [si] 代〖次に lo, la, li, le, ne が来ると se となる. se の項を参照〗
　**1.**〖再帰代名詞, 3 人称単数・複数形〗
　*Si* ricorda bene di me. 彼は私のことをよく覚えている.
　**2.**〖受動態の si〗
　Da qui *si* vede il Monte Fuji. ここから富士山が見える.
　**3.**〖非人称の si〗
　Quando *si* è camminato molto, *si* è stanchi. たくさん歩くと疲れる.（形容詞や essere をとる動詞の過去分詞は男性複数形）
　*Si* è partiti di buon'ora. 人々は朝早く出発した.

**sì** [si] 副 はい.
　Parla italiano?—*Sì*, un po'. イタリア語を話せますか.—はい, 少しだけ.

**sia** [sí:a] 接 …でも.
　**sia…sia (che; o)** …にしろ…にしろ; …も…も.
　Puoi venire da me *sia* di mattina *sia* di pomeriggio. 君は午前でも午後でも私の所へ来てよろしい.
　Ti aiuteremo *sia* io *che* il mio amico. 私か私の友人が君の手伝いをしましょう.
　*Sia* questo *o* quello per me va bene. 私にとってはこれでも, あれでもよろしい.

**siccome** [sikkó:me] 接 …なので, …だから.
　*Siccome* insisteva, ho accettato la sua richiesta. しつこくせまったので, 私は彼の要求を受け入れた.

**sicurezza** [sikuréttsa] 女 **1.** 安全. **2.** 確実, 確信.
　Dubito della *sicurezza* di questo ponte. 私はこの橋の安全性を疑う.
　Parla con un tono di *sicurezza*. 彼は自信ありげに話す.

**sicuro** [sikú:ro] 形 **1.** 安全な. **2.** 確実な; 確信した.
　Qui mi sento *sicuro*. ここでは私は身の安全を感じる.
　La notizia è *sicura*. その情報は確かである.
　**essere sicuro di** ＋名詞, 不定詞 …を確信している.
　*Sono sicuro della* sua vittoria. 私は彼の勝利を確信している.
　Non *sono sicuro di* poterti aiutare. ぼくは君の手伝いをすることができるかどうか確信がない.

**essere sicuro che** +接続法 〖主節と従属節の主語が異なる〗…することを確信している.

Non *ero sicuro che* Luigi fosse a casa sua. 私はルイージが家にいるかどうかはっきり知らなかった.
*Sei sicuro che* lui non venga? 彼が来ないのは確かだと君は思うかい.

**sigaretta** [sigarétta] 囡 巻きたばこ.
Fuma dieci *sigarette* al giorno. 彼は1日に10本たばこを吸う.

**significare** [siɲɲifiká:re] 他 意味する.
Sai che *significa* questa parola? このことばが何という意味か君は知っているかい.

**significato** [siɲɲifiká:to] 男 意味.
Il *significato* di questa frase non è chiaro. この文の意味は明らかでない.

**signora** [siɲɲó:ra] 囡〖既婚婦人の敬称. 名・称号の前では **sig.ra** と略記できる〗奥様, …夫人, …さん.

Le presento la *signora* Bianchi. あなたにビアンキ夫人をご紹介します.
Buon giorno, *signora*! 今日は奥さん.

**signore** [siɲɲó:re] 男 **1.**〖男に対する敬称. 名・称号の前では **signor** となり, **sig.** と略記できる〗…様, …さん, …氏. **2.** 紳士, 旦那さん.

Come sta, *signor* Bianchi? ビアンキさん, ごきげんいかがですか.
Chi è quel *signore*? あの方はだれですか.

**signorina** [siɲɲorí:na] 囡〖未婚女性の敬称. **sig.na** と略記できる〗お嬢さん; …嬢, …さん.

Scusi, lei è la *signorina* Giovanna Rossi? すみません, あなたはジョヴァンナ・ロッシさんですね.
Arrivederci, *signorina*. さようなら, お嬢さん.

**silen*zi*o** [siléntsjo] 男〖複 *-zi*〗**1.** 沈黙. **2.** 静かさ.
Un po' di *silenzio*, per favore! お願いです, ちょっと静かにしてください.
Mi piace il *silenzio* della campagna. 私は田舎の静かさが好きです.

**silenzioso** [silentsjó:so] 形 **1.** 黙っている. **2.** 静かな.
È un tipo *silenzioso*. 彼は口数の少ないタイプの人だ.
Voglio abitare in una zona *silenziosa*. 私は静かな地区に住みたい.

**simbolo** [símbolo] 男 象徴, シンボル.
  Il colore verde è il *simbolo* della speranza. 緑色は希望の象徴である.
**simile** [síːmile] 形 1. (a) …に似ている. 2. そのような.
  Il tuo vestito è *simile* al mio. 君の服は私のに似ている.
  Non devi fare una cosa *simile*. 君はそんな事をすべきではない.
**simpatico** [simpáːtiko] 形【男複 *-ci*, 女複 *-che*】好感のもてる, 感じがよい.
  È una ragazza molto *simpatica*. とても感じのよい女の子だ.
**sincero** [sintʃéːro] 形 誠意のある, 誠実な.
  La mia amica è sempre *sincera* con me. 私の友だちは私に対していつも誠意をもってくれます.
**sindaco** [síndako] 男【複 *-ci*; 女性に対しても用いる】市(町・村)長.
  Il nuovo *sindaco* è molto popolare. 新しい市長は大変人気がある.
**singolare** [siŋɡoláːre] 形 1. 単一の, 単数の. 2. 特異な, 風変わりな.
  Qual è la forma della terza persona *singolare* del tempo presente di questo verbo? この動詞の現在時制 3 人称単数形は何ですか.
  Ho avuto un'esperienza molto *singolare*. 私はとても変わった経験をしました.
**singolo** [síŋɡolo] 形 個々の.
  Dobbiamo prendere in esame i *singoli* problemi. 我々は問題を1つ1つ別個に検討すべきだ.
**sinistra** [sinístra] 女 左.
  La posta si trova a *sinistra* della banca. 郵便局は銀行の左側にある.
**sinistro** [sinístro] 形 左の.
  Scrive con la mano *sinistra*. 彼は左手で書く.
**sino** [síːno] 前【= *fino*】まで.
  Aspetto la risposta *sino* a domani. 明日まで返事を待ちます.
**sistema** [sistéːma] 男【複 *-mi*】1. 体系; 組織. 2. 方式.
  Il Copernico pone il sole al centro del *sistema* solare. コペルニクスは太陽を太陽系の中心に据えた.
  Il professore ha adottato un nuovo *sistema* per insegnare. 教授は新しい教授法を採用した.

**situazione** [situattsjó:ne]
Lei si trova in una *situazione* favorevole.
Il ministro ha riferito sulla *situazione* economica.
**smettere** [zméttere]
*Smetti* di ridere!
**sociale** [sotʃá:le]
Si mantiene l'ordine *sociale*.
**socialista** [sotʃalísta]



Lui è segretario generale del partito *socialista*.
**società** [sotʃetá]
Ha contribuito molto alla *società*.
Io sono impiegato di questa *società*.
**soddisfare** [soddisfá:re]
È difficile *soddisfare* i gusti del pubblico.
**soddisfazione** [soddisfattsjó:ne]
Ho provato una gran *soddisfazione*.
**soffitto** [soffítto]
Il *soffitto* della sala è alto.
**soffocare** [soffoká:re]
Il fumo ci *soffocava*.
**soffrire** [soffrí:re]

*Soffriva* le pene dell'inferno.
Non posso *soffrire* il caldo.
**soggetto** [soddʒétto]
Il *soggetto* del suo discorso non mi interessa.
**soglia** [sóʎʎa]
Si è fermato sulla *soglia*.
**sognare** [soɲɲá:re]

|女| 立場; 状況.
あなたは有利な立場におられます.

大臣は経済状勢について言及した.

|他| やめる, 中止する.
君笑うのをやめたまえ.
|形| 社会の.
社会の秩序が保たれる.
1. |男| |女|『|男| |複|-sti, |女| |複| -ste』社会主義者, 社会党員.
2. |形| 社会主義の.
彼は社会党の書記長である.

|女| 1. 社会. 2. 会社.
彼は社会のために大いに貢献した.
私はこの会社の社員です.

|他| 満足させる;(要求を)満たす.
人々の好みを満足させることはむずかしい.
|女| 満足.

私は大きな満足を覚えた.

|男| 天井.
ホールの天井は高い.
|他| 息苦しくさせる.
煙のため私たちは息が苦しかった.
|他| 1. (苦痛・侮辱・損失などを)受ける. 2. 耐える, がまんする.
彼は地獄の苦しみを味わった.
私は暑さに耐えられない.
|男| 主題, テーマ.
彼の話のテーマは私に興味がない.

|女| 敷居; 入口.
彼は敷居のところで立ち止った.
|他| 夢に見る.

**sogno**

*Ha sognato* il padre morto.
彼はなくなった父親を夢に見た.

**sogno** [sóɲɲo] 男 夢.
　Sembra un *sogno*!
　まるで夢のようだ.

**solamente** [solaménte] 副 単に, ただ…だけ.
　Posso dirti *solamente* quello che so io.
　ただ私の知っていることだけを君に言うことができる.

**solare** [solá:re] 形 太陽の.
　Si deve utilizzare l'energia *solare*.
　太陽エネルギーを利用すべきだ.

**soldato** [soldá:to] 男 兵士.
　I *soldati* tornano dalla guerra.
　兵士が戦争から帰って来る.

**soldo** [sóldo] 男《複数形で用いる》お金.
　Sono finiti i *soldi*.
　お金がなくなってしまった.

**sole** [só:le] 男 太陽; 日光.
　Il *sole* si leva.
　太陽が上る.
　I bambini prendono il *sole*.
　子供たちが日光浴をする.

**solenne** [solénne] 形 厳粛な, おごそかな.
　Molta gente ha assistito a quella cerimonia *solenne*.
　大勢の人がその厳粛な式典に参列した.

**solido** [sólido] 1. 形 固い; 堅固な.
　È un muro *solido*.
　固い壁だ.
　2. 男 固体; 立体.
　I *solidi* non si trasformano facilmente.
　固体は容易に変形しない.

**solito** [só:lito] 1. 形 いつもの, 通常の. 2. 男 通常; 習慣.
　Anche quella sera lui è apparso lì alla *solita* ora.
　その晩も彼はいつもの時間にそこに現われた.
　**di solito** ふつう, 通常.
　*Di solito* non beve tanto.
　ふつう彼はそんなに飲まない.
　**come il (al) solito** いつものように.
　*Come al solito* è arrivato in ritardo.
　いつものように彼は遅れてやって来た.

**solitudine** [solitú:dine] 女 孤独, 寂しさ.
　Il poeta ama la *solitudine*.
　詩人は孤独を愛する.

**sollevare** [sollevá:re] 他 持ち上げる; 高く上げる.
　Non riesco a *sollevar*lo, perché è troppo pesante.
　余り重すぎて, ぼくはそれを持ち上げることができない.

**solo** [só:lo] 1. 形 1. ただ1つ(1人)の. 2. …だけ.
　Sono *solo* in casa.
　家には私1人しかいません.

Abbiamo una *sola* speranza.
我々にはただ1つの希望がある.
Questa è una rivista per *sole* donne.
これは女性専用の雑誌です.
**da solo**
ひとりで, 自分の力で.
Lo faccio *da* [me] *solo*.
私はそれを自分でやります.
Pensa *solo* a sé stesso.
II. 副 ただ単に.
彼はただ自分のことしか考えない.

**soltanto** [soltánto]
副 ただ単に, ただ…だけ.
Ero stanco, perciò ho lavorato *soltanto* un'ora.
疲れていたので, 1時間働いただけです.
Parla non *soltanto* (solo) italiano, ma anche francese.
彼はイタリア語だけではなく, フランス語も話す.

**soluzione** [soluttsjó:ne]
女 解決, 解答.
La *soluzione* di questo problema è difficile.
この問題の解決はむずかしい.

**somma** [sómma]
女 1. 合計. 2. 金額.
La *somma* è esatta.
合計は合っている.
Hanno speso una grossa *somma*.
彼らは莫大な金額を消費した.

**sonno** [sónno]
男 睡眠; 眠り.
Ho *sonno*, perciò vado a letto.
私は眠いから床につきます.
Il caffè toglie il *sonno*.
コーヒーは眠けをさます.

**sopportare** [sopportá:re]
他 耐える, 我慢する.
Il ragazzo *ha sopportato* bene il dolore.
少年は痛さをよく我慢した.

**sopra** [só:pra]
前〘人称代名詞の前では di を伴う〙…の上に.
*Sopra* il tavolo c'è un libro.
台の上に1冊の本がある.
Loro abitano *sopra* di noi.
彼らは私たちの上の階に住んでいる.

**soprattutto** [soprattútto]
副 何よりもまず; とりわけ.
Bisogna *soprattutto* vedere quale sia il più importante.
何よりもまずどれが最も重要であるかを見る必要がある.
Tra gli sport mi piace *soprattutto* il calcio.
スポーツの中で私は特にサッカーが好きです.

**sorella** [sorélla]
女 姉, 妹 (普通は姉と妹を区別しない).
Sua *sorella* si è sposata.
彼の妹(姉)は結婚した.

**sorgere** [sórdʒere]
自〘助 essere〙1. 上がる; 立ち上がる. 2. そびえる. 3. 生ずる; 現われる.
La luna non è ancora *sorta*.
月はまだ出ていない.

Qui *sorgeva* il castello. — ここに城がそびえ立っていた.
Il Po *sorge* dal Monviso. — ポー川はモンヴィーゾ山から流れ出ている.

**sorprendere** [sorpréndere] 他 1. 不意に襲う(捕える). 2. 驚かす.

La morte lo *sorprese* mentre dormiva. — 眠っている間に突然死が彼を襲った.
Il suo arrivo improvviso ci *ha sorpreso*. — 彼が突然やって来て私たちを驚かせた.

**sorpresa** [sorpré:sa] 女 1. 不意打ち. 2. 驚き.
La polizia ha fatto una *sorpresa* nella casa da gioco. — 警察は賭博場を不意に襲った.
Quella notizia è stata una *sorpresa* per tutti. — その情報は皆にとって驚きであった.

**sorridere** [sorrí:dere] 自 〖助 avere〗ほほえむ.
La ragazza *sorrideva* ascoltando le sue parole. — 少女は彼の言葉に耳を傾けながらほほえんでいた.

**sorriso** [sorrí:so] 男 ほほえみ, 微笑.
Lei mi ha salutato con un *sorriso*. — 彼女はほほえみながら私にあいさつした.

**sorte** [sórte] 女 運命.
Affidiamoci alla *sorte*! — 我々は運命に身を任せよう.

**sospendere** [sospéndere] 他 1. ぶら下げる, つるす. 2. (一時的に) 中止する.

Una lampada è *sospesa* al soffitto. — 電灯が天井につるされてある.
La riunione è *stata sospesa*. — 集会は中止された.

**sospettare** [sospettá:re] 他 嫌疑をかける, 怪しむ.
*Sospettano* che sia lui il ladro. — 彼が泥棒じゃないかと疑われている.
Lo *sospettano* come assassino. — 彼に殺人の嫌疑がかかっている.

**sospetto** [sospétto] 男 疑惑, 嫌疑.
Le sue parole provocano molti *sospetti*. — 彼の言葉はたくさんの疑惑を引き起こす.

**sostanza** [sostántsa] 女 1. 実質, 本質. 2. 物質.
Bisogna badare alla *sostanza* delle cose. — 物事の本質に目を向ける必要がある.

**sostenere** [sostené:re] 他 1. 支える; 支持する. 2. 主張する.

Le colonne *sostengono* il tetto. — 柱が屋根を支えている.
*Sostiene* una famiglia numerosa. — 彼は多人数の家族を養っている.

**sostituire** [sostituí:re]
Ho *sostituito* il direttore.
**sostituire A a B**
Ho *sostituito* questa macchina *a* quella vecchia.
**sostituire A con B**
Bisogna *sostituire* l'impiegato *con* un altro.

他 …に代わる，…に代える．
私は支配人の代理を務めた．
B を A に代える．
私はあの古い車をこの車に代えた．

A を B に代える．
その従業員を他の人に代える必要がある．

**sottile** [sottí:le]
Non si può scrivere su una carta così *sottile*.
Lei ha le gambe *sottili*.

形 **1.** 薄い． **2.** 細い．
こんなに薄い紙に書くことはできない．
彼女は細い脚をしている．

**sotto** [sótto]
*Sotto* il ponte passa una barca.
Studiano *sotto* un buon maestro.

前 …の下に．
橋の下を小舟が通る．
彼らはよい先生の下で勉強する．

**sottoporre** [sottopórre]
Il re *sottopose* il popolo al suo proprio dominio.

他 下に置く；従わせる．
王は人々を自分の支配下に置いた．

**sottrarre** [sottrárre]
Ha *sottratto* dalla cassa una grossa somma di denaro.
La casa è stata *sottratta* al fuoco.

他 (a, da) …から取り去る．
彼は金庫から莫大な金額を持ち去った．
家は火事からまぬがれた．

**spaghetti** [spagétti]
Mi piacciono gli *spaghetti*.

男 複 スパゲッティ．
私はスパゲッティが好きです．

**spalancare** [spalanká:re]
Il ragazzo *ha spalancato* gli occhi per la meraviglia.

他 広く開く；開け放す．
少年は驚いて目をむき出した．

**spalla** [spálla]
Ha le *spalle* larghe.

女 肩．
彼は肩幅が広い．

**sparare** [spará:re]
Il carabiniere *ha sparato* un colpo di pistola.

他 発砲する．
警官はピストルを一発撃った．

**spargere** [spárdʒere]

他 **1.** まき散らす． **2.** 流す；こぼす．

Il contadino *sparge* semi.
Si *sparsero* false notizie.

農夫が種をまく．
誤報が流れた．

**sparire** [sparí:re]
La nave è *sparita* all'orizzonte.

自 〖助 essere〗消えうせる．
船は水平線上に見えなくなった．

**spaventare** [spaventá:re]

他 びっくりさせる．

**spaventarsi**

Un rumore improvviso mi *ha spaventata*.
突然音がして私をびっくりさせた.

**spaventarsi** [spaventársi] 再 びっくりする, ぎょっとする.
Non *spaventatevi* per così poco!
君たちそんなちょっとしたことでびっくりするなよ.

**spazio** [spáttsjo] 男 〖複 -*zi*〗 空間; 間隔.
Nella stanza c'è poco *spazio* libero.
部屋の中には少ししか空いた場所がない.

**specchio** [spékkjo] 男 〖複 -*chi*〗 鏡.
Lei si guarda sempre allo (nello) *specchio*.
彼女はいつも鏡を見ている.

**speciale** [spetʃá:le] 形 特別な, 特殊な.
Dobbiamo prendere in considerazione un caso *speciale*.
我々は特別な場合を考慮しなければならない.

**specie** [spé:tʃe]
**1.** 女 〖単複同形〗 種類.
Ci sono articoli di ogni *specie*.
あらゆる種類の品物がある.
**2.** 副 特に (= in specie).
Voglio parlare con tutti, *specie* con Carlo.
私はみんなと話をしたい, 特にカルロと.

**spegnere** [spéɲɲere] 他 (火・明りなどを) 消す.
Devi *spegnere* la luce (la televisione・la radio) prima di andare a letto.
君は寝る前に明り (テレビ・ラジオ) を消さなければなりません.

**spendere** [spéndere] 他 (お金を) 使う, 費やす.
*Spendi* troppi soldi.
君は余りにもお金を使いすぎる.

**speranza** [sperántsa] 女 希望.
La mia *speranza* è stata realizzata.
私の希望は実現された.

**sperare** [sperá:re] 他 〖di+不定詞; che+接続法〗 …を希望する.
*Speriamo* di arrivarci in tempo.
私たちは時間内に到着できるといいのだが.
*Spero* che lui stia bene.
私は彼が元気であることを望む.

**spesa** [spé:sa] 女 **1.** 費用, 出費. **2.** 買物.
Hanno fatto un viaggio con poca *spesa*.
彼らはわずかな費用で旅行した.
La mamma è andata al supermercato a far la *spesa*.
母はスーパーマーケットへ買物に行きました.

**spesso** [spésso] 副 たびたび, しばしば.
Ci vado *spesso*.
私はたびたびそこへ行く.

**spettacolo** [spettá:kolo] 男 見せ物, 興行, ショー.

## sportivo

Danno uno *spettacolo* molto bello a quel teatro.
あの劇場でとてもすばらしいショーが上演されている.

**spiaggia** [spjáddʒa] 女【複 -ge】海岸, 浜.
Cammino a piedi nudi sulla *spiaggia*.
私は裸足で海岸を歩く.

**spiegare** [spjegá:re] 他 説明する.
*Spiega*mi il significato di questa parola.
この語の意味を私に説明しなさい.

**spiegazione** [spjegattsjó:ne] 女 説明.
Non ha capito bene la *spiegazione* del professore.
彼は先生の説明がよくわからなかった.

**spingere** [spíndʒere] 他 押す.
*Ha spinto* piano l'uscio.
彼は静かに戸を押した.

**spirito** [spí:rito] 男 精神.
Credi che lo *spirito* domini sulla materia?
精神が物質を支配すると君は信じるかい.

**spirituale** [spirituá:le] 形 精神の; 精神的な.
Bisogna fare gli esercizi *spirituali*.
精神的修養をつむ必要がある.

**splendere** [spléndere] 自【過去分詞なし】輝く.
Il sole *splendeva* nel cielo.
太陽が空に輝いていた.

**splendido** [spléndido] 形 1. 光り輝く. 2. すばらしい.
Era una *splendida* giornata di primavera.
太陽の輝く春の一日でした.

È un'opera *splendida*.
みごとな作品だ.

**spogliare** [spoʎʎá:re] 他 裸にする, (着物を) 脱ぐ.
La mamma *spoglia* il bambino.
母親が子供を裸にする.

**spogliarsi** [spoʎʎársi] 再 裸になる, (着物を) 脱ぐ.
*Mi sono spogliato* e ho fatto il bagno.
私は裸になって, 風呂に入った.

**sporco** [spórko] 形【男 複 -chi, 女 複 -che】汚れた.
La camicia è *sporca*. Bisogna lavarla.
ワイシャツが汚れている. それを洗濯する必要がある.

**sport** [spórt] 男【単複同形】スポーツ.
Lei fa qualche *sport*?
あなたは何かスポーツをなさいますか.

**sportivo** [sportí:vo]
1. 形 スポーツの.
C'è un grande campo *sportivo* alla nostra università.
私たちの大学には広い運動場があります.
2. 男【女 -a】スポーツマン.
Lui è sempre pieno di salute,
彼はスポーツマンだから, いつも健

perché è *sportivo*. 康ではちきれそうだ．

**sposare** [spozá:re] 他 …と結婚する，…を妻(夫)にする．
*Ha sposato* una bella donna. 彼は美しい女性と結婚した．

**sposarsi** [spozársi] 再 **1.** (con) …と結婚する．**2.**〖相互的〗結婚する．
Sua sorella *si è sposata* con un uomo molto ricco. 彼の妹は非常に金持ちの男と結婚した．
Renzo e Lucia *si sono sposati*. レンツォとルチーアは結婚した．

**sposo(-a)** [spó:zo, -a] 男 (女) 新郎(新婦)．
Gli *sposi* escono insieme dalla chiesa. 新郎新婦がいっしょに教会から出て来る．

**spostare** [spostá:re] 他 移動させる．
*Spostate* il tavolo verso il muro! 壁の方へテーブルを移しなさい．

**squadra** [skwá:dra] 女 隊；(スポーツの) チーム．
Quale *squadra* vincerà? どのチームが勝つだろうか．

**stabilimento** [stabiliménto] 男 **1.** 工場〔の建物〕．**2.** 施設．
Visitano uno *stabilimento* industriale. 彼らは工場を見学する．

**stabilire** [stabilí:re] 他 定める，決める．
Hanno *stabilito* la loro sede in una città del sud. 彼らは南部の都市に居所を定めた．

**staccare** [stakká:re] 他 切り(引き)離す；はずす．
Ha *staccato* il quadro dalla parete. 彼は壁から絵をはずした．

**stagione** [stadʒó:ne] 女 季節．
Quale *stagione* preferisci? 君はどの季節が好きかね．

**stamattina** [stamattí:na] 副 今朝．
*Stamattina* faceva freddo. 今朝は寒かった．

**stampa** [stámpa] 女 印刷；印刷物．
Il libro è in corso di *stampa*. その本は印刷中である．

**stanco** [stánko] 形〖男 複 *-chi*，女 複 *-che*〗疲れた．
Sono molto *stanco*; ho bisogno di riposo. ぼくはとても疲れた．休息が必要です．

**stanotte** [stanótte] 副 今夜．
*Stanotte* non riuscirò a dormire. 今夜は眠れない．

**stanza** [falsestántsa] 女 部屋．
La mia *stanza* è al primo piano. ぼくの部屋は2階にあります．

**stare** [stá:re] 自〖助 essere〗いる；ある．
Come *sta*?—*Sto* bene, grazie. ご機嫌いかがですか．—元気です，

*Sta* qui da un mese. 彼は1か月前からここにいる。
*Sta'* zitto! 黙っていなさい。
**stare＋ジェルンディオ** …しつつある。
*Sto leggendo* la sua lettera. 私は今彼の手紙を読んでいるところです。

*Stava ascoltando* musica, quando sono entrato nella sua camera. 私が彼の部屋に入って行ったとき、彼は音楽を聞いていた。

**stare per＋不定詞** まさに…しようとしている。
Il treno *sta per* partire. 列車が出発しようとしている。

**stasera** [stasé:ra] 副 今晩。
Che cosa mangiamo *stasera*? 今晩何を食べましょうか。

**stato** [stá:to] 男 1. 状態，有様。 2. 国家。
In quello *stato* non potrà lavorare. 彼はあの(健康)状態では働けない。
L'Italia era divisa in diversi *stati* in passato. 昔イタリアはいくつかの国に分かれていた。

**statua** [stá:tua] 女 (彫塑または鋳造の)像。
Michelangelo fece la *statua* del Davide. ミケランジェロはダヴィデの像を作った。

**stazione** [stattsjó:ne] 女 停車場，駅。
Scendo alla prossima *stazione*. 私は次の駅で降ります。

**stella** [stélla] 女 星。
Il cielo è pieno di *stelle*. 空は星がいっぱいだ。

**stendere** [sténdere] 他 広げる；伸ばす。
*Hanno steso* le reti ad asciugare. 彼らは網を乾かすために広げた。

**stesso** [stésso] 形 1. 同じ。 2. 《人称代名詞の後》…自身。
Ripete sempre lo *stesso* discorso. 彼はいつも同じ話を繰り返す。
L'ho fatto io *stesso*. 私自身がそれをなしたのです。

**stile** [stí:le] 男 1. 文体。 2. 様式。
È scritto in *stile* originale. 特異な文体で書かれてある。
È una chiesa in *stile* gotico. それはゴシック様式の教会だ。

**stimare** [stimá:re] 他 1. 評価する。 2. 尊敬する。
Tutti lo *stimano* un uomo onesto. 皆が彼を誠実な男だと評価する。
Il professore *è stimato* dagli studenti. その教授は学生に尊敬されている。

**stipen*dio*** [stipéndjo] 男 《複 *-di*》給料。

Chiedono un aumento di *stipendio*.
彼らは給料の増額を要求する.

**stomaco** [stó:mako]
男 〖複 *-chi*〗胃.
Hai uno *stomaco* forte.
君は胃が丈夫だ.

**storia** [stó:rja]
女 **1.** 歴史. **2.** 話, 物語.
Ascolto la lezione di *storia* italiana.
私はイタリア史の講義を聞く.
Il nonno ci racconta una *storia*.
おじいさんがぼくらに話を聞かせる.

**storico** [stó:riko]
形 〖男複 *-ci*, 女複 *-che*〗歴史の; 歴史的な.
Mi piace leggere i romanzi *storici*.
私は歴史小説を読むのが好きです.

**strada** [strá:da]
女 道路, 道.
Va' diritto per questa *strada*!
この道をまっすぐ行きなさい.

**straniero** [stranjé:ro]
**1.** 形 外国の.
Sarebbe necessario apprendere almeno due lingue *straniere*.
せめて外国語を2つは習得することが必要でしょう.
**2.** 男 〖女 *-a*〗外国人.
Insegna la lingua giapponese agli *stranieri*.
彼は外国人に日本語を教える.

**strano** [strá:no]
形 不思議な; 奇妙な, 変な.
È *strano* che lui non sia arrivato ancora.
彼がまだやって来ないのは不思議だ.
Ho visto un tipo *strano*.
変なやつを見ました.

**straordinario** [straordiná:rjo]
形 〖男複 *-ri*〗異常な; 異例の.
Lui ha una capacità *straordinaria*.
彼は並はずれた能力がある.
C'è un treno *straordinario* in questa stagione.
この季節には臨時列車があります.

**strappare** [strappá:re]
他 **1.** ひったくる; 引き抜く, 引きちぎる. **2.** ずたずたに引き裂く.
*Ha strappato* una pagina dal quaderno.
彼はノートから1枚を抜き取った.
*Ha strappato* un foglio.
彼は紙をずたずたに破った.

**strato** [strá:to]
男 層.
Il terreno è coperto da uno *strato* di foglie secche.
地面は枯葉の層で覆われている.

**stretto** [strétto]
形 狭い; 窮屈な; 締まった.
Le strade sono *strette*.
道路が狭い.
Ho le scarpe *strette*.
私の靴は窮屈だ.

**stringere** [stríndʒere]
 Il presidente *strinse* la mano all'ospite.
他 締める, 締めつける.
会長は来客に握手した.

**strumento** [struménto]
 Questi *strumenti* sono molto utili per il nostro lavoro.
男 器具, 道具.
これらの道具は私たちの仕事にとても役に立つ.

**struttura** [struttúːra]
 La *struttura* di questa macchina è molto complicata.
女 構造.
この機械の構造は非常に複雑だ.

**studente(-essa)** [studénte, -éssa]
 Lui è *studente* di medicina e lei è *studentessa* di lettere.
男 (女) 学生.
彼は医学部の学生で, 彼女は文学部の学生です.

**studiare** [studjáːre]
 Dovete *studiare* molto di più!
他 勉強する; 研究する.
君たちもっと勉強しなさい.

**studio** [stúːdjo]
男〚複 **-di**〛 1. 勉強; 研究. 2. 書斎.

 Si dedica allo *studio* della storia antica.
彼は古代史の研究に専念する.

 Mio padre sta leggendo un libro nello *studio*.
私の父は書斎で書物を読んでいる.

**studioso** [studjóːso]
 È un giovane molto *studioso*.
1. 形 勤勉な.
彼はとてもよく勉強する青年だ.

 Il prof. Durante è *studioso* di economia.
2. 男〚女 **-a**〛学者, 研究者.
ドゥランテ教授は経済学者である.

**stupido** [stúːpido]
 È un ragazzo buono, ma un po' *stupido*.
形 愚かな, ばかな.
彼はよい子だが, 少し愚かだ.

**stupire** [stupíːre]
1. 他 びっくりさせる.
 La sua risposta ci *ha stupiti*.
彼の返答は我々をびっくりさせた.
2. 自〚助 essere, 再 としても用いる〛びっくりする.

 *Si è stupito* a sentire la notizia.
その知らせを聞いて彼はびっくりした.

**su** [su]
1. 前〚定冠詞が後に来ると **sul, sullo, sui, sugli, sulla, sulle, sull'** となる〛 1. …の上に(で). 2. …について.

 Metti il libro *sul* tavolo!
本をテーブルの上に置きなさい.
 Ha parlato *sull'*arte moderna.
彼は近代芸術について話した.

Venite *su* al primo piano! | II. 副 上に(で).
2階へ上っていらっしゃい.

**subire** [subí:re] | 他 耐え忍ぶ; (苦痛・刑罰・試練などを) 受ける, 被る.

*Ha subito* una grave offesa. | 彼は大きな侮辱に耐えた.
I prodotti agricoli *hanno subito* danni per il cattivo tempo. | 悪天候のため農作物が被害をこうむった.

**subito** [sú:bito] | 副 すぐに, 直ちに.
Fatelo *subito*! | 君たちすぐにそれをしなさい.

**succedere** [suttʃɛ́:dere] | 自〖助 essere〗 1. 起こる; (あとに) 続いて起こる. 2. あとを継ぐ.

*È successo* quello che temevo. | 私が心配していたことが起こった.
Al rumore *succede* un profondo silenzio. | 騒がしさの後に深い沈黙が続いた.
Lui *succederà* a suo padre in quel posto. | 彼は父親の後を継いであの職についた.

**successivo** [suttʃessí:vo] | 形 次の, あとに続く.
Pioveva anche il giorno *successivo*. | 次の日も雨が降っていた.

**successo** [suttʃésso] | 男 成功, 上首尾.
Il suo romanzo ha avuto un grande *successo*. | 彼の小説は大好評だった.

**sufficiente** [suffitʃénte] | 形 十分な.
Riceve lo stipendio *sufficiente* per mantenere la famiglia. | 彼は家族を養うに十分な給料をもらっている.

**suggerire** [suddʒerí:re] | 他 1. ほのめかす, 示唆する. 2. 助言する.

Gli *ho suggerito* la risposta esatta. | 私は彼に正しい解答をほのめかした.
Ti *suggerisco* un buon metodo. | 君によい方法を勧めよう.

**suo** [sú:o] | I. 形〖所有形容詞, 男複 suoi, 女単 sua, 女複 sue〗 1. 彼の; 彼女の. 2.〖敬語〗あなたの

Lui va a teatro con *sua* moglie e i *suoi* figli. | 彼は奥さんと子供を連れて芝居に行く.
Tanti saluti ai *Suoi* genitori! | あなたのご両親によろしく.
 | II. 代〖定冠詞を伴う〗 1. 彼のもの; 彼女のもの. 2. あなたのもの.

La mia casa è molto simile alla *sua*. 私の家は彼の家ととてもよく似ている.

**suolo** [swɔ́:lo] 男 地面, 地表.
La neve copriva il *suolo*. 雪が地表を覆っていた.

**suonare** [swoná:re] 1. 他 〖=sonare〗鳴らす;（楽器を）弾く, 演奏する.
*Suona* il violino. 彼はバイオリンを弾く.
L'orologio *suona* le dodici. 時計が12時を打つ.
2. 自 〖助 avere〗鳴る.
*Ha suonato* il telefono. 電話が鳴った.

**suono** [swɔ́:no] 男 (声・楽器などの) 音.
Ballavano al *suono* di una chitarra. 彼らはギターの音に合わせて踊っていた.

**superare** [superá:re] 他 1. 乗り越える; 打ち勝つ. 2. 勝る.
Non si può *superare* il limite di velocità. 制限速度を越えることはできない.
Dovete *superare* la difficoltà. 困難に打ち勝たなければならない.
Nessuno lo *supera* in forza. だれも力において彼に及ばない.

**superficie** [superfí:tʃe] 女 〖複 -ci または -cie〗表面.
Un oggetto strano è apparso sulla *superficie* del mare. 変な物体が海面に現われた.

**superiore** [superjó:re] 形 〖alto の比較級〗上の; …より高い; より優れた.
Abita al piano *superiore*. 彼は上の階に住んでいます.
Quel ragazzo è *superiore* ad altri per intelligenza. この少年は知能が他の者より優れている. (superiore di とはならない)

**supporre** [suppórre] 他 推定する, 推察する.
*Suppongo* che lui sia ricco. おそらく彼は金持ちだと思う.

**suscitare** [suʃʃitá:re] 他 起こさせる.
Le sue parole *suscitarono* la commozione di tutti. 彼の言葉はすべての人々の感動を呼び起こした.

**svegliare** [zveʎʎá:re] 他 目をさまさせる.
Non lo *svegliare*! 彼を起こすなよ.

**svegliarsi** [zveʎʎársi] 再 目をさます.
*Mi sono svegliata* alle sei. 私は6時に目をさましました.

**sviluppare** [zviluppá:re] 他 発達させる, 発展させる.
Il governo *ha sviluppato* le industrie notevolmente. 政府は産業を著しく発展させた.
Lo studio *sviluppa* l'intelligenza. 勉強は知能を高める.

**svilupparsi** [zviluppársi]　　　再 発達する, 発展する.
　L'economia dello stato *si è svi-*　国の経済が発展した.
　*luppata.*
**sviluppo** [zvilúppo]　　　男 発達, 発展.
　Ha contribuito allo *sviluppo* del-　彼は我々の会社の発展に貢献した.
　la nostra società.
**svolgere** [zvóldʒere]　　　他 1. 広げる; 伸ばす. 2. 展開
　　　　　　　　　　　　　　　　　　させる; 行なう.
　*Ha svolto* la carta da pacchi.　彼は包み紙を広げた.
　*Svolgono* un'attività culturale.　彼らは文化活動を行なう.
**svolgersi** [zvóldʒersi]　　　再 展開する; 行なわれる.
　La scena *si svolge* a Roma.　舞台はローマにおいて展開する.
　Il fatto *si è svolto* come previsto.　その事は予想通りに行なわれた.

# T

**tacere** [tatʃéːre]　　　自 〖助 avere〗黙る.
　Non sapendo cosa rispondere,　彼は何と返事してよいかわからず,
　*ha taciuto.*　　　　　　　　　　　黙ってしまった.
**tagliare** [taʎʎáːre]　　　他 切る.
　*Taglio* il pane in due pezzi.　私はパンを 2 つに切る.
**tale** [táːle]　　　1. 形 〖単数では子音(ときには母
　　　　　　　　　　　　　　　　　　音)で始まる語の前で **tal** となる〗このような, そのような.
　*Tali* cose non si possono ammet-　そのようなことは認められない.
　tere.
　Ti ricordi quel *tal* Claudio?　君はあのクラウディオという人を覚
　　　　　　　　　　　　　　　　　えているかい.
　**tale ~ da+不定詞**　　　…するほどの~.
　Si è ridotto in uno stato *tale da*　彼は哀みを催すような(惨めな)状
　far pietà.　　　　　　　　　　　　態に陥ってしまった.
　**tale ~ che+直説法**　　　…するほど~である.
　Sono stanco a *tal* punto *che* non　私はもうこれ以上歩けないほど疲
　posso camminare più.　　　　　　れた.
　**tale quale**　　　…のような.
　Ha agito in un modo *tale quale*　彼は君が想像することさえできない
　tu nemmeno puoi immagi-　　ようなふうに振る舞った.
　nare.

　　　　　　　　　　　　　　　　　2. 代 ある人.

C'è un (una) *tale* che vuol parlare con te. 君と話をしたいという人がいるよ．

**talvolta** [talvólta] 副 時々．
*Talvolta* viene a trovarmi. 彼は時々ぼくに会いに来る．

**tanto** [tánto] **1.** 形 たくさんの．
C'è *tanta* gente in sala. 広間に大勢の人がいる．
**tanto**＋名詞＋**da**＋不定詞 …するほどの…
Non ha *tanti* soldi *da* poter vivere un mese. 彼は1か月暮せるだけのお金をもっていない．
**2.** 副 とても，非常に．
Oggi ho lavorato *tanto*. 今日私はたくさん働いた．
Mi dispiace *tanto*. とても残念です．
**tanto…quanto ~** (quanto の項を参照)
**tanto…che**＋直説法(**da**＋不定詞) …するほど…である，非常に…なので…である．
È *tanto* occupato *che* non ha tempo di leggere libri. 彼はとても忙しくて本を読む暇もない．
Non sono *tanto* sciocco *da* crederlo. ぼくはそれを信じるほど愚かじゃないぞ．
**di tanto in tanto (ogni tanto)** 時々．
*Di tanto in tanto* (*Ogni tanto*) viene a questo bar. 時々彼はこの喫茶店へやって来る．

**tardi** [tárdi] 副 遅く，遅れて．
Ci siamo arrivati *tardi*. ぼくたちは遅れてそこに着いた．

**tasca** [táska] 女 〖複 **-che**〗ポケット．
Cammina con le mani in *tasca*. 彼はポケットに手を入れて歩く．

**tavola** [tá:vola] 女 テーブル，食卓．
La mamma serve a *tavola*. お母さんが食卓で給仕をする．

**tavolo** [tá:volo] 男 (食卓以外の)テーブル，机，台．
C'è un *tavolo* da disegno nella camera di mio padre. 父の部屋に製図用の机がある．

**te** [te] 代 **1.**〖ti の強調形，直接目的語〗君を． **2.**〖次に lo, la, li, le, ne が来ると間接目的語の ti は **te** となる〗君に． **3.**〖前置詞と共に用いる〗君．
Chiamano *te* e non me. 彼らは君を呼んでいるのだ．ぼくではない．
*Te* lo chiedo. ぼくは君にそれを要求する．
Vengo da *te*. ぼくは君のところへ行く．

**tè** [tɛ] 男 紅茶; 茶.
　Prendiamo un *tè*!
　紅茶を一杯飲みましょう.

**teatro** [teá:tro] 男 **1.** 劇場. **2.** 演劇.
　Ieri sera siamo andati a *teatro*.
　昨夜私たちは劇を見に行った.

**tecnica** [téknika] 女〘複 *-che*〙技術; 技法.
　Si adotta una *tecnica* speciale per questa costruzione.
　この建築のためには特殊な技術が用いられる.

**tecnico** [tékniko] 形〘男複 *-ci*, 女複 *-che*〙技術の, 技術的な.
　Ha una buona preparazione *tecnica*.
　彼には技術上のよい下地がある.

**telefonare** [telefoná:re] 自〘助 avere〙電話をかける.
　Gli *ho telefonato* a casa ieri.
　ぼくは昨日彼の家に電話した.

**telefono** [telé:fono] 男 電話.
　Lei è chiamato al *telefono*.
　あなたに電話がかかっています.

**televisione** [televizjó:ne] 女 テレビジョン.
　Dopo cena guardiamo la *televisione*!
　夕食後テレビを見ましょう.

**tema** [té:ma] 男〘複 *-mi*〙**1.** 主題, テーマ. **2.** 作文.
　Il *tema* della discussione è molto interessante.
　討論のテーマは非常におもしろい.
　Ha svolto un *tema* sul suo avvenire.
　彼は自分の将来についての作文を書いた.

**temere** [temé:re] 他 心配する, 恐れる.
　Tutti *temono* la morte.
　だれでも死を恐れる.
　**temere di＋不定詞**　〘主節の主語は不定詞の主語と同じ〙…ではないかと心配する.
　*Temo di* arrivare in ritardo.
　ぼくは遅刻するのじゃないかと心配だ.
　**temere che＋接続法**　…ではないかと心配する.
　*Temo che* non venga Lucia.
　ルチーアが来ないのじゃないかとぼくは心配だ.
　*Temo che* venga anche lui.
　彼も来るのじゃないかと心配だ.

**temperatura** [temperatú:ra] 女 温度.
　Oggi la *temperatura* massima è di 20 gradi.
　今日の最高温度は20度だ.

**tempo** [témpo] 男 **1.** 時, 時間. **2.** 天気.
　Come passa presto il *tempo*!
　何と時が早く過ぎ去ることか.
　Fa bel *tempo* oggi.
　今日はよい天気だ.

**tendenza** [tendéntsa] 女 傾向.

Ha parlato sulla *tendenza* della letteratura contemporanea.
彼は現代文学の傾向について語った.

Il ragazzo ha una certa *tendenza* per la musica.
少年は音楽の素質がいくらかある.

**tendere** [téndere]  他 伸ばす; 張る.

*Ha teso* la mano per chiedere i soldi.
彼は手を差し出して金を要求した.

Bisogna *tendere* la corda del violino.
バイオリンの弦を張る必要がある.

**tenere** [tené:re]  他 1. 手に持つ; 握る. 2. 保つ; 維持する.

Lei *tiene* in mano una borsa.
彼女はバッグを手に持っている.

*Tenete* la camera pulita!
部屋をきれいにしておきなさい.

**tenerezza** [teneréttsa]  女 1. 柔らかさ. 2. 優しさ.

La ragazza mi guardava con *tenerezza*.
少女は優しい目つきで私を見ていた.

**tenero** [té:nero]  形 1. 柔らかい. 2. 優しい.

Questa carne è molto *tenera*.
この肉はとても柔らかい.

La loro madre è troppo *tenera* con i figli.
彼らの母親は子供たちに余りにも優しすぎる.

**tensione** [tensjó:ne]  女 張り; 緊張.

Non devi stare in *tensione*.
緊張してはいけませんよ.

**tentare** [tentá:re]  他 試みる.

Hanno *tentato* tutti i metodi.
彼らはあらゆる方法を試みた.

**tentativo** [tentatí:vo]  男 試み.

È riuscito al secondo *tentativo*.
彼は2度目の試みで成功した.

**teoria** [teorí:a]  女 理論; 学説.

Non basta la *teoria*; occorre la pratica.
理論だけでは十分じゃない. 実践が必要だ.

**terminare** [terminá:re]
1. 他 終える.

Dopo tanti anni *ha terminato* gli studi.
何年もかかって彼は学業を終えた.

2. 自〖助 essere〗終わる.

La strada *termina* qui.
道はここで終わっている.

**termine** [términe]  男 1. 終わり, 終点. 2. 期限.

Finalmente hanno portato a *termine* il lavoro.
彼らは遂に仕事を終えた.

Presentatelo entro il *termine* fissato.
決められた期限までにそれを提出しなさい.

**terra** [térra]  女 1. 地球. 2. 土地; 地面.

La *terra* gira intorno al sole.
地球は太陽の周囲を回転する.

Possiede un po' di *terra*.
彼は少しばかりの土地を持っている.

**terreno** [terré:no]
男 土地.
Su questo *terreno* si costruisce un nuovo edificio.
この土地に新しい建物が建設される.

**terribile** [terrí:bile]
形 恐ろしい.
Durante la guerra hanno fatto varie esperienze *terribili*.
戦時中彼らは様々な恐ろしい経験をした.
Oggi fa un freddo *terribile*.
今日はひどく寒い.

**territo*rio*** [territó:rjo]
男〖複 -ri〗領土.
Il *territorio* dell'Italia è diviso in venti regioni.
イタリアの領土は 20 の州(地方)に分かれる.

**tesi** [té:zi]
女 1. 説. 2. (卒業)論文.
Sostiene una *tesi* e non la cambia.
彼はある説を主張して曲げない.
Preparo la *tesi* [di laurea].
私は卒業論文を書いている.

**tesoro** [tezɔ́:ro]
男 宝.
Quel bambino è il loro *tesoro*.
あの子は彼らの宝だ.

**tessuto** [tessú:to]
男 織物.
Mia sorella lavora in una fabbrica di *tessuti*.
ぼくの姉は織物工場で働いている.

**testa** [tésta]
女 頭.
Disse di no scuotendo la *testa*.
彼は頭を振りながら「いや」と言った.

**testo** [tésto]
男 1. (注釈・索引などに対して)本文; 原文. 2. 教科書.
Ho letto il *testo* della commedia prima di andare a teatro.
劇場に行く前に私は喜劇の原文を読んだ.
I ragazzi leggono i libri di *testo*.
子供たちが教科書を読む.

**tetto** [tétto]
男 屋根.
Vivono sotto lo stesso *tetto*.
彼らは同じ屋根の下に住んでいる.

**ti** [ti]
代〖直接・間接目的語〗 君を; 君に.
*Ti* voglio bene.
ぼくは君が好きだ.

**timore** [timó:re]
男 心配, 不安; 恐れ.
La madre ha un gran *timore* per la salute di suo figlio.
母親は息子の健康をとても心配している.

**tip*ico*** [tí:piko]
形〖男複 -ci, 女複 -che〗典型的な.
Questo è un giardino *tipico* giap-
これは日本の典型的な庭園だ.

**tipo** [tí:po]
È proprio il *tipo* di abito che le piace.

男 型, タイプ.
それは本当に彼女のお気に入りの型の洋服だ.

**tirare** [tirá:re]
La porta si deve *tirare*, non spingere.

Tira vento oggi.

**titolo** [tí:tolo]
Qual è il *titolo* del libro che stai cercando?
Ha avuto il *titolo* di dottore.

**toccare** [tokká:re]
Non dovete *toccare* le opere esposte.

Gli *è toccato* un guaio.
*Tocca* a te.

**togliere** [tóʎʎere]
Non si possono *togliere* le macchie a questa camicia.

**togliersi** [tóʎʎersi]

*Mi tolgo* la giacca (le scarpe).

**tomba** [tómba]
Fu sepolto (seppellito) in questa *tomba*.

**tono** [tó:no]
Parlava con *tono* solenne.

**tormentare** [tormentá:re]
Un terribile mal di denti mi *ha tormentato*.

**tornare** [torná:re]
Siamo *tornati* dal viaggio.
Il tempo perduto non *torna* più.

**torre** [tórre]
In questa città c'è un'alta *torre*.

**torto** [tórto]

1. 他 引く, 引っ張る.
ドアは押すのじゃなくて, 引かねばなりません.
2. 自 《助 avere》(風が)吹く.
今日は風が吹いている.

男 1. 題名, 表題. 2. 称号.
君が捜している本の題名は何ですか.
彼は学士の称号をもらった.

I. 他 触れる, さわる.
陳列作品に触れてはいけません.

II. 自 《助 essere》 1. (身に)振りかかる. 2. (a) …の順番である.
彼に災難が降りかかった.
(ゲームなどで) 君の番だよ.

他 取る, 取り去る.
このワイシャツのしみが取れない.

再 《形式的再帰動詞》自分の…を脱ぐ.
私は上着(靴)を脱ぐ.

女 墓.
彼はこの墓に埋葬された.

男 音調.
彼は厳かな語調で話していた.

他 苦しめる.
私はひどい歯痛に苦しめられた.

自 《助 essere》帰る, 戻る.
私たちは旅行から帰って来た.
失われた時はもう戻って来ない.

女 塔.
この町には高い塔がある.

男 あやまち, 過失.

Hai *torto* a comportarti così.
君がそんな振る舞いをするのは間違っている.

**totale** [totá:le]  1. 形 全部の, 全体の.
Calcoliamo la spesa *totale*!
全支出を計算しましょう.
2. 男 総計, 総額.
Quanto è il *totale*?
総計はいくらですか.

**tra** [tra]  前〖意味・用法は fra と同じ. ただし «fra tre ore», «tra fratelli» のように t の前では fra, f の前では tra が好まれる〗…の間に(で).
Lo strinsi *tra* le braccia.
私は彼を腕の中に抱きしめた.

**trac*cia*** [trátʃʃa]  女〖複 *-ce*〗1. 足跡.  2. 形跡, 痕跡.
Chi ha lasciato le *tracce* sulla neve?
だれが雪の上に足跡を残したのだろう.
Nella città non sono rimaste le *tracce* di un'antica civiltà.
その都市の中には古代文明の痕跡が残っていない.

**tracciare** [tratʃʃá:re]  他 線を引く.
*Tracciate* una linea!
線を引きなさい.

**tradire** [tradí:re]  他 裏切る, そむく.
Non *tradire* le attese di tutti!
みんなの期待にそむくなよ.

**tradizionale** [tradittsjoná:le]  形 伝統の, 伝統的な.
Oggi si celebra una festa *tradizionale* di questa città.
今日はこの町の伝統的なお祭りが行なわれる.

**tradizione** [tradittsjó:ne]  女 伝統.
Le buone *tradizioni* vanno rispettate.
よい伝統は守られなければならない.

**tradurre** [tradúrre]  他 翻訳する.
*Traducete* queste frasi in italiano!
これらの文をイタリア語に訳しなさい.

**traffico** [tráffiko]  男〖複 *-ci*〗交通.
C'è molto *traffico* in questa strada.
この道路はとても交通量が多い.

**tragedia** [tradʒé:dja]  女 悲劇.
È stata rappresentata una *tragedia* di Shakespeare.
シェイクスピアの悲劇が上演された.

**tragico** [trá:dʒiko]  形〖男複 *-ci*, 女複 *-che*〗悲劇の, 悲劇的な.
L'eroe fece una fine *tragica*.
英雄は悲劇的な最期を遂げた.

**tranquillo** [trankwíllo]  形 1. 静かな, 穏かな.  2. 落ち

Cercava un posto *tranquillo* dove riposare.
彼は休息できる静かな場所を捜していた.

Tutto sarà fatto come desidera. Stia *tranquillo*.
すべてお望み通りにいたします. 安心してください.

**trarre** [trárre]
他 引く; 引き出す.

*Traggono* le reti a riva.
岸で網を引いている.

*Ha tratto* fuori dalla borsa un libro.
彼はかばんから1冊の本を取り出した.

**trascinare** [traʃʃiná:re]
他 引きずる.

Camminava *trascinando* i piedi.
彼は足を引きずって歩いていた.

**trascorrere** [traskórrere]
1. 他 (日・時を)過す.

Abbiamo *trascorso* le vacanze in montagna.
ぼくたちは休暇を山で過した.

2. 自〘助 essere〙 (日・時が)過ぎる.

*Sono trascorsi* tre anni da quel giorno.
その日から3年が経過した.

**trascurare** [traskurá:re]
他 なおざりにする; 無視する.

Non devi *trascurare* il tuo dovere.
君の義務を怠ってはいけない.

Tu *trascuri* la tua famiglia.
君は君の家族を顧みない.

**trasferire** [trasferí:re]
他 (居所・場所・職を)移す.

Hanno deciso di *trasferire* il negozio in via Meiji.
彼らは店を明治通りに移転することに決めた.

**trasferirsi** [trasferírsi]
再 移転する, 移住する.

La famiglia *si è trasferita* a Milano.
一家はミラーノに移住した.

**trasformare** [trasformá:re]
他 変形させる; 変化させる.

L'aumento della pressione *trasforma* questo oggetto.
圧力を増すとこの物体が変形する.

L'esperienza amara *ha trasformato* il suo carattere.
つらい経験が彼の性格を変えてしまった.

**trasmettere** [trazméttere]
他 1. 伝える. 2. 放送する.

Questa materia non *trasmette* il calore.
この物質は熱を伝えない.

La televisione *trasmette* una partita di calcio.
テレビがサッカーの試合を放送する.

**trasporto** [traspórto]
男 輸送; 運搬.

Quale mezzo di *trasporto* ti piace di più?
君はどんな乗物(交通手段)が一番好きですか.

**trattare** [trattá:re]
  Mi *hanno trattato* come un ospite.
  Dovete *trattare* le merci con attenzione.

  Il libro *tratta* di problemi economici.
  **si tratta di**
  *Si tratta di* una vita umana!
  *Si tratta di* decidere se partiamo o no.

**trattato** [trattá:to]
  È stato concluso il *trattato* di pace fra i due paesi.

**trattenere** [trattené:re]

  I signori Moretti mi *hanno trattenuto* a cena.
  Lei non poteva *trattenere* le lacrime.

**tratto** [trátto]

  Ha disegnato una figura con pochi *tratti* di matita.
  Dopo un breve *tratto* riprese a parlare.
  C'è ancora un lungo *tratto* di strada.
  **a un tratto (d'un tratto)**
  *A un tratto* spense la luce.

**tremare** [tremá:re]
  *Tremavano* di (dal; per il) freddo.

**treno** [tré:no]
  Prendo il *treno* delle tredici e venticinque.

**triste** [tríste]
  Non l'ho mai vista così *triste*.

1. 他 取り扱う; (人を)遇する.
彼らは私を来賓としてもてなしてくれた.
君たちは注意して荷物を取り扱わなければなりません.

2. 自 〖助〗avere (di) …について論じる.
その本は経済問題について論じている.
〖非人称構文〗…が問題である.
人間の生命にかかわる問題だ.
我々が出発するか否かが問題だ.

男 条約; 契約.
二国間の平和条約が締結された.

他 1. (客などを)引き留める. 2. 抑制する, 押える.
モレッティ夫妻は私を夕食に引き留めた.
彼女は涙を抑えることができなかった.

男 1. (ペン・筆のワンタッチの)線; しるし. 2. (時間・距離の)間隔; 部分.
彼は数本の鉛筆の線で(すばやく)人物を描いた.
ちょっとしてから再び話し始めた.

まだかなりの道のりがある.

突然に.
突然に明かりが消えた.

自 〖助〗avere 震える.
彼らは寒さに震えていた.

男 列車.
私は午後1時25分の列車に乗る.

形 悲しい, 淋しい.
私はこんなに悲しそうな彼女を見

**tronco** [trónko] 男《複 -chi》幹.
  I bambini girano intorno al *tronco* di un grand'albero.
  子供たちが大木の幹のまわりを回る.

**troppo** [tróppo]
  1. 副 あまりに, 過度に.
  Bevi *troppo*.
  君は飲み過ぎるよ.
  Domani è *troppo* tardi.
  明日では遅過ぎる.
  2. 形 余りにも多くの.
  Mangi *troppi* dolci.
  お前はお菓子を食べすぎるよ.

**trovare** [trová:re] 他 1. 見つける. 2. …だと思う; 気づく.
  *Hai trovato* la chiave che avevi perduto?
  君はなくしたかぎを見つけたかい.
  Vieni a *trovar*mi!
  ぼくに会いに来てくれ.
  Come la *trova*, questa casa?—La *trovo* molto comoda.
  この家はどうですか.—とても居ごこちがよろしいです.

**trovarsi** [trovársi] 再 (ある場所・状態に) いる, ある.
  La chiesa *si trova* in fondo a questa via.
  教会はこの通りの突き当たりにあります.
  *Mi sono trovato* in difficoltà.
  私は困難に陥った.
  *Ti trovi* bene qui?
  ここは居ごこちがよいですか.

**tu** [tu] 代 君は, お前は; あなたは.
  *Tu* sei intelligente.
  君は利口だ.

**tuo** [tú:o]
  1. 形《男複 tuoi, 女単 tua, 女複 tue》君の, あなたの.
  Queste sono le *tue* scarpe?
  これは君の靴ですか.
  Come vanno i *tuoi* studi?
  君の勉強はどのようにはかどっていますか.
  2. 代《定冠詞を伴う》君のもの, あなたのもの.
  La mia macchina è brutta. La *tua* è più bella.
  ぼくの車はよくない, 君の車の方がりっぱだよ.

**turbare** [turbá:re] 他 動揺させる, かき乱す.
  I rumori *hanno turbato* il silenzio della notte.
  騒音が夜の静かさをかき乱した.

**turista** [tú:rista] 男 女《男複 -sti, 女複 -ste》観光客.
  In questa stagione ci sono molti *turisti*.
  この季節には観光客が多い.

**tuttavia** [tuttaví:a] 接 しかしながら, とはいえ.

**tutto**

È un orologio vecchio, *tuttavia* funziona ancora.
古い時計だが，それでもまだ動いている．

**tutto** [tútto]

1. 形【ふつう tutto＋定冠詞＋名詞の形をとる】すべての，全部の．

*Tutte* le strade portano a Roma.
すべての道はローマに通ず．
Va in centro *tutti* i giorni.
彼は毎日センターへ行く．
Gli studenti sono *tutti* in aula.
学生は全部教室の中にいます．
Abbiamo girato *tutta* la città.
私たちは町中を歩き回った．
Ieri è stato al mare *tutto* il giorno.
昨日彼は1日中海にいた．

**tutti(-e) e due (tre)**
2つ(3つ)とも．
*Tutte e due* le ragazze sono italiane.
その少女は2人ともイタリア人だ．

2. 代 単 全部; 男 複 すべての人たち（普通男性複数形で用いる）．

Ho capito *tutto*.
全部わかりました．
*Tutti* dicono bene di lui.
みんなが彼のことをほめる．

# U

**ubbidire** [ubbidí:re]

自【助 avere】(a) …に服従する．

Devi *ubbidire* agli ordini ricevuti.
君は与えられた命令に従わなければならない．

**uccello** [uttʃéllo]
男 小鳥; 鳥．
Gli *uccelli* cantano nel bosco.
森で小鳥がさえずる．

**uccidere** [uttʃí:dere]
他 殺す．
Furono uccisi in guerra.
彼らは戦争で殺された．

**udire** [udí:re]
他 聞く．
*Ho udito* qualcuno piangere.
私はだれかが泣くのが聞こえた．

**ufficiale** [uffitʃá:le]

1. 形 政府の，官の; 公式の．
Il Ministro degli Affari Esteri Italiano è in visita *ufficiale* in Giappone.
イタリアの外相は日本を公式訪問中である．

2. 男 士官，将校．
Mio fratello è *ufficiale* dell'esercito.
私の兄は陸軍将校だ．

**ufficio** [uffítʃo]　男〘複 -ci〙事務所.
　Lavoro in *ufficio* fino alle 9.　私は9時まで事務所で働く.
**uguale** [ugwá:le]　形 等しい; 平等な.
　La tua automobile è *uguale* alla mia.　君の自動車は私のと同じだ.
　La legge è *uguale* per tutti.　法はすべての人々に平等である.
**ugualmente** [ugwalménte]　副 等しく; 平等に.
　Distribuisce i soldi *ugualmente* tra noi.　彼はそのお金を私たちに平等に分ける.
**ultimo** [última]　形 **1.** 最後の. **2.** 最新の; 最近の.
　Oggi è l'*ultimo* giorno dell'anno.　今日は大晦日(おおみそか)だ.
　Ho sentito le *ultime* notizie alla radio.　私はラジオで最新のニュースを聞いた.
　Sono stato in Italia in questi *ultimi* due anni.　この2年間私はイタリアにいた.
**umanità** [umanitá]　女 **1.** 人間性. **2.** 人類.
　È una persona piena di *umanità*.　彼は人間味あふれる人だ.
　Se scoppiasse la terza guerra mondiale, rovinerebbe l'intera *umanità*.　もしも第3次世界大戦が起ったら, 全人類は破滅するだろう.
**umano** [umá:no]　形 人間の, 人間的な.
　Non è *umano* trattare la gente così.　人々をこんな風に遇するのは人間的ではない.
**umido** [ú:mido]　形 しめっぽい, 湿気のある.
　L'aria è *umida*.　空気がしめっている.
**umile** [ú:mile]　形 **1.** 身分の低い. **2.** みすぼらしい. **3.** へりくだった.
　Lui è di origine *umile*, ma potrà riuscire bene nella vita.　彼は卑しい家の生まれだが, 出世することができるだろう.
　Parla con tono *umile*.　彼はへりくだった口調で話す.
**umore** [umó:re]　男 機嫌.
　Oggi mio padre è di buon *umore*.　今日父は上機嫌だ.
**unico** [ú:niko]　形〘男複 -ci, 女複 -che〙ただ1つの.
　È l'*unica* persona che mi aiuti.　彼は私を援助してくれる唯一の人だ.
**unione** [unjó:ne]　女 **1.** 結合, 団結. **2.** 連合; 同盟; 連邦.

Non c'è *unione* tra di loro. 彼らの間には連帯感がない.
*Unione* Europea 欧州連合(EU).

**unire** [uní:re] 他 結合する; 団結させる.
Una lunga amicizia li *unisce*. 彼らは長い間の友情により結ばれている.

**unità** [unitá] 女 **1.** 単一; 統一. **2.** 単位.
L'*unità* nazionale fu realizzata. 国家統一が達成された.
Il metro è l'*unità* fondamentale di misura di lunghezza. メートルは長さの基本単位である.

**università** [universitá] 女 大学.
Sono studente all'*Università* degli Studi di Milano. ぼくはミラーノ大学の学生です.

**universit*ario*** [universitá:rjo] 形〖男複 **-ri**〗大学の.
Quel signore è professore *universitario*. あの方は大学教授です.

**uno**¹ [ú:no] 〖男 s+子音, z, gn, pn, ps 以外の子音および母音の前では un; 女 una, 母音の前で un'〗
**1.** 冠〖不定冠詞〗ある1つの.
**2.** 形〖基数形容詞〗1個の, 1人の.

*un* albero, *un* libro, *uno* straniero, *uno* zio, *una* chiave, *un'*opera 1本の木, 1冊の本, 1人の外国人, 1人の叔父, 1つの鍵, 1つの作品.

**uno(-*a*)**² [ú:no, -a] **1.** 代男(女)〖不定代名詞〗1個, 1つ; ひとり; ある人.

Vorrei leggere *uno* di questi libri. これらの本のうち1冊を私は読みたい.
Lei è *una* delle migliori studentesse. 彼女は最もよい学生の1人だ.
Ho visto *uno* che ti cercava. 君を捜している人に会ったよ.
Si aiutano l'*un* l'altro. 彼女たちは互いに助け合う.
Venivano avanti *uno* dopo l'altro. ひとりずつ次々に前に出て来た.
L'*uno* o l'altro, per me è lo stesso. どちらでも私には同じだ.

**uomo** [wó:mo] 男〖複 **uomini**〗人; 男; 人間.
È un *uomo* molto gentile. 彼はとても親切な人だ.
Gli *uomini* dominano la natura. 人間は自然を支配する.

**urlare** [urlá:re] 自〖助 avere〗**1.** ほえる. **2.** わめく; 泣き叫ぶ.

Un cane *urlava*.  犬がほえていた．
*Urlava* di dolore.  彼は苦痛にわめいていた．

**usare** [uzá:re]  他 用いる，使用する．
Posso *usare* la tua macchina domenica prossima?  次の日曜日に君の車を使ってもいいかい？
Queste parole non si *usano* più.  これらの言葉はもう使われない．

**uscire** [uʃʃí:re]  自 〖助 essere〗出る．
*Sono uscito* di (da) casa.  私は家を出た．
Tutti *escono* in giardino.  みんな庭に出る．
Questo libro *è uscito* ieri.  この本は昨日出版された．

**uscita** [uʃʃí:ta]  女 出口; 外に出ること，外出．
Dov'è l'*uscita* di sicurezza?  非常出口はどこですか．
Aspetto l'*uscita* di mio figlio dalla scuola.  私は子供が学校から出て来るところを待っている．

**uso** [ú:zo]  男 **1.** 使用; 用法． **2.** 習慣．
Questo apparecchio è ormai fuori *uso*.  この機械は今は使用されていない．
L'*uso* dell'articolo è difficile.  冠詞の用法はむずかしい．
Seguiamo l'*uso* di questo paese!  この国の習慣に従いましょう．

**utile** [ú:tile]  形 有用な，有益な．
Mi ha dato un consiglio molto *utile*.  彼は私に大変有益な忠告をしてくれた．

**utilizzare** [utiliddzá:re]  他 利用する，活用する．
Sai *utilizzare* bene gli oggetti vecchi.  君は古物を上手に利用することができる．

**uva** [ú:va]  女 ぶどう〔の実〕．
Favorisca un po' di *uva*!  ぶどうを少し召し上がりください．

# V

**vacanza** [vakántsa]  女 〖特に複数形で〗(ある期間の)休暇 (夏休み)．
Ho passato le *vacanze* al mare.  私は海で休暇を過した．

**vago** [vá:go]  形 〖男複 *-ghi*, 女複 *-ghe*〗ぼんやりした，漠然とした．
Ne ho un *vago* ricordo.  それについて私はぼんやりした記憶がある．

**valere** [valé:re]  自 〖助 essere〗価値がある．

È un'opera che *vale* poco. / それは余り価値のない作品だ.
Questo biglietto non *vale*. / この切符は無効です.
**valere la pena di**＋不定詞 / …するかいがある.
*Vale la pena di* farlo. / それをするかいがある.
Non *vale la pena di* leggere questo libro. / この本は読むに値しない.

**valigia** [valí:dʒa] / 囡〖複 **-gie** または **-ge**〗スーツケース.
Facciamo le *valige*! / (旅行のため)かばんに物をつめましょう.

**valle** [válle] / 囡 谷, 渓谷.
Scendono verso il fondo della *valle*. / 彼らは谷底へと降りて行く.

**valore** [való:re] / 男 価値, 値うち.
Non comprare oggetti senza *valore*! / くだらない物を買うな.
Lui è un medico di grande *valore*. / あの人はとても有能な医者です.

**vantaggio** [vantáddʒo] / 男〖複 **-gi**〗有利; 好都合.
Si trova in una posizione di *vantaggio*. / 彼は有利な立場にいる.

**vantare** [vantá:re] / 他 (自分のものを)ほめたたえる, 誇りにする.
*Vantano* i prodotti del loro paese. / 彼らは自国の製品を自慢する.

**vario** [vá:rjo] / 形〖男複 **-ri**〗さまざまの.
Su questo problema ci sono *varie* opinioni. / この問題に関してはいろいろな意見がある.

**vasto** [vásto] / 形 広々とした.
Si apre una *vasta* pianura davanti a noi. / 我々の前に広々とした平原が開けている.

**ve** [ve] / 代〖間接目的語としての vi は lo, la, li, le, ne の前では **ve** となる. vi の項を参照〗
*Ve* ne ho già parlato. / それについてはすでに君たちに話したよ.

**vecchio** [vékkjo] / **1.** 形〖男複 **-chi**〗年をとった. **2.** 古い. **3.** 男〖囡 -a〗老人.
Mio zio è *vecchio*, ma sta molto bene. / 私の叔父は年をとっているが, とても元気だ.
Siamo *vecchi* amici. / ぼくらは古くからの友人だ.

Dovete trattare gentilmente i *vecchi*. 老人をいたわらなければなりません.

**vedere** [vedé:re] 他 **1.** 見る. **2.** 会う.
*Abbiamo visto* un bel paesaggio. 私たちは美しい景色を見た.
Lo *vedo* spesso passare sotto la mia finestra. 私は彼が度々窓の下を通るのを見る.
Ieri *ho visto* tua sorella. 昨日君の妹さんに会ったよ.

**veloce** [veló:tʃe] 形 速い.
La tua macchina è molto *veloce*. 君の自動車はとても速い.

**velocità** [velotʃitá] 女 速さ, スピード.
Il treno correva alla *velocità* di 100 chilometri all'ora. 列車は時速100キロの速度で走っていた.

**vendemmia** [vendémmja] 女 ぶどうの収穫.
Quest'anno la *vendemmia* è stata ottima. 今年はぶどうの収穫がとてもよかった.

**vendere** [véndere] 他 売る.
*Vende* la carne al mercato. 彼は市場で肉を売っている.

**venire** [vení:re] 自 〖助 essere〗来る; (相手のところへ) 行く.
*Venite* da me! 君たちぼくのところへ来なさい.
*Vengo* da te domani. 明日君のところへ行きます.
*Vieni* con me al cinema? ぼくと映画に行きますか.
**venire**＋過去分詞 〖単純時制のみに用いる〗…される.
La porta *viene* chiusa alle 10. 門は10時に閉められる.

**vento** [vénto] 男 風.
Tira un forte *vento*. 強い風が吹いている.

**veramente** [vearménte] 副 本当に.
Ha detto *veramente* così? 彼は本当にそう言ったのですか.

**verde** [vérde] **1.** 形 緑色の. **2.** 男 緑色.
Le foglie di quest'albero sono sempre *verdi*. この木の葉はいつでも緑色だ.

**vergogna** [vergóɲɲa] 女 恥; 恥ずかしさ.
Perché hai *vergogna*? どうして恥ずかしいの.

**vergognarsi** [vergoɲɲársi] 再 (di) …を恥じる.
*Mi vergogno* d'aver mentito. 私はうそをついたことを恥じている.

**verificare** [verifiká:re] 他 確かめる; 実証する.
*Verifichi* il conto! 勘定を確かめてください.

**verità** [veritá] 女 真実.
Dimmi la *verità*! ぼくに本当のことを言ってくれ.
A (Per) dire la *verità*, lei non ti 実を言えば, 彼女は君を愛してい

ama.　　　　　　　　　　　　ないんだ.
**vero** [véro]　　　　　　　　　[形] 真実の, 本当の.
　Vorrei sapere la *vera* causa del-　私は事件の真の原因が知りたいの
　l'avvenimento.　　　　　　　です.
　L'hai visto anche tu, *vero*?　　君もそれ見たのでしょう.
**versare** [versáre]　　　　　　[他] 注ぐ, (飲物を)つぐ.
　*Versa* il vino nel bicchiere.　　彼はワインをコップにつぐ.
**verso**¹ [vérso]　　　　　　　[前] **1.**〖人称代名詞の前では di
　　　　　　　　　　　　　　　を伴う〗…の方へ, …に向かっ
　　　　　　　　　　　　　　　て. **2.** …のころ.
　Camminiamo *verso* casa.　　私たちは家の方へ向って歩く.
　Volge lo sguardo *verso* di lei.　彼は彼女の方へ視線を向ける.
　Sono arrivato a scuola *verso* le　ぼくは8時ごろ学校へ着いた.
　otto.
**verso**² [vérso]　　　　　　　[男] **1.** 詩の1行. **2.** [複] (ある
　　　　　　　　　　　　　　　詩人・ある時代の) 詩.
　Ha recitato alcuni *versi* di Un-　彼はウンガレッティのいくつかの詩
　garetti.　　　　　　　　　　を暗唱した.
**veste** [véste]　　　　　　　　[女] (全身を覆う長い) 衣服.
　La signorina portava una *veste*　そのお嬢さんはほとんど地面にまで
　lunga che scendeva fin quasi a　とどくほど長い衣服を着ていた.
　terra.
**vestire** [vestíre]　　　　　　　[他] 衣服を着せる.
　La madre *veste* la bambina.　　母親が女の子に服を着せる.
**vestirsi** [vestírsi]　　　　　　[再] 衣服を着る; (con, di) …を
　　　　　　　　　　　　　　　着る.
　*Vestitevi* con abiti pesanti, per-　寒いから君たち厚い服を着なさい.
　ché fa freddo!
**vestito** [vestíto]　　　　　　　[男] 洋服; 着物.
　Lei si è messa un *vestito* rosso.　彼女は赤い服を着た.
**vetro** [vétro]　　　　　　　　[男] ガラス.
　La pioggia batteva sui *vetri*.　　雨が窓ガラスをたたいていた.
**vettura** [vettúra]　　　　　　[女] **1.** 車両. **2.** 乗用車.
　Siamo saliti su una *vettura* di　私たちは2等車に乗った.
　seconda classe.
　È arrivato con una *vettura* di　彼は高級車でやって来た.
　lusso.
**vi**¹ [vi]　　　　　　　　　　　[副]〖ci の方が一般的〗ここに; そ
　　　　　　　　　　　　　　　こに.
　Andrò al mare e *vi* resterò un　私は海へ行って1か月そこへ留ま
　mese.　　　　　　　　　　　るでしょう.

**vi è; vi sono**　　　　　　　　　　（＝c'è; ci sono）…がある．
　Non *vi è* nessuno in casa.　　　家の中にはだれもいない．
**vi**² [vi]　　　　　　　　　　　　代《直接目的語，間接目的語．lo, la, li, le, ne の前では ve となる》君たちを，あなたたちを; 君たちに，あなたたちに．
　*Vi* aspetta alla stazione.　　　　彼は駅で君たちを待っています．
　*Vi* manderò quel libro.　　　　君たちにあの本を送りましょう．
**via**¹ [víːa]　　　　　　　　　　女 通り，道．
　L'ho incontrato in *via* Garibaldi.　私はガリバルディ通りで彼に会った．
**via**² [víːa]　　　　　　　　　　副 あっちへ，遠くへ．
　Va' *via*!　　　　　　　　　　行ってしまえ．
　L'hanno portato *via*.　　　　　彼らはそれを持って行ってしまった．
**viaggiare** [viaddʒáːre]　　　　　自《助 avere》旅行する．
　*Viaggio* in treno (aereo・nave).　私は列車（飛行機・船）で旅行する．
**viaggia*tore*** (***-trice***) [viaddʒatóːre, -tríːtʃe]　　男（女）旅行者．
　In questa stagione ci sono molti *viaggiatori*.　この季節にはたくさんの旅行者がいる．
**viaggio** [viáddʒo]　　　　　　　男《複 -gi》旅行．
　Abbiamo fatto un *viaggio* in Europa.　私たちはヨーロッパ旅行をした．
**viale** [viáːle]　　　　　　　　　男 並木道．
　Siamo passati insieme per questo *viale* due anni fa.　私たちは2年前にこの並木道をいっしょに通った．
**vicenda** [vitʃénda]　　　　　　　女 変遷; 推移．
　La vita è una continua *vicenda* di gioie e dolori.　人生は喜びと悲しみの交互の連続だ．
　S'ingannano a *vicenda*.　　　　彼らは互いにだまし合っている．
**vicino** [vitʃíːno]　　　　　　　　**1.** 形 近くの; 隣の．
　La posta più *vicina* è a duecento metri da qui.　一番近い郵便局はここから200メートルの所にある．
　Il bambino dorme nella camera *vicina*.　子供は隣の部屋で眠っている．
　　　　　　　　　　　　　　　　**2.** 副 近くに(で)．
　Lei abita qui *vicino*?　　　　　あなたはこの近くにお住いですか．
**vicino a**　　　　　　　　　　　《前置詞句》…の近くに(で)．
　Era seduto *vicino a* me.　　　　彼はぼくの近くに座っていた．

Loro sono i miei *vicini* di casa. 彼らは私の家の近所の人です.

**vigna** [víɲɲa] 囡 ぶどう畑.
I contadini lavorano nella *vigna*. 農夫たちがぶどう畑で働く.

**vigore** [vigó:re] 男 1. 活力; 生命力. 2. 効力.
Quell'uomo è pieno di *vigore*. あの男は活力にあふれている.
La legge è entrata in *vigore*. 法律が実施された.

**villa** [vílla] 囡 別荘.
Abbiamo una *villa* in montagna. 私たちは山の中に別荘をもっている.

**vincere** [víntʃere] 他 1. 勝つ, 打ち負かす. 2. (賞などを)獲得する.
*Abbiamo vinto* il nemico in battaglia. 我が軍は戦闘において敵を打ち負かした.
*Hai vinto* il primo premio. 君は1等賞を獲得した.

**vino** [ví:no] 男 ぶどう酒, ワイン.
Bevo un bicchiere di *vino* rosso. 私はグラス1杯の赤ワインを飲む.

**violento** [violénto] 形 乱暴な; 激しい.
Ricorre subito a mezzi *violenti*. 彼はすぐに乱暴な手段に訴える.
Furono sorpresi da una pioggia *violenta*. 彼らは激しい雨に襲われた.

**violenza** [violéntsa] 囡 暴力; 激しさ.
Non usare *violenza*! 暴力をふるうな.

**violino** [violí:no] 男 バイオリン.
L'ho sentito suonare il *violino*. 私は彼がバイオリンを弾くのを聞いた.

**virtù** [virtú] 囡 徳.
Lodo quel signore per la sua *virtù*. 私はあの方の徳をたたえる.

**visione** [vizjó:ne] 囡 1. 見ること. 2. 幻, 幻影.
Devo prendere *visione* di questa relazione. 私はこの文書に目を通さなければ(検討しなければ)ならない.
Mi apparve in sogno la *visione* di mio padre morto. 亡父の幻が夢に現れた.

**visita** [ví:zita] 囡 訪問.
Abbiamo fatto *visita* al nostro professore. ぼくたちは教授を訪問した.

**visitare** [vizitá:re] 他 1. 訪問する. 2. 見物する.
*Visitiamo* spesso nostro zio. ぼくらは度々叔父を訪問する.
Oggi ho *visitato* un museo. 今日私は博物館を見学した.

**viso** [ví:zo] 男 顔.
Mi guardava in *viso*. 彼は私の顔を見つめていた.
**vista** [vísta] 女 **1.** 視覚；視力. **2.** 見ること. **3.** 展望.
Hai una *vista* molto buona. 君は視力がとてもよい.
A prima *vista* sembrava una cosa da nulla. 最初見たところ何でもないことのように見えた.
Da qui si gode una bella *vista*. ここからよい景色が楽しめる.
**vita** [ví:ta] 女 **1.** 生命. **2.** 生活；生涯.
Mi hanno salvato la *vita*. 彼らは私の命を救ってくれた.
Lei ha trascorso una *vita* felice. 彼女は幸福な生活を過した.
**vittima** [víttima] 女 犠牲者.
Lui è stato *vittima* di un incidente. 彼は事故の犠牲となった.
**vittoria** [vittó:rja] 女 勝利.
Abbiamo ottenuto la *vittoria* nel processo. 我々は訴訟に勝った.
**vivace** [vivá:tʃe] 形 活発な.
I ragazzi sono molto *vivaci*. 子供たちはとても活発だ.
**vivere** [ví:vere] 自 〚助 essere, まれに avere〛 生きる, 暮らす.
Mio nonno è *vissuto* fino a ottant'anni. 私の祖父は80歳まで生きた.
Non voglio *vivere* in città. 私は都会で生活したくない.
**vivo** [ví:vo] 形 生きている；生き生きとした.
Questi pesci sono ancora *vivi*. これらの魚はまだ生きている.
**vizio** [víttsjo] 男 〚複 *-zi*〛悪習, 悪癖.
È difficile trarsi da un *vizio*. 悪習から抜け出すことはむずかしい.
**voce** [vó:tʃe] 女 声.
Parla ad alta (a bassa) *voce*. 彼女は高い(低い)声で話す.
**voglia** [vóʎʎa] 女 望み, 欲望.
**avere voglia di**＋不定詞 …したい.
Non *ha voglia di* studiare. 彼は勉強したがらない.
**voi** [vó:i] 代 **1.** 〚主語〛君たちは；あなたたちは. **2.** 〚前置詞と共に〛君たち；あなたたち.
*Voi* siete studenti. 君たちは学生です.
Vorrei parlare con *voi*. 私はあなたたちと話をしたいのですが.
**volare** [volá:re] 自 〚助 主として行為自体を表わ

L'aereo *ha volato* a seimila metri d'altezza.
飛行機は 6000 メートルの高さを飛んだ.

Abbiamo preso l'aereo e *siamo volati* da Roma a Palermo.
私たちは飛行機に乗って, ローマからパレルモへ飛んだ.

I fogli *sono volati* via per il vento.
風で紙が飛び散った.

## volentieri [volentjé:ri]
副 喜んで, みずから進んで.

Vengo da lei *volentieri*.
私は喜んであなたの所へまいります.

Fa *volentieri* il suo dovere.
彼は進んで自分の義務を果たす.

## volere [volé:re]
他 欲する, 望む.

*Vuole* molte ricchezze.
彼はたくさんの財産を欲しがる.

**volere che＋接続法**
〖従属節の主語は主節と異なる〗…してもらいたい.

*Vuoi che* venga anch'io?
ぼくにも来てほしいのかい.

**volerci**
(時間が) かかる; 必要である.

*Ci vogliono* due ore per finirlo.
それを終えるのに 2 時間かかる.

**volere＋不定詞**
〖補助動詞; 助 原則として次に来る動詞による〗…したい.

*È voluto* partire subito.
彼はすぐに出発したがった.

Non *avete voluto* continuare a studiare.
君たちは勉強を続けたがらなかった.

*Vuol* prendere qualcosa da bere?
何か飲み物を召し上がりますか. (相手の意向を尋ねる)

*Vorrei* parlare con lei.
あなたとお話ししたいのですけど. (条件法により語気を和げる)

**volere dire**
意味する.

Che cosa *vuol dire* questo segno?
このしるしはどういう意味ですか.

Che cosa *vuol dire* questa parola in giapponese?
この語は日本語で何と言いますか.

## volgere [vóldʒere]
1. 他 向ける.

*Volse* gli occhi verso di me.
彼はぼくの方へ目を向けた.

Tutti *volsero* l'attenzione a quella ragazza.
みんながその少女に注意を向けた.

2. 自 〖助 avere〗向く, 向かう; 曲がる.

Le cose *volgono* al meglio.
事態はよりよくなって行く.

La strada *volge* a destra.
道路は右へ曲がる.

**volgersi** [vóldʒersi]
Lei *si volse* verso di lui e incominciò a parlare.

**volo** [vó:lo]

Da Milano ad Amsterdam ci sono due ore di *volo*.
Il *volo* Alitalia 325 proveniente da Roma è in ritardo di mezz'ora.

**volontà** [volontá]
È un uomo di una *volontà* di ferro.

**volta** [vólta]
Sono stato tre *volte* a Napoli.
Viene una *volta* la settimana.
La prossima *volta* pagherò io.
Cinque *volte* quattro fa venti.
Questo è due *volte* più grande di quello.

**voltare** [voltá:re]
*Ha voltato* le spalle a me e se n'è andato.


A quell'angolo *volti* a destra!

**voltarsi** [voltársi]
*Mi sono voltato* indietro.
*Si voltava* e si rivoltava nel letto.

**volto** [vólto]


Ha un bel *volto*.

**volume** [volú:me]

Hanno portato un pacco di grande *volume*.
È uscito il secondo *volume* delle sue opere.

**vostro** [vóstro]

|再| 向く, 向かう.
彼女は彼の方を向いて, 話し始めた.

|男| 飛行;(飛行機の)便, フライト.

ミラーノからアムステルダムまで飛行機で2時間です.
ローマ発アリタリア航空325便は30分遅れています.

|女| 意志, 意図.
鉄のように固い意志をもった人だ.

|女| **1.** 度, 回. **2.** 倍.
私は3度ナーポリに行った.
彼は週に1度やって来る.
この次はぼくが払うよ.
5掛ける4は20.
これはあれよりも2倍も大きい.

**1.** |他| 向ける.
彼はぼくに背を向けて行ってしまった.

**2.** |自| 〖|助| avere〗方向を変える, 曲がる.
あの角を右へお曲りください.

|再| 向く, (体の)向きを変える.
私は後ろを振り向いた.
彼はベッドの上で何度も寝返りをうっていた.

|男| 顔 (faccia や viso よりも上品な表現).
彼女はきれいな顔をしている.

|男| **1.** 体積; 量. **2.** (書物の) 巻, 冊.
彼らは嵩(かさ)の大きな包みをもって来た.
彼の作品の第2巻が出た.

**1.** |形| 〖所有形容詞〗 君たちの; あなたたちの.

**votare**

| | |
|---|---|
| Sta bene *vostro* padre? | 君たちのお父さんはお元気ですか. |
| | **2.** 代 〖所有代名詞, 定冠詞を伴う〗 君たちのもの; あなたたちのもの. |
| La nostra casa è meno grande della *vostra*. | 私たちの家はあなたたちの家より大きくありません. |
| **votare** [votá:re] | **I.** 他 **1.** …に投票する, **2.** (投票により) 可決する. |
| *Votate* il nostro partito! | 私たちの党に投票してください. |
| *Hanno votato* il disegno di legge. | 法案が可決された. |
| | **II.** 自 〖助 avere〗 投票する. |
| Io *voto* per il partito che appoggio. | 私は支持する政党に投票する. |
| **voto** [vó:to] | 男 **1.** 投票; 票. **2.** (試験の) 点数, 成績. |
| Ha ottenuto il maggior numero di *voti* nelle elezioni. | 彼は選挙で最高票を獲得した. |
| Ho ottenuto ottimi *voti* in matematica. | ぼくは数学でとてもよい点をもらった. |

# Z

| | |
|---|---|
| **zio(-a)** [tsí:o, -a] | 男 (女) 叔父(叔母). |
| Mio *zio* mi ha dato del denaro. | 叔父は私にお金をくれた. |
| **zitto** [tsítto] | 形 黙っている. |
| State *zitti*, ragazzi! | 諸君, 静かにしなさい. |
| **zona** [dzó:na] | 女 地域, 地帯, 地区. |
| Di che *zona* di Tokyo è Lei? | あなたは東京のどの地区の方ですか. |

# 付　録

1. 基　数
2. 序　数
3. 曜　日
4. 月
5. 季　節
6. 国, 国民, 国語
7. 都市, 住人
8. 方　角

## 1 基数 (numeri cardinali)

- 1 **uno** [ú:no]
- 2 **due** [dú:e]
- 3 **tre** [tre]
- 4 **quattro** [kwáttro]
- 5 **cinque** [tʃíŋkwe]
- 6 **sei** [sέ:i]
- 7 **sette** [sétte]
- 8 **otto** [ɔ́tto]
- 9 **nove** [nɔ́:ve]
- 10 **dieci** [djέ:tʃi]
- 11 **undici** [únditʃi]
- 12 **dodici** [dó:ditʃi]
- 13 **tredici** [tré:ditʃi]
- 14 **quattordici** [kwattórditʃi]
- 15 **quindici** [kwínditʃi]
- 16 **sedici** [sé:ditʃi]
- 17 **diciassette** [ditʃassétte]
- 18 **diciotto** [ditʃɔ́tto]
- 19 **diciannove** [ditʃannɔ́:ve]
- 20 **venti** [vénti]

- 21 **ventuno** [ventú:no]
- 22 **ventidue** [ventidú:e]
- 23 **ventitré** [ventitré]
- 24 **ventiquattro** [ventikwáttro]
- 25 **venticinque** [ventitʃíŋkwe]
- 26 **ventisei** [ventisέ:i]
- 27 **ventisette** [ventisétte]
- 28 **ventotto** [ventɔ́tto]
- 29 **ventinove** [ventinɔ́:ve]
- 30 **trenta** [trénta]
- 40 **quaranta** [kwaránta]
- 50 **cinquanta** [tʃiŋkwánta]
- 60 **sessanta** [sessánta]
- 70 **settanta** [settánta]
- 80 **ottanta** [ottánta]
- 90 **novanta** [novánta]
- 100 **cento** [tʃénto]
- 1000 **mille** [mílle]

- 2000 **duemila** [duemí:la]
- 10000 **diecimila** [djetʃimí:la]
- 1000000 **un milione** [un miljó:ne]
- 2000000 **due milioni** [dú:e miljó:ni]

## 2 序数 (numeri ordinali)

- 1° **primo** [prí:mo]
- 2° **secondo** [sekóndo]
- 3° **terzo** [tértso]
- 4° **quarto** [kwárto]
- 5° **quinto** [kwínto]
- 6° **sesto** [sésto]
- 7° **settimo** [séttimo]
- 8° **ottavo** [ottá:vo]
- 9° **nono** [nɔ́:no]

10° **decimo** [déːtʃimo]
11° **undicesimo** [unditʃéːzimo]
12° **dodicesimo** [doditʃéːzimo]
13° **tredicesimo** [treditʃéːzimo]
14° **quattordicesimo** [kwattorditʃéːzimo]
15° **quindicesimo** [kwinditʃéːzimo]
16° **sedicesimo** [seditʃéːzimo]
17° **diciassettesimo** [ditʃassettéːzimo]
18° **diciottesimo** [ditʃottéːsimo]
19° **diciannovesimo** [ditʃannovéːzimo]
20° **ventesimo** [ventéːzimo]
21° **ventunesimo** [ventunéːzimo]
22° **ventiduesimo** [ventiduéːzimo]
23° **ventitreesimo** [ventitreéːzimo]

30° **trentesimo** [trentéːzimo]
40° **quarantesimo** [kwarantéːzimo]
50° **cinquantesimo** [tʃiŋkwantéːzimo]
60° **sessantesimo** [sessantéːzimo]
70° **settantesimo** [settantéːzimo]
80° **ottantesimo** [ottantéːzimo]
90° **novantesimo** [novantéːzimo]
100° **centesimo** [tʃentéːzimo]
1000° **millesimo** [milléːzimo]

女性のときは $1^a, 2^a, 3^a \ldots$ となる

### 3 曜日 (giorni della settimana)

| | | | |
|---|---|---|---|
| **lunedì** [lunedí] | 男 | 月曜日 |
| **martedì** [martedí] | 男 | 火曜日 |
| **mercoledì** [merkoledí] | 男 | 水曜日 |
| **giovedì** [dʒovedí] | 男 | 木曜日 |
| **venerdì** [venerdí] | 男 | 金曜日 |
| **sabato** [sáːbato] | 男 | 土曜日 |
| **domenica** [doméːnika] | 女 | 日曜日 |

### 4 月 (mesi)

**gennaio** [dʒennáːjo] 　　　男　 1 月

| | | | |
|---|---|---|---|
| **febbraio** | [febbráːjo] | 男 | 2月 |
| **marzo** | [mártso] | 男 | 3月 |
| **aprile** | [apríːle] | 男 | 4月 |
| **maggio** | [máddʒo] | 男 | 5月 |
| **giugno** | [dʒúɲɲo] | 男 | 6月 |
| **luglio** | [lúʎʎo] | 男 | 7月 |
| **agosto** | [agósto] | 男 | 8月 |
| **settembre** | [settémbre] | 男 | 9月 |
| **ottobre** | [ottóːbre] | 男 | 10月 |
| **novembre** | [novémbre] | 男 | 11月 |
| **dicembre** | [ditʃémbre] | 男 | 12月 |

5 季節 (stagioni)

| | | | |
|---|---|---|---|
| **primavera** | [primavéːra] | 女 | 春 |
| **estate** | [estáːte] | 女 | 夏 |
| **autunno** | [autúnno] | 男 | 秋 |
| **inverno** | [invérno] | 男 | 冬 |

6 国，国民，国語 (paesi, abitanti e lingue)

**Australia** [austráːlja] 女 オーストラリア
  **australiano** [australjáːno] 男 オーストラリア人; 形 オーストラリアの
**Austria** [áustrja] 男 オーストリア
  **austriaco** [austríːako] 〖男複 -ci, 女複 -che〗 オーストリア人; 形 オーストリアの
**Belgio** [béldʒo] 男 ベルギー
  **belga** [bélga] 男女 〖男複 -gi, 女複 -ghe〗 ベルギー人; 形 ベルギーの
**Cina** [tʃíːna] 女 中国
  **cinese** [tʃinéːse, tʃinéːze] 男女 中国人; 男 中国語; 形 中国の
**Corea** [koréːa] 女 韓国 (=Corea del Sud), 北朝鮮 (=Corea del Nord)
  **coreano** [koreáːno] 男 韓国人, 北朝鮮人; 男 韓国語, 朝鮮語; 形 韓国の, 北朝鮮の
**Francia** [frántʃa] 女 フランス
  **francese** [frantʃéːze] 男女 フランス人; 男 フランス語; 形 フランスの

**Giappone** [dʒappóːne] 男 日本
  **giapponese** [dʒapponéːse, dʒapponéːze] 男 女 日本人; 男 日本語; 形 日本の
**Germania** [dʒermáːnja] 女 ドイツ
  **tedesco** [tedésko] 男 〖男複 -schi, 女複 -sche〗 ドイツ人; 男 ドイツ語; 形 ドイツの
**India** [índja] 女 インド
  **indiano** [indjáːno] 男 インド人; 形 インドの
**Inghilterra** [iŋgiltérra] 女 英国
  **inglese** [iŋgléːse, iŋgléːze] 男 女 英国人; 男 英語; 形 英国の
**Italia** [itáːlja] 女 イタリア
  **italiano** [italjáːno] 男 イタリア人; 男 イタリア語; 形 イタリアの
**Portogallo** [portogállo] 男 ポルトガル
  **portoghese** [portogéːse, portogéːze] 男 女 ポルトガル人; 男 ポルトガル語; 形 ポルトガルの
**Russia** [rússja] 女 ロシア
  **russo** [rússo] 男 ロシア人; 男 ロシア語; 形 ロシアの
**Spagna** [spáɲɲa] 女 スペイン
  **spagnolo** [spaɲɲóːlo] 男 スペイン人; 男 スペイン語; 形 スペインの
**Stati Uniti d'America** [stáːti uníːti daméːrika] 男複 アメリカ合衆国
  **statunitense** [statuniténse] 形 合衆国の
**Africa** [áːfrika] 女 アフリカ
  **africano** [afrikáːno] 男 アフリカ人; 形 アフリカの
**America** [améːrika] 女 アメリカ
  **americano** [amerikáːno] 男 アメリカ人; 形 アメリカの
**America del Sud (Sud-America)** [améːrika dél súd (sudaméːrika)] 女 南アメリカ, 南米.
  **sudamericano** [sudamerikáːno] 男 南米人; 形 南米の.
**Arabia** [aráːbja] 女 アラビア
  **arabo** [áːrabo] 男 アラビア人; 男 アラビア語; 形 アラビアの
**Asia** [áːzia] 女 アジア
  **asiatico** [azjáːtiko] 男 アジア人; 形 アジアの
**Europa** [euróːpa] 女 ヨーロッパ, 欧州
  **europeo** [européːo] 男 ヨーロッパ人; 形 ヨーロッパの

## 7 都市, 住人 (città, abitanti)

**Bologna** [bolóɲɲa] 囡 ボローニャ
  **bolognese** [boloɲɲé:se, boloɲɲé:ze] 男 囡 ボローニャ人; 形 ボローニャの
**Firenze** [firéntse] 囡 フィレンツェ
  **fiorentino** [fiorentí:no] 男 フィレンツェ人; 形 フィレンツェの
**Genova** [dʒé:nova] 囡 ジェーノヴァ
  **genovese** [dʒenové:se, dʒenové:ze] 男 囡 ジェーノヴァ人; 形 ジェーノヴァの
**Milano** [milá:no] 囡 ミラーノ
  **milanese** [milané:se, milané:ze] 男 囡 ミラーノ人; 形 ミラーノの
**Napoli** [ná:poli] 囡 ナーポリ
  **napoletano** [napoletá:no] 男 ナーポリ人; 形 ナーポリの
**Palermo** [palérmo] 囡 パレルモ
  **palermitano** [palermitá:no] 男 パレルモ人; 形 パレルモの
**Perugia** [perú:gja] ペルージア
  **perugino** [perugí:no] 男 ペルージアの人; 形 ペルージアの
**Roma** [ró:ma] 囡 ローマ
  **romano** [romá:no] 男 ローマ人; 形 ローマの
**Torino** [torí:no] 囡 トリーノ
  **torinese** [toriné:se, toriné:ze] 男 囡 トリーノ人; 形 トリーノの
**Venezia** [venéttsja] 囡 ヴェネツィア
  **veneziano** [venettsjá:no] 男 ヴェネツィア人; 形 ヴェネツィアの

## 8 方角 (direzioni)

**est** [ést] 男 東, **oriente** [orjénte] 男 東
  **orientale** [orjentá:le] 形 東の
**ovest** [óvest] 男 西, **occidente** [ottʃidénte] 男 西
  **occidentale** [ottʃidentá:le] 形 西の
**sud** [súd] 男 南, **meridione** [meridjó:ne] 男 南
  **meridionale** [meridjoná:le] 形 南の
**nord** [nórd] 男 北, **settentrione** [settentrjó:ne] 男 北
  **settentrionale** [settentrjoná:le] 形 北の

# 動詞活用表

略語 直現：直説法現在　　　　　命 ：命令法
　　 半過：直説法半過去　　　　接現：接続法現在
　　 遠過：直説法遠過去　　　　接半：接続法半過去
　　 未 ：直説法未来　　　　　　過分：過去分詞
　　 条現：条件法現在

注意
1. この表には動詞の不規則活用および規則動詞のうち直説法現在、命令法、接続法現在において活用語尾が -isc- の形をとるものを掲げた。
2. 不規則動詞についても規則動詞と同じ活用をする部分や類推により活用形が知れる部分はできるだけ省略した（例：accendere では遠過去形 io accesi から lui accese と loro accesero が、tu accendesti から noi accendemmo と voi accendeste が類推できる）。
3. 複合時制の活用は省略し、過去分詞のみ載せた（自動詞がとる助動詞については単語集の見出しのあとに示してある）。
4. 同じ活用をする動詞は省略した（例：divenire は venire と同じ）。
5. 活用形にはすべてアクセントを表示した。


**accadére**: cadére と同じ
**accèndere**: 遠過 io accési, tu accendésti; 過分 accéso
**accògliere**: cògliere と同じ
**accòrgersi**: 直現 io mi accòrgo, tu ti accòrgi; 遠過 io mi accòrsi, tu ti accorgésti; 過分 accòrto
**aggiùngere**: giùngere と同じ
**agìre**: 直現 io agìsco, tu agìsci
**amméttere**: méttere と同じ
**andàre**: 直現 io vàdo, tu vài, lui và, noi andiàmo, voi andàte, loro vànno; 未 io andrò; 接現 io vàda, noi andiàmo; voi andiàte, loro vàdano; 条現 io andrèi; 命 va (va'), vàda
**andàrsene**: 直現 io me ne vàdo
**apparìre**: 直現 io appàio (apparìsco), tu appàri (apparìsci), lui appàre (apparìsce), noi appariàmo, voi apparìte, loro appàiono (apparìscono); 遠過 io appàrvi (apparìi, appàrsi), tu apparìsti, lui appàrve (appàri, appàrse), noi apparìmmo, voi apparìste,

loro appàrvero (apparìrono, appàrsero); 未 io apparirò (apparrò); 接現 io appàia (apparìsca), noi apparìamo, voi apparìate, loro appàiano (apparìscano); 過分 apàrso

**appartenére**: tenére と同じ

**appèndere**: 遠過 io appési, tu appendésti; 過分 appéso

**apprèndere**: prèndere と同じ

**aprìre**: 遠過 io aprìi (apèrsi), aprìsti, lui aprì (apèrse), noi aprìmmo, voi aprìste, loro aprìrono (apèrsero); 過分 apèrto

**assìstere**: 遠過 io assistéi (assistétti); 過分 assistìto

**attèndere**: tèndere と同じ

**attribuìre**: 直現 io attribuìsco, tu attribuìsci

**avére**: 直現 io hò, tu hài, lui ha, noi abbiàmo, voi avéte, loro hànno; 遠過 io èbbi, tu avésti, lui èbbe, noi avémmo, voi avéste, loro èbbero; 未 io avrò; 条現 avrèi; 命 àbbi, àbbia, abbiàmo, abbiàte; 接現 io àbbia; 過分 avùto

**avvenìre**: venìre と同じ

**avvòlgere**: vòlgere と同じ

**bère**: 直現 io ·bévo, tu bévi; 遠過 io bévvi, tu bevésti; 未 io berrò; 条現 berrèi; 接現 io béva; 過分 bevùto

**cadére**: 遠過 io càddi, tu cadésti, lui càdde; 未 io cadrò; 条現 io cadrèi; 接現 io càda; 過分 cadùto

**capìre**: 直現 io capìsco, tu capìsci

**cèdere**: 遠過 io cedéi (cedètti), tu cedésti; 過分 cedùto

**chièdere**: 遠過 io chièsi, tu chiedésti; 過分 chièsto

**chiùdere**: 遠過 chiùsi, chiudésti; 過分 chiùso

**cògliere**: 直現 io còlgo, tu ògli, lui còglie, loro còlgono; 遠過 io còlsi, tu cogliésti; 接現 còlga; 過分 còlto

**colpìre**: 直現 io colpìsco, tu colpìsci

**commétterre**: métterre と同じ

**cominciàre**: 未 io comincerò, tu comincerài; 条現 io comincerèi

**commuòvere**: muòvere と同じ

**comparìre**: apparìre と同じ

**cómpiere**: 直現 io cómpio; 遠過 io compiéi; 過分 compiùto

**compórre**: pórre と同じ

**concèdere**: 遠過 io concèssi, tu concedésti, lui concèsse; 過分 concèsso

**conclùdere**: 遠過 io conclùsi, tu cocludésti; 過分 conclùso

**condùrre**: 直現 io condùco, tu condùci; 半過 io conducévo; 遠過 io condùssi, tu conducésti; 未 io condurrò, 条現 io condurrèi; 接現 io condùca; 過分 condótto

**confóndere**: 遠過 io confùsi, tu confondésti; 過分 confùso
**conóscere**: 遠過 io conóbbi, tu conoscésti, lui conóbbe; 過分 conosciùto
**consìstere**: 過分 consistìto
**contenére**: tenére と同じ
**contribuìre**: 直現 io contribuìsco, tu contribuìsci
**convenìre**: venìre と同じ
**convìncere**: vìncere と同じ
**coprìre**: 過分 copèrto
**corrèggere**: règgere と同じ
**córrere**: 遠過 io córsi, tu corrésti; 過分 córso
**corrispóndere**: rispóndere と同じ
**costituire**: 直現 io costituìsco, tu costituìsci
**costrìngere**: strìngere と同じ
**créscere**: 遠過 io crébbi, tu crescésti, lui crébbe; 過分 cresciùto
**dàre**: 直現 io dò, tu dài, lui dà, noi diàmo, voi dàte, loro dànno; 遠過 io dièdi (dètti), tu désti, lui diède (dètte), noi démmo, voi déste, loro dièdero (dèttero); 未 io darò; 条 io darèi; 命 da', dìa; 接現 io dìa; 接半 io déssi, tu déssi, lui désse
**decìdere**: 遠過 io decìsi, tu decidésti; 過分 decìso
**diffóndere**: 遠過 diffùsi, tu diffondésti; 過分 diffùso
**dipèndere**: 遠過 io dipési, tu dependésti; 過分 dipéso
**dipìngere**: 遠過 dipìnsi, tu dipingésti; 過分 dipìnto
**dìre**: 直現 io dìco, tu dìci, lui dìce, noi diciàmo, voi dìte, loro dìcono; 半 io dicévo, tu dicévi; 遠過 io dìssi, tu dicésti, lui dìsse, noi dicémmo, voi dicéste, loro dìssero; 未 dirò, 条現 io dirèi; 命 di', dìca, diciàmo, dìte, dìcano; 接現 io dìca, noi diciàmo, voi diciàte, loro dìcano, 接半 io dicéssi; 過分 détto
**dirìgere**: 遠過 io dirèssi, tu dirigésti; 過分 dirètto
**discéndere**: scéndere と同じ
**discùtere**: 遠過 io discùssi, tu discutésti; 過分 discùsso
**dispiacére**; piacére と同じ
**dispórre**: pórre と同じ
**distèndere**: tèndere と同じ
**distìnguere**: 遠過 io distìnsi, tu distinguésti; 過分 distìnto
**distrùggere**: 遠過 io distrùssi, tu distruggésti; 過分 distrùtto
**divenìre**: venìre と同じ
**divìdere**: 遠過 io divìsi, tu dividésti; 過分 divìso
**dovére**: 直現 io dèvo (dèbbo), tu dèvi, lui dève, noi dobbiàmo, voi dovéte, loro dèvono (dèbbono); 未 io dovrò; 条 io dovrèi; 接現 io dèbba, noi dobbiàmo, voi dobbiàte, loro dèbbano; 過

分 dovùto
- **elèggere**: lèggere と同じ
- **esclùdere**: 遠過 io esclùsi, tu escludésti; 過分 esclùso
- **esìstere**: 過分 esistìto
- **espórre**: pórre と同じ
- **èssere**: 直現 io sóno, tu sèi, lui è, noi siàmo, voi sième, loro sóno; 半過 io èro, tu èri, lui èra, noi eravàmo, voi eravàte, loro èrano; 遠過 io fùi, tu fósti, lui fu, noi fùmmo, voi fóste, loro fùrono; 未 io sarò, tu saràl, lui sarà, noi sarémo, voi saréte, loro sarànno; 条現 io sarèi, tu sarésti, lui sarèbbe; 命 sìi, sìa, siàmo, siàte, sìano; 接現 io sìa, tu sìa, lui sìa, noi siàmo, voi siàte, loro sìano; 接半 io fóssi, tu fóssi, lui fósse, noi fóssimo, voi fóste, loro fóssero; 過分 stàto
- **estèndere**: tèndere と同じ
- **fare**: 直現 io fàccio, tu fài, lui fà, noi facciàmo, voi fàte, loro fànno; 半過 io facévo, tu facévi; 遠過 io féci, tu facésti, lui féce, noi facémmo, voi facéste, loro fécero; 未 io farò, tu faràl, 条 io farèi, 命 fa', fàccia, facciàmo, fàte, fàcciano; 接現 io fàccia; 接半 io facéssi; 過分 fàtto
- **ferìre**: 直現 io ferìsco, tu ferìsci
- **fìngere**: 遠過 io fìnsi, tu fingésti; 過分 fìnto
- **finìre**: 直現 io finìsco, tu finìsci
- **fiorìre**: 直現 io fiorìsco, tu fiorìsci
- **fornìre**: io fornìsco, tu fornìsci
- **garantìre**: 直現 io garantìsco, tu garantìsce
- **giùngere**: 遠過 io giùnsi, tu giungésti; 過分 giùnto
- **guarìre**: 直現 io guarìsco, tu guarìsci
- **impedìre**: 直現 io impedìsco, tu impedìsci
- **impórre**: pórre と同じ
- **indùrre**: condùrre と同じ
- **inserìre**: 直現 io inserìsco, tu inserìsci
- **insìstere**: 過分 insistìto
- **intèndere**: tèndere と同じ
- **interrómpere**: rómpere と同じ
- **introdùrre**: 直現 io introdùco, tu introdùci; 半過 io introducévo; 遠過 io introdùssi, tu introducésti; 未 io introdurrò; 条現 io introdurrèi; 接現 io introdùca; 接半 io introducéssi; 過分 introdótto
- **lèggere**: 遠過 io lèssi, tu leggésti; 過分 lètto
- **maledìre**: dìre と同じ
- **mangiàre**: 未 io mangerò; 条現 io mangerèi

**mantenére**: tenére と同じ
**mentìre**: 直現 io mentìsco, tu mentìsci
**méttere**: 遠過 io mìsi, tu mettésti; 過分 mésso
**morìre**: 直現 io muòio, tu muòri, lui muòre, noi moriàmo, voi morìte, loro muòiono; 未 io morirò (morrò); 条現 io morirèi (morrèi); 接現 io muòia, noi moriàmo, voi moriàte, loro muòiano; 過分 mòrto
**muòvere**: 直現 io muòvo, noi moviàmo, voi movéte; 遠過 io mòssi, tu movésti; 過分 mòsso
**nàscere**: 遠過 io nàcqui, tu nascésti; 過分 nàto
**occórre**: córrere と同じ
**offèndere**: 遠過 io offési, tu offendésti; 過分 offéso
**offrìre**: 過分 offèrto
**oppóre**: pórre と同じ
**ottenére**: tenére と同じ
**parére**: 直現 io pàio, tu pàri, lui pàre, noi paiàmo, voi paréte, loro pàiono; 遠過 io pàrvi, tu parésti; 未 io parrò; 接現 io pàia, noi paiàmo, voi paiàte, loro paiàno; 過分 pàrso
**pèrdere**: 遠過 io pèrsi (perdèi, perdètti), tu perdésti; 過分 pèrso (perdùto)
**perméttere**: méttere と同じ
**piacére**: 直現 3・単 piàce, 3・複 piàcciono; 遠過 3・単 piàcque, 3・複 piàcquero; 接現 piàccia, piàcciano; 過分 piaciùto
**piàngere**: 遠過 io piànsi, tu piangésti; 過分 piànto
**piòvere**: 遠過 3・単 piòvve; 過分 piovùto
**pórre**: 直現 io póngo, tu póni, lui póne, noi poniàmo, voi ponéte, loro póngono; 遠過 io pósi, tu ponésti, lui póse, noi ponémmo, voi ponéste, loro pósero; 未 io porrò; 条現 io porrèi; 接現 io pónga, noi poniàmo, voi poniàte, loro póngano; 過分 pósto
**possedére**: sedére と同じ
**potére**: 直現 io pòsso, tu puòi, lui può, noi possiàmo, voi potéte, loro pòssono 遠過 io potéi (potètti), tu potésti, lui poté (potètte); 未 io potrò; 条現 io potrèi; 接現 io pòssa, 接半 io potéssi; 過分 potùto
**preferìre**: 直現 io preferìsco
**prèndere**: 遠過 io prési, tu prendésti; 過分 préso
**pretèndere**: tèndere と同じ
**prevedére**: vedére と同じ
**prodùrre**: condùrre と同じ
**proibìre**: 直現 io proibìsco

**prométtere**: méttere と同じ
**propórre**: pórre と同じ
**protèggere**: 遠過 io protèssi, tu proteggésti; 過分 protètto
**provenìre**: venìre と同じ
**provvedére**: vedére と同じ
**pulìre**: 直現 io pulìsco
**raccògliere**: cògliere と同じ
**raggiùngere**: giùngere と同じ
**règgere**: 遠過 io rèssi, tu reggésti; 過分 rètto
**rèndere**: 遠過 io rési, tu rendésti; 過分 réso
**resìstere**: 過分 resistìto
**respìngere**: 遠過 io respìnsi, tu respingésti; 過分 respìnto
**restituìre**: 直現 io restituìsco
**richièdere**: chièdere と同じ
**rìdere**: 遠過 io rìsi, tu ridésti; 過分 rìso
**ridùrre**: condùrre と同じ
**riempìre**: 直現 io riémpio, tu riémpi, lui riémpie, noi riempiàmo, voi riempìte, loro riémpiono; 接現 io riémpia; 過分 riempìto
**riferìre**: 直現 io riferìsco
**riflèttere**: 遠過 io riflèssi (2. の意味で riflettéi), tu riflettèsti; 過分 riflèsso (1.), riflettùto (2.)
**rimanére**: 直現 io rimàngo, tu rimàni, lui rimàne, loro rimàngono; 遠過 io rimàsi, tu rimanésti; 未 io rimarrò; 条現 io rimarrèi; 接現 io rimànga; 過分 rimàsto
**rispóndere**: 遠過 io rispósi, tu rispondésti; 過分 rispósto
**rómpere**: 遠過 rùppi, tu rompésti, lui rùppe; 過分 rótto
**salìre**: 直現 io sàlgo, tu sàli, lui sàle, noi saliàmo, voi salìte, loro sàlgono; 遠過 io salìi; 未 io salirò; 接現 io sàlga
**sapére**: 直現 io so, tu sài, lui sa, noi sappiàmo, voi sapéte, loro sànno; 遠過 io sèppi, tu sapésti, lui sèppe, noi sapémmo, voi sapéste, loro sèppero; 未 io saprò; 条現 io saprèi; 命 sàppi, sàppia, sappiàte; 接現 io sàppia, noi sappiàmo, voi sappiàte, loro sàppiano; 過分 sapùto
**scégliere**: 直現 io scélgo, tu scégli, lui scéglie, noi scegliàmo, voi scegliéte, loro scélgono; 遠過 io scélsi, tu scegliésti; 命 scégli, scélga; 接現 scélga; 過分 scélto
**scéndere**: 遠過 io scési, tu scéndesti; 過分 scéso
**sciògliere**: 直現 io sciòlgo, tu sciògli, lui sciòglie; 遠過 io sciòlsi, tu sciogliésti; 接現 io sciòlga; 過分 sciòlto
**scomparìre**: apparìre と同じ

**scoprìre**: coprìre と同じ
**scòrgere**: 遠過 io scòrsi, tu scorgésti; 過分 scòrto
**scórrere**: córrere と同じ
**scrìvere**: 遠過 io scrìssi, tu scrivésti; 過分 scrìtto
**scuòtere**: 遠過 io scòssi, tu scotésti; 過分 scòsso
**sedére**: 直現 io sièdo, tu sièdi, lui sième, noi sediàmo, voi sedéte, loro sièdono; 遠過 io sedéi (sedètti), tu sedésti; 命 sièdi, sièda, sediàmo, sedéte; 接現 io sièda; 過分 sedùto
**seppellìre**: 直現 io seppelìsco, tu seppellìsci; 過分 sepólto (seppellìto)
**smettére**: mettére と同じ
**soffrìre**: 過分 soffèrto
**sórgere**: 遠過 io sórsi, tu sorgésti; 過分 sórto
**sorprèndere**: prèndere と同じ
**sorrìdere**: rìdere と同じ
**sospèndere**: 遠過 io sospési, tu sospendésti; 過分 sospéso
**sostenére**: tenére と同じ
**sostituìre**: 直現 io sostituìsco, tu sostituìsci
**sottopórre**: pórre と同じ
**sottràrre**: tràrre と同じ
**spàrgere**: 遠過 io spàrsi, tu spargésti; 過分 spàrso
**sparìre**: 直現 io sparìsco, tu sparìsci
**spègnere**: 遠過 io spènsi, tu spegnésti; 過分 spènto
**spèndere**: 遠過 io spési, tu spendésti; 過分 spéso
**spìngere**: 遠過 io spìnsi, tu spingésti; 過分 spìnto
**stabilìre**: 直現 io stabilìsco, tu stabilìsci
**stàre**: 直現 io sto, tu stài, lui sta, noi stiàmo, voi stàte, loro stànno; 遠過 io stètti, tu stésti, lui stètte, noi stémmo, voi stéste, loro stèttero; 未 io starò; 条現 io starèi; 命 sta', stìa, stiàmo, stàte, stìano; 接現 io stìa, voi stiàte, loro stìano; 接半 io stéssi, noi stéssimo, voi stéste, loro stéssero; 過分 stàto
**stèndere**: 遠過 io stési, tu stendésti; 過分 stéso
**strìngere**: 遠過 io strìnsi, tu stringésti; 過分 strétto
**stupìre**: 直現 io stupìsco, tu stupìsci
**subìre**: 直現 io subìsco, tu subìsci
**succèdere**: 遠過 io succèssi (**2** の意味で succedètti), tu succedésti; 過分 succèsso (**2** の意味で succedùto)
**suggerìre**: io suggerìsco, tu suggerìsci
**suppórre**: pórre と同じ
**svòlgere**: vòlgere と同じ
**tacére**: 直現 io tàccio, tu tàci, lui tàce, noi tacciàmo, voi tacéte,

loro tàcciono, 遠過 io tàcqui, tu tacésti, lui tàcque; 命 tàci, tàccia; 接現 io tàccia; 過分 taciùto
**tèndere**: 遠過 io tési, tu tendésti; 過分 téso
**tenére**: 直現 io tèngo, tu tièni, lui tiène, noi teniàmo, voi tenéte, loro tèngono; 遠過 io ténni, tu tenésti; 未 io terrò, tu terrài; 条現 io terrèi; 命 tièni; tènga, teniàmo, tenéte; 接現 io tènga, noi teniàmo, voi teniàte, loro tèngano; 過分 tenùto
**tògliere**: 直現 io tòlgo, tu tògli, lui tòglie, noi togliàmo, voi togliéte, loro tòlgono; 遠過 io tòlsi, tu togliésti; 命 tògli, tòlga; 接現 io tòlga; 過分 tòlto
**tradìre**: 直現 io tradìsco, tu tradìsci
**tradùrre**: 直現 io tradùco, tu tradùci, lui tradùce; 半過 io traducévo, tu traducévi; 遠過 io tradùssi, tu traducésti; 未 io tradurrò; 条現 io tradurrèi; 命 tradùci, tradùca; 接現 io tradùca; 接半 io trducéssi; 過分 tradótto
**tràrre**: 直現 io tràggo, tu trài, lui tràe, noi traiàmo, voi traéte, loro tràggono; 半過 io traévo; 遠過 io tràssi, tu traésti; 未 io trarrò; 条現 io trarrèi; 命 trài, tràgga, traéte; 接現 io tràgga, noi traiàmo, voi traiàte, loro tràggano; 接半 io traéssi; 過分 tràtto
**trascórrere**: córrere と同じ
**trasferìre**: 直現 io trasferìsco, tu trasferìsci
**trasmettére**: mettére と同じ
**trattenére**: tenére と同じ
**ubbidìre**: 直現 io ubbidìsco, tu ubbidìsci
**uccìdere**: 遠過 io uccìsi, tu uccidésti; 過分 uccìso
**udìre**: 直現 io òdo, tu òdi, lui òde, noi udiàmo, voi udìte, loro òdono; 半過 io udìvo; 命 òdi, òda, udìte; 接現 io òda, noi udiàmo, voi udiàte
**unìre**: 直現 io unìsco, tu unìsci
**uscìre**: 直現 io èsco, tu èsci, lui èsce, noi usciàmo, voi uscìte, loro èscono; 命 èsci, uscìte; 接現 io èsca, noi usciàmo, voi usciàte, loro èscano
**valére**: 直現 io vàlgo, tu vàli, lui vàle, noi valiàmo, voi valéte, loro vàlgono; 遠過 io vàlsi, tu valésti; 未 varrò, 接現 io vàlga, noi valiàmo, 過分 vàlso
**vedére**: 遠過 io vìdi, tu vedésti, lui vìde, noi vedémmo, voi vedéste, loro vìdero; 未 io vedrò; 条現 io vedrèi; 過分 vìsto (vedùto)
**venìre**: 直現 io vèngo, tu vièni, lui viène, noi veniàmo, voi venìte, loro vèngono, 遠過 io vénni, tu venìsti, lui vénne, noi

venìmmo, voi venìste, loro vénnero; 未 io verrò; 条現 io verrèi; 命 vièni, vènga, venìte; 接現 io vènga; noi veniàmo, voi veniàte, loro vèngano; 過分 venùto

**vìncere**: 遠過 io vìnsi, tu vincésti; 過分 vìnto

**vìvere**: 遠過 io vìssi, tu vivésti; 未 io vivrò; 条現 io vivrèi; 過分 vissùto

**volére**: 直現 io vòglio, tu vuòi, lui vuòle, noi vogliàmo, voi voléte, loro vògliono; 遠過 io vòlli, tu volésti, lui vòlle, noi volémmo, voi voléste, loro vòllero; 未 io vorrò; 条現 io vorrèi; 命 vògli, vòglia, vogliàte; 接現 io vòglia, 接半 io voléssi; 過分 volùto

**vòlgere**: 遠過 io vòlsi, tu volgésti; 過分 vòlto

---
### 別売CD（3枚組）

イタリア語の全見出し語，全例文を収録
◇収録時間　　Disc 1： 79分
　　　　　　　Disc 2： 80分
　　　　　　　Disc 3： 71分
◇吹込者　　　マリーサ・ディ・ルッソ
　　　　　　　マリーノ・サルヴォ
　　　　　　　ディエゴ・マルティーナ

別売CDは，最寄りの書店でご注文いただくか，白水社ホームページ
（http://www.hakusuisha.co.jp　購入のご案内）をご利用ください．

---

編者紹介
秋山余思（あきやま　よし）(1929 – 2006)
　1954年　東京外国語大学イタリア語学科卒業
　1956年　京都大学大学院文学研究科修士課程修了
　元東京外国語大学教授（イタリア語学専攻）

---

## イタリア基本単語集（新装版）

　　　　　　　　　　　　　　　　　　2009年2月15日　印刷
　　　　　　　　　　　　　　　　　　2009年3月10日　発行

　　　　　編　者 ⓒ　秋　山　余　思
　　　　　発行者　　川　村　雅　之
　　　　　印刷所　　研究社印刷株式会社

　　　　101-0052東京都千代田区神田小川町3の24
発行所　電話 03-3291-7811（営業部），7821（編集部）　株式会社　白水社
　　　　http://www.hakusuisha.co.jp
　　　　乱丁・落丁本は、送料小社負担にてお取り替えいたします。

---

振替 00190-5-33228　　　　Printed in Japan　　　　加瀬製本

### ISBN978-4-560-00397-8

---

Ⓡ〈日本複写権センター委託出版物〉
　本書の全部または一部を無断で複写複製（コピー）することは、著作
権法上での例外を除き、禁じられています。本書からの複写を希望され
る場合は、日本複写権センター（03-3401-2382）にご連絡ください。

## はじめての入門書◆決定版!
### 《ニューエクスプレス》イタリア語
入江たまよ 著

見やすい・わかりやすい・使いやすい! 美術, ファッション, 食文化など魅力あふれるイタリアへ, ことばを覚えて急接近! A5判 148頁 2色刷【CD付】

## 入門・初級文法

### イタリア語のしくみ
野里紳一郎 著
B6変型 144頁【シングルCD付】

### イタリア語 やさしく, あなたに…
上野貴史 著
A5判 143頁 2色刷

### イタリア語のABC（新装版）
長神悟 著
A5判 252頁 2色刷【CD付】

### ダリオのイタリア語
ボニッスィ／白崎容子 著
A5判 154頁 2色刷【CD付】

### ヴェロニカと学ぼうイタリア語
菅野ヴェロニカ 著
A5判 160頁 2色刷【CD付】

### サッカーファンのためのイタリア語
堤康徳／ナンニーニ 著
四六判 140頁 2色刷【CD付】

### イタリア語文法ハンドブック
小林惺 著
四六判 262頁

### インデックス式 イタリア文法表
池田廉／在里寛司 著
B6判 68頁

## 問題集

### 1からはじめるイタリア語練習（新装版）
白崎容子 著
A5判 125頁【CD付】

### イタリア語練習問題集
ディ・ルッソ／長神悟／西本晃二 著
四六判 162頁 ※別売カセット有り

## 単語集

### イラストいっぱい! イタリア単語集
ピザーニ／ビオンディ 著
B小型 230頁 2色刷

## 活用表

### イタリア語動詞活用表
西本晃二／斎藤憲 著
B小型 156頁

## 会話

### ナビでちかみち イタリア会話
アッティコ 編
新書判 159頁 4色＋2色刷

### 話すためのイタリア語（新装版）
高田和文 著
四六判 141頁 2色刷【CD付】

### 会話で学ぶ 実用イタリア語
カテリノフ／他 著 菅田茂昭／小林勝 編訳
A5判 240頁 ※別売カセット有り

## 読解

### 読むイタリア語
白崎容子／入江たまよ 編著
A5判 141頁

## 検定

### イタリア語検定対策 4級5級問題集
京藤好男 編著 白崎容子 監修
A5判 230頁【CD付】

## 中級

### 現代イタリア文法
坂本鉄男 著
A5判 416頁

## 料理

### 料理イタリア語の入門（新装版）
町田亘 著
A5判 209頁【CD付】

### イタリア料理用語辞典
町田亘／吉田政国 編
四六判 257頁